아이와
함께하는
역사여행

아이와 함께하는 역사여행

초판 인쇄일 2016년 6월 20일
초판 발행일 2016년 6월 27일
지은이 박세준, 양정임, 엄문희, 이인영
발행인 박정모
등록번호 제9-295호
발행처 도서출판 혜지원
주소 경기도 파주시 회동길 445-4(문발동 638) 302호
전화 031)955-9221~5 팩스 031)955-9220
홈페이지 www.hyejiwon.co.kr

기획·진행 배윤주, 엄진영
디자인 김보라
영업마케팅 김남권, 황대일, 서지영
ISBN 978-89-8379-896-1
정가 16,000원

Copyright©2016 by 박세준, 양정임, 엄문희, 이인영 All rights reserved.
No Part of this book may be reproduced or transmitted in any form,
by any means without the prior written permission of the publisher.
이 책은 저작권법에 의해 보호를 받는 저작물이므로 어떠한 형태의 무단 전재나 복제도 금합니다.
본문 중에 인용한 제품명은 각 개발사의 등록상표이며, 특허법과 저작권법 등에 의해 보호를 받고 있습니다.

이 도서의 국립중앙도서관 출판예정도서목록(CIP)은 서지정보유통지원시스템 홈페이지(http://seoji.nl.go.kr)와
국가자료공동목록시스템(http://www.nl.go.kr/kolisnet)에서 이용하실 수 있습니다.(CIP제어번호: CIP2016013208)

아이와 함께하는
역사여행

헤지원

머리말

예전에 '아빠 어디가!'라는 TV 프로그램이 있었다. 그 프로그램 덕분에 부모들은 주말에 아이들과 놀러갈 곳을 쉽게 정할 수 있었다. 하지만 아쉽게도 '아빠 어디가!'는 아이들이 자연을 벗 삼아 놀 수 있는 곳 위주로 소개됐다. 역사적 현장을 보여 주지는 않았다. 이에 역사 공부와 여행을 같이할 수 있는 여행지를 담아 소개하니, 이 책으로 많은 가족들이 역사 여행으로 추억을 쌓으면 좋겠다. 이 책이 나오기 까지 바쁜 시간을 틈틈이 쪼개며 함께 여행에 동행해준 내 아내와 두 아들에게 감사의 마음을 전하며, 이 책을 기획해주신 이민학 작가님, 그 외 사단법인 한국여행작가협회의 많은 여행 작가님들께도 감사의 말씀을 올린다.

— 박세준

관광(觀光)이란 여행지의 빛을 보는 것이다. 여기서의 빛이란 문화, 역사, 관습 등을 통해서 깨우치는 깨달음이다. 여정을 정하지 않고 그냥 발길 닿는대로 떠나는 여행이 아니라면, 여행지에 대한 정보와 숨어있는 역사이야기를 알고 떠나는 것이 좋다. 더군다나 아이와 함께 떠나는 여행이라면 말이다. 교과서 어디선가 나온 이야기들을 여행지에서 엄마, 아빠가 알기쉽게 직접 이야기 해준다면 더욱 더 그렇다. 평생 잊히지 않는 좋은 추억거리를 선물해줄 수 있는 기회를 이 책을 통해서 얻었으면 하는 바램이다.

여행에 함께 동참해준 가족과 선배님, 조언을 아끼지 않았던 이민학 작가님께 감사드리며, 출판이 되기까지 수고해주신 혜지원 출판사에 감사를 드린다.

— 양정임

네 사람이 작업을 시작하면서 예상되는 다름에 관해 사전 조율이 분명 있었다. 그러나 우리는 선명히 다른 네 가지 버전의 결과물을 만나고 말았다. 이것들을 조화롭게 정리하는 일의 어려움이 있었다. 널리 통용되는 역사 지식을 근거로 했지만 중요하게 생각하는 것에 차이가 있었다. 역사란 단일한 사건에 관한 한 개의 시점이 아니라 다양한 층위의 해석이라는 점을 생생히 경험한 셈이다. 이 어려웠던 경험이야말로 이 책을 함께 만들며 얻은 가장 큰 선물이다.

역사 여행지가 따로 존재하는 것이 아님도 알았다. 역사란 시공간에 축적된 연결된 기억이므로 사소한 곳이란 존재하지 않았다. 역사에 관한 지식에 두려움을 가질 필요가 없었다. 조금만 관심을 가지면 확인 가능한 자료는 많다. 더욱 중요한 것은 여행자로서의 마음가짐, 역사를 대하는 태도에 있었다.

— 엄문희

아는 만큼 보일까? 바보 같은 질문이리라. 맞다. 아는 만큼 알게 되고 눈을 뜨게 된다. 나는 우리 아이들이 자라는 과정 내내 그들이 지혜롭게 삶을 살 수 있도록 도우미 역할에 충실했었는지 생각해 본다. 하지만 해 준 것이 없는 것 같다.

이번 역사 여행 이야기로의 동참은 나의 이런 못남 탈피에서 시작하지 않았을까 한다. 남도의 울둘목에서 반도 서북부 DMZ 언저리까지 훑어보았다. 더 들어가야 하는데, 스토리를 끄집어내야 하는데 역부족이었다. 어쩌겠는가? 이젠 여기서 접어야 한다. 다음에는 좀더 살갑게, 아기자기하게 사람 사는 이야기를 만들어 보리라고 위안을 삼으면서....

— 이인영

목 차

머리말 4

1_
한반도,
문명이
시작되다

선사시대
· 부족국가
시대

`1박2일` 전라북도 **고창**   12
`1박2일` 강원도 **태백**   28
`1박2일` 경상남도 **김해**   44

2_
**일진일퇴의
공방전
3개의 나라,
승부를 겨루던 시대**

삼국시대

1박2일	충청남도 **공주·부여**	64
1박2일	충청북도 **충주**	78
1박2일	충청북도 **단양**	90
1박2일	전라북도 **익산**	100
1박2일	전라남도 **영암**	112
2박3일	경상북도 **경주**	124
1박2일	경상북도 **포항**	142

7

3_ 하나로 된 통일왕국, 다시 삼국

통일 신라시대

1박2일	전라남도 **완도**	154
1박2일	전라남도 **나주**	166
1박2일	경상남도 **함양**	178

4_ 계속된 외침에도 꺾이지 않은 기상, 그 속에서 피어난 문화

고려시대

1박2일	경기도 **안성**	196
1박2일	충청북도 **청주**	208
1박2일	전라남도 **진도**	222
1박2일	전라남도 **합천·창녕**	236

5_
인의예지 仁義禮智
**나라의
기틀이 되다**

조선시대

1박2일	경기도	**여주·이천**	250
1박2일	강원도	**영월**	260
1박2일	강원도	**강릉**	276
1박2일	경상북도	**울진**	288
1박2일	경상북도	**영주**	300
1박2일	경상북도	**문경**	320
1박2일	전라북도	**전주**	332
1박2일	경상남도	**진주**	344
1박2일	경기도	**수원·화성**	356
1박2일	전라남도	**담양**	368

일제
강점기시대

6_
지울 수 없는
아픔의
흔적들

`1박2일` 전라북도 **군산**   386
`1박2일` 경상북도 **대구**   400

현대

7_
DMZ
분단 현장을
찾아서

`1박2일` 경기도 **연천·파주**   418

역사여행 일러두기

- 경주를 제외한 모든 지역에서의 여행은 1박2일 기준입니다. 경주는 2박3일.
- 여행지 이동 정보는 자동차 혹은 도보 기준입니다.
- 이 책의 정보는 2016년 03월 기준으로, 이후 정보가 변경될 가능성이 있으니 주요 정보는 전화나 인터넷을 통해 다시 한 번 확인하는 것을 추천합니다.

1_ 한반도, 문명이 시작되다

| 선사시대·부족국가시대 | 삼국시대 | 통일신라시대 | 고려시대 | 조선시대 | 일제강점기시대 | 현대 |

선사시대 · 부족국가시대

고인돌 풍경 너머
바람이 분다

세계문화유산 청동기 고창을 걷다

가까운 곳에 물이 흐르고 들판은 해를 받아 종일 빛난다. 돌마다 표정이 있어서 어떤 것은 제법 근사한 이름을 가졌다. 무덤방 위에 얹힌 거대한 돌은 그저 무덤만으로 보이지 않는다. 마치 처음부터 이렇게 있었던 것처럼 자연스럽다. 천천히 언덕 뒤편 람사르습지를 거쳐 태초의 풍경 가까이 가 보기로 했다. 우리 땅의 첫 역사가 된 청동기 고창. 그 관돌의 이야기가 제법 깊다. 우리가 몰랐던 고창이 있었다.

알고 가면 더 유익한 역사여행

여행 키포인트

고창은 여러 개의 작은 하천이 서해로 흘러가면서 그 주변에 양분 많은 충적평야가 형성된 곳이다. 유네스코가 지역을 통째로 생물권보전지역으로 선포하고 관리할 만큼 생태환경이 우수하고 **람사르습지***도 두 곳이나 있다. 전략적 마을형태인 고창읍성(일명 모양성)과 무장읍성이 있고 문화 · 예술 · 정치적으로도 중요한 역사를 가진 곳이다. 우리나라는 전 세계 청동기 유적의 70%가량을 보유하고 있으며 고창은 국내에서 가장 큰 고인돌 유적지로, 유네스코 세계문화유산으로 지정되어 관리 및 보호를 받고 있다.

어린이 여행 학습 정보 ▶▶ MUST SEE 다양한 고인돌

고인돌 하면 흔히 굄돌 위에 덮개돌을 얹은 탁자 모양을 많이 연상하는데, 이것은 북방식 고인돌 형태다. 고창 고인돌 유적지의 경우, 땅에 묻힌 밑돌 위에 돌을 얹은 형태의 남방식 고인돌과 받침돌 없이 덮개돌만 있는 개석식(蓋石式) 고인돌 등 다양한 고인돌이 있다. 단 이곳의 고인돌은 기존에 알던 것과 모습이 다를 수도 있다. 여러 가지 형태의 고인돌을 미리 알고 가면 좋겠다.
참고로 북방식 고인돌은 출토된 유물로 말미암아 철기시대로 이어지는, 좀 더 후반부 유적으로 추정된다.

교과서

초등학교 5학년 2학기 사회 – 최초의 국가 고조선

---

* 람사르습지와 람사르협약(국제습지조약)

람사르협약은 '물새서식지로서 국제적으로 중요한 습지에 관한 협약'이다. 고로 람사르습지는 람사르협회에서 협약으로 지정해 보호하는 습지를 이른다. 1971년 이란의 람사르Ramsar에서 채택되어 1975년에 발효되었다.
국경을 초월해 물새를 국제자원으로 규정하여 가입국의 습지를 보전하는 정책을 이행한다. 우리나라는 1997년에 람사르협약이 발효되었고, 세계에서 101번째로 람사르협약에 가입하였다.

travel information

자동차 코스

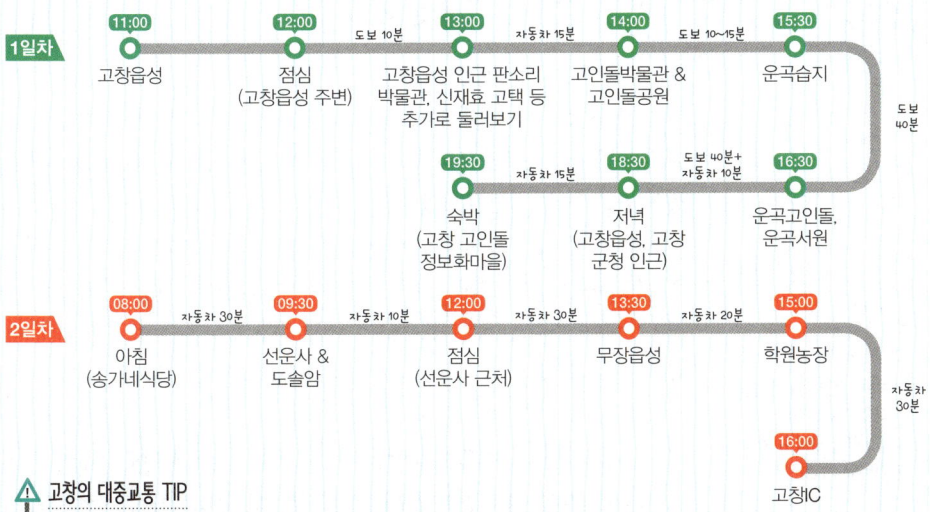

고창의 대중교통 TIP

고창의 대중교통을 이용할 때 고창시외버스터미널에서 농어촌버스를 타거나 택시를 타는 방법이 있다. 고창지역의 농어촌버스는 고창시외버스터미널과 차고지를 공유하고 있으며 출발도 당연히 시외버스터미널 정류장에서 한다. 버스에 따라 운행지 노선 번호가 없어 터미널에 비치된 노선 시간표를 참고해야 한다. 환승 확인 또한 적용되지 않는다. 그러나 교통카드 단말기는 버스에 설치되어 있어 따로 현금을 준비할 필요는 없다. 단, 구간 운임제이므로 거리에 따라 요금이 달라진다는 것은 알아둘 것.

 Basic Course

학원농장
주소 고창군 공음면 학원농장길 158-6
전화 063-564-9897
시간 09:00~18:30(연중무휴)
입장료 · 주차 무료

고인돌박물관
(고인돌공원)
주소 고창군 고창읍 고인돌공원길 74
전화 063-560-8666
시간 09:00~18:00(월요일 휴관, 동절기 단축 운영 ~17:00까지)
입장료 어른 3,000원, 청소년 2,000원, 어린이 1,000원
주차 무료

운곡 람사르습지
주소 고창군 아산면 운곡리 일원
전화 063-560-2687(생물권 보전 사업소)
시간 24시간
입장료 무료

* 주차 공간이 따로 없어 고인돌박물관에 주차하는 것이 편하다.

선운사
주소 고창군 아산면 선운사로 250
전화 063-561-1422, 1418
시간 05:00~20:00
입장료 어른 3,000원, 어린이 1,000원
주차 2,000원

고창읍성
주소 고창군 고창읍 읍내리 126
전화 063-560-2710
입장료 어른 1,000원, 청소년 600원, 어린이 400원
주차 무료

무장읍성
(무장현 관아와 읍성)
주소 고창군 무장면 성내리 149-1
전화 063-560-2714
입장료 · 주차 무료

고창의 주요 역사여행지

COURSE 01 세계문화유산 고창 고인돌공원

청동기를 사용하는 사람들이 북방에서 한반도로 유입되었다. 이들은 목축과 농사기술을 사용해 생산물을 축적할 줄 알았고 집단을 이루고 계급사회를 형성했다. 권력자의 무덤인 고인돌은 죽은 이에 대한 숭배와 더불어 사람들을 집결시키는 제단이 되었다.

전세계 고인돌의 70% 이상이 우리나라에 있다. 특히 고창은 우리나라 최대의 고인돌 분포 지역으로 1,600기에 가까운 고인돌이 있다. 그 가운데 이곳 아산면 죽림리 일원은 세계적으로 가장 분포 밀도가 높고 많다. 2000년 12월, 화순과 강화의 고인돌 유적과 함께 세계문화유산으로 등재되었다.

공원을 쉽게 둘러볼 수 있는 탐방열차가 있지만 고인돌 사이로 만들어진 길을 따라 산책하듯 걸으면 더 좋다. 열차 탐방로는 제1코스부터 6코스에 걸쳐 정비되어 있다. 걷다 보면 돌을 캐어 나르던 채석장도, 특별한 이름과 사연을 가진 고인돌도 볼 수 있다. 육중한 돌 틈에서 피어난 들꽃의 아름다움은 걷는 이에게만 주어지는 덤이다.

⚠️ **여행 TIP**
고인돌공원은 그늘이 없는 야외 유적이므로 물과 모자 등을 챙겨가는 것이 좋다. 관리사무소 근처에서 음료를 살 수 있다.

1. 고인돌공원 1코스와 2코스
2. 고인돌공원 6코스

고인돌 공원 1코스에서 2코스 방향으로

고인돌박물관 건물과 야외학습장

COURSE 02 고인돌박물관

 여행 TIP

박물관은 고인돌공원 내에 위치해 있다.

고인돌 유적지가 세계문화유산이 된 후에 개관했다. 국내 유일한 고인돌 박물관이다. 기획전시실과 입체영상실, 단체 학습을 위한 다목적강당이 있고, 2층 상설전시실에서는 청동기시대의 생활상을 볼 수 있는 조형물과 영상 시설이 있다. 세계 거석문화 소개 코너가 설치되어 있는 3층은 선사문화를 체험할 수 있는 시설이 있다. 쉼터로 활용되는 옥상에는 대형망원경 있어서 인근의 고인돌 유적을 살펴볼 수도 있다. 야외에도 청동기시대의 생활상을 재현한 선사마을과 고인돌 상석 끌기 등의 체험을 할 수 있는 체험실습장도 있다. 특히 박물관 본관을 비롯해 화장실 등 편의 시설 전부 고인돌 모습을 형상화 한 것이라 보는 즐거움이 있다. 박물관은 월요일 휴무이며 입장료는 어른 3,000원 청소년 2,000원, 어린이 1,000원 이다. 동절기에는 오후 5시까지 한 시간 단축 운영된다. 야외전시장에 동양 최대 고인돌인 '운곡 고인돌'을 재현에 놓았다. 덮개돌의 높이 5m, 가로 길이 7m, 무게만 해도 300톤 가까이 되는데, 실제 고인돌은 '고인돌 질마재길따라 100리길' 1코스에서 운곡 저수지 지나 운곡서원 가기 전에 만날 수 있다.

고인돌박물관에서 출발해 고인돌공원을 탐방하는 열차

전라북도 ▶ 고창 17

COURSE 03 고창 운곡 람사르습지

운곡 람사르습지는 고인돌 유적지 바로 뒤에 있어 고인돌공원을 둘러본 후 가운데에 난 길로 걸어오면 된다. 고창 전역이 유네스코 생물권 보전지역으로 등재되었고 이곳은 그중에서도 핵심지역으로 설정된 국내 유일의 저층 산지습지이다. 2011년 람사르습지로 지정됐다. 사방이 산과 저수지로 막혀 있고 생태연못, 갈대숲, 소나무숲 등을 품고 있으며 '남부지방의 DMZ'라 불릴 만큼 습지와 생태계가 잘 보존돼 있다. 멸종위기 법정 보호종 6종을 비롯하여 산림청 희귀식물 총 549종의 동식물이 분포하고 있다.

이 습지가 만들어진 데는 특별한 내력이 있다. 원래 이 일대는 습지를 개간한 계단식 논이었다. 그러던 것이 1980년대 초 운곡저수지의 물이 영광 원자력발전소의 냉각수로 공급되면서 주민들은 이주가 불가피했다. 그 후 30년 넘게 폐경지로 남게 되었는데, 방치된 채 사람의 발길이 닿지 않으면서 자연 회복과정을 거쳐 현재의 원시습지 형태로 복원된 것이다. 람사르도 운곡 습지의 '자연 회복성'을 특별하게 평가했다. 습지 탐방로 인근에서도 예전에 사람이 살았던 집터와 무너진 건물 더미들이 발견된다. 불과 얼마 전까지 사람이 살았음을 실감할 수 있다.

고인돌 유적지 언덕길을 내려서면 운곡 습지 지역을 알리는 표지판과 함께 흙길로 시작된다. 생태계 보호를 위해 도로포장이 되었던 것을 흙길로 복원했다고 한다. 이 외에도 자연 상태 보존을 위해 애쓴 부분을 곳곳에서 볼 수 있다. 운곡습지의 데크 탐방로는 유난히 좁고 높게 설치되어 있다. 지면에서 높이 설치되어 있고, 데크 간 간격도 넓은 편이다. 탐방로 아래로 동물들이 지나다니는 데 방해되지 않기 위해, 또 식물에게 갈 영향까지 최소화하기 위한 것이다.

1. 지면에서 높게 설치된 데크 탐방로는 데크 간격 또한 넓다
2. 운곡 람사르습지에서 찾아볼 수 있는 사람이 살았던 흔적
3. 운곡저수지

⚠ 여행 TIP

습지 체험을 하기 위한 방법은 다양하다 원시습지 체험길과 역사문화 체험길을 이용하면 좋다. 원시습지 체험길은 산책로를 이용한 주 관찰로와 내부 관찰로 데크를 통해 숲 속을 직접 체험하는 길로 되어 있다. 역사문화 체험길에선 탐조대와 청자요지, 운곡서원을 만날 수 있다. 습지 내 운곡저수지를 지나면 동양 최대 크기의 운곡 고인돌을 만날 수 있어 고인돌 탐방과 연계하면 좋다.
운곡습지탐방열차를 이용해 운곡서원과 용계마을 사이의 역사 문화 체험길을 탐방할 수 있다.

COURSE 04 고창읍성

우리나라는 유난히 읍성 같은 마을 유적이 적다. 강제 합병 직후인 1910년 일제가 전국에 내린 '읍성철거령' 때문에 많은 읍성이 철거된 까닭이다. 주민을 보호하고 군사·행정 기능을 담당하던 읍성들이 모두 헐리면서 예부터 내려오던 일상적 기능이 상실됐고, 삶의 구획은 일본이 원하는 대로 새로 그어졌다.

고창읍성은 우리나라 읍성 중 전남 순천 낙안읍성 그리고 충남 서산 해미읍성과 더불어 옛 읍성 원형을 온전하게 보존하고 있는 곳 가운데 하나다. 조선 단종 때 완공되었다고 하니 조선 초기로부터 500년 넘는 세월이다. 지역민에게는 원래 이름 대신 '모양성'으로 불린다. 평상시 주거 목적보다는 방어와 유사시 피난처의 목적이 좀 더 강하다고 한다. 3개의 성문이 있고 성문 앞은 외부 침입에 대비하기 위해 옹성을 두르고 그 위에 여장(여담)을 쌓아 성 안에서 밖을 살필 수 있게 만들어졌다. 현재 고창읍성 주 출입구가 되는 공북루는 낮은 기단위에 자연석 주춧돌과 화강석 돌기둥 위에 둥근기둥을 세워 2층으로 만든 문루다. 관아를 비롯해 스무 개 넘는 건물이 있었는데 몇 차례 전란으로 거의 소실되었고 현재 북문 공북루, 서문 진서루, 동문 등양루와 동헌, 객사, 풍화루, 내아, 관청, 옥사 등 일부만 있다. 이마저도 복원된 것이다.

> **⚠ 여행 TIP**
>
> 매년 음력 9월 9일 중양절 전후로 모양성제가 열리는데 한복을 곱게 차려입은 고창의 아낙들이 성밟기, 답성놀이를 하는 모습을 볼 수 있다. 해가 지면 성곽을 따라 빛나는 야간 조명도 아름답다. 읍성 인근에 판소리 박물관과 신재효 선생 고택도 있으니 들러보자.

1 2

고창읍성을 관람하기 가장 좋은 방법은 바로 성곽을 따라 걷는 것이다. 읍성 안 과거의 공간과 현재의 풍경을 함께 보며 걷는 것 자체가 읍성의 구조와 역사를 이해하는 데 도움이 된다. 신비스러운 대나무숲, 맹종죽림과 성황당을 거칠 수 있고, 고창읍성에서 가장 아름다운 풍경에 속하는 서문 진서루의 풍경도 볼 수 있다. 서문에서 내려와 공북루 방향으로 나오면서 관아 동헌 등을 보는 것도 좋다. 이 방향에선 성의 전략적 구조가 잘 보이기 때문. 성안에 남아 있는 조선 말기의 척사비와 북방식 고인돌을 찾아보는 재미도 쏠쏠하다. 나가다 보면 주 출입구 공북루에서 가장 가까운 건물이 옥사라는 것도 새롭게 알게 될 것이다.

1, 2. 고창읍성 전경
3. 고창읍성에서 가장 아름답다는 서문 길
4. 고창읍성 옹성구조

고창읍성의 야경

COURSE 05 선운사와 도솔암

선운산은 예전에 도솔산으로도 불렸는데 선운사와 도솔암 이름의 유래다. 선운사는 백제 위덕왕 24년(577)에 창건되었다고 전해지며, 다른 설로는 신라 진흥왕의 시주를 얻어 창건했다고도 한다. 오랜 세월 소실된 것을 광해군 때에 재건한 후 오늘에 이른다고 한다. 단청벽화가 뛰어난 대웅보전과 금동보살좌상 등의 보물과 다른 건물을 짓고 남은 재료로 지었다는 만세루, 2층 맞배집으로 지어 아래층에는 천왕문을, 위층 누마루에는 범종루를 둔 독창적인 구조의 건축물이 있다.

도솔암으로 가는 길 오른편에 진흥굴이라 불리는 얕은 바위굴이 있다. 형태가 몹시 인공적인데 자연굴이라서 사람을 붙든다. 진흥왕이 이곳에 와서 수도했다는 전설이 있다. 굴이 깊지 않아서 오르던 길에 슬쩍 들어가 볼 만하다. 도솔암에는 한 채의 요사가 딸려 있고 뒤편 산길과 바위계단 지난 암반 위 좁은 터에 나한전과 내원궁이 있다. 내원궁이 올라앉은 절벽 한 면에 그 높이가 17m에 달하는 거대한 마애불이 조각되어 있는데 입을 꽉 다문 위압적인 인상이 흥미롭다. 마애불 아래 서 있는 소나무와 함께 특별한 풍경을 만든다. 그 암각 여래상의 머리 위에는 누각식으로 된 지붕이 달려 있었는데 조선중기에 무너져 내렸다고 한다. 지금 마애불의 머리 위에 뚫린 네모진 구멍들이 그 흔적이다. 동학혁명 당시의 전설이 남은 불상이다.

여행 TIP

선운사 인근에 500살 정도 되는 동백나무 군락이 있다. 동백나무 자생지로는 최북단에 있고, 천연기념물 제184호로 지정되어 있다. 4월 동백, 9월 꽃무릇, 10월 도솔천을 따라 이어지는 단풍은 놓치면 아까운 선운사 절경이다. 또한 선운산 부근은 대표적인 고창 지역 관광지로 숙박업소와 식당이 많은 곳이기도 하다.

1. 고창 선운산 도솔암 마애불 2. 선운사 천왕문

이곳도 추천해요!

01 학원농장

학원농장은 농작물이 자라나는 아름다운 풍경을 관광으로 이은 경관농업과 청보리밭으로 잘 알려져 있다. 이곳의 넓게 펼쳐진 들은 계절마다 다른 모습을 갖는다. 봄에는 청보리, 여름에는 해바라기, 가을에는 메밀을 가꾸는데 각각이 만발할 때마다 축제를 연다. 매년 4월에서 5월 사이에는 청보리밭 축제, 8월에는 해바라기 축제, 9월에는 하얀 메밀밭 축제가 열린다.
계절마다 표정을 달리하는 학원농장은 많은 사진작가들과 가족 단위 여행객들이 즐겨 찾는다. 학원농장의 바람 부는 푸른 언덕을 걸으며 여행 기분을 만끽하는 것도 큰 즐거움이다.

학원농장의 청보리밭

02 무장읍성

고창에는 고창읍성 외에 다른 읍성이 한 곳 더 남아있다. 고창군 무장면 무장초등학교 인근에 있는 무장읍성이다. 고창읍성에 비해 규모가 단출 하지만 위압적이지 않은 모습이 주변 환경과 어울리는 느낌도 받는다. 무장읍성이 동학농민 혁명과 관련 있는 곳인 까닭도 있다. 석축 성곽과 옹벽에 이어진 토성은 한창 발굴 작업 중이고 객사와 동헌 등의 시설물이 남아있다. 조선 태종 때 왜구를 방어하기 위하여 세웠다고 한다. 동학농민운동 당시 농민들이 고부군수 조병갑을 몰아내고 해산했다가 관군의 횡포로 재봉기 한 곳이다. 인접해있는 정읍, 부안과 이곳 고창 일대는 농민군과 동학세력이 모였던 곳으로 역사적으로 중요한 장소지만 현재는 한가한 농촌 마을에 조용히 남은 읍성이다. 인근의 무장포 동학혁명 기포지와 폐교 된 신왕초등학교 자리에 만들어진 고창 동학혁명 기념관을 함께 보이도 좋나.

무장읍성 내부

무장성 발굴 현장

★ 엄마,아빠 필독 ★
아이가 알아야 할 역사 포인트
아이가 질문할 경우 이렇게 대답하세요

Q 청동기가 뭐예요?

A 청동이란 구리와 주석을 섞어 만든 것으로, 동(銅)은 인류가 최초로 사용 가능성을 깨닫고는 실생활에 응용한 금속이란다. 처음엔 돌로, 나중에는 밀랍 등으로 틀(거푸집)을 만들고 높은 온도로 녹여 액체 상태가 된 금속을 붓고 식히는 방법으로 청동기가 만들어졌어. 길고 길었던 석기시대 동안 자연 상태의 돌을 깨거나 갈아서 사용했던 인류가 금속 재료를 다루기 시작한 것은 그 자체로 엄청난 변화이자 혁신인 것이지. 정교한 도구의 사용으로 농사 기법도 비약적으로 발전했단다. 생산력이 크게 늘면서 문명의 형성과 발전도 촉진하게 되었지. 청동검을 지닌 집단을 중심으로 세력이 형성됐고, 청동방울 등의 유물을 통해 석기시대부터 이어져 온 자연숭배 사상이 주술적 행위로도 발전되었음을 짐작할 수 있어. 청동기시대의 거대한 고인돌 문화만 보더라도 인류의 집단 형성과 계급 형성을 알 수 있겠지?

Q 청동기는 역사시대인가요? 아니면 선사시대인가요?

A 선사시대와 역사시대는 '문자' 사용이 기준이 된단다. 세계적으로 청동기시대에 문자 기록이 나타났으므로 대개 청동기는 역사시대로 분류해. 하지만 우리나라는 창원의 다호리 유적에서 출토된 다섯 자루의 붓을 근거로 철기시대 이전에 문자를 사용했었다는 추론은 가능하지만 명백한 청동기시대 유적이 없어서 현재는 선사시대 범주로 놓고 있어. 그러나 우리나라의 고인돌 하나만 보아도 당시 우리 선조들의 활동이 고도로 분화되고 정렬되었음을 알 수 있지. 이는 당시 사람들이 언어체계를 이루지 않고는 불가능한 일이라고 봐.

Q 고인돌을 만들던 사람들은 어떻게 살았어요?

A 청동기시대의 가장 큰 특징은 농사가 본격화되었다는 점이야. 생산의 효율성을 위해 사람들은 일정 지역에 모여 살게 되었고 집단 주거에 필요한 규칙과 조직이 만들어졌을 거야. 이 과정에서 역할이 분화되고 서열과 권력관계가 생겨났어. 고인돌은 이런 청동기시대의 특징을 집약적으로 보여주는 유적이란다. 이 거대한 무덤이 누구에게나 허용되었을 리가

없기 때문이야. 고인돌은 몇몇 사람의 힘으로는 움직일 수 없을 정도의 큰 돌로 만들어졌어. 이렇게 크고 무거운 무덤을 만들 만큼 위세가 있는 지배 계층이 존재했다는 것을 추측해 볼 수 있지. 또 이런 큰 무덤을 축조할 만큼 노동력도 풍부했다는 것을 알 수 있는데, 이는 집단 주거형태를 통해 가능해졌을 것으로 본단다.

Q 우리나라에는 청동기 고인돌 유적이 많다는데요, 고창말고 또 어떤 곳이 있나요?

A 우리나라의 고인돌 유적 세 곳은 모두 세계문화유산으로 지정되어 있단다. 우리가 여행한 국내에서 가장 큰 고인돌 유적지인 고창 그리고 화순과 강화도 있지.
화순 고인돌유적(사적 제410호)은 전라남도 화순군 도곡면 효산리 모산마을에서 춘양면 대신리로 넘어가는 보성재의 양쪽 계곡에 있어. 500여 기의 남방식 고인돌이 10km 정도에 걸쳐 분포해 있는데 보존 상태가 매우 좋은 편이야. 우리나라 최대 북방식 고인돌인 강화 지석묘(사적 제137호)를 포함한 강화 고인돌 유적은 고려산을 중심으로 총 120여 기의 고인돌이 분포해 있단다.

Q 고창 고인돌공원의 고인돌은 우리가 흔히 알던 그 고인돌이 아닌 것 같아요.

A 고인돌은 여러 기준으로 분류되는데, 크게는 북방식과 남방식으로 나눌 수 있어. 북방식 고인돌은 우리가 흔히 아는 탁자식 형태고, 강화도와 포천 등지에서 많이 발견된단다. 고창 고인돌공원의 6코스 고인돌이 바로 북방식 고인돌이야. 남방식 고인돌은 지하에 돌방을 만들고 그 위에 거대한 뚜껑돌을 올려놓은 것으로, 지상에서 보면 거대한 바위가 엎드려 있는 것처럼 보여. 찬찬히 들여다봐야 땅에 묻힌 굄돌이 보이거나 혹은 돌이 아예 땅 속에 묻힌 것도 있어. 남방식 고인돌은 청동기시대 후반과 철기시대 초반 양식이야. 주로 한강 이남 지역에 많이 있는데, 고창 고인돌공원에 있는 고인돌 중 다수가 남방식 형태란다.

고창 고인돌공원(6코스)의 북방식 고인돌   화순 고인돌공원의 남방식 고인돌

숙박

🏠 고창 고인돌 정보화마을 황토펜션

고창 읍내 버스터미널 인근에서 숙박한다면 깔끔한 모텔이나 관광호텔 등을 이용할 수 있다. 고창읍 내에 한옥마을도 있고, 선운사 인근 관광호텔과 유스호스텔, 펜션 등이 있는 편이지만 아이들과 함께 역사여행을 계획한다면 고인돌 정보화마을을 추천한다. 고인돌공원과 박물관에서 가깝기 때문에 오후에 관람한 후 이동해서 숙박하기 좋은 여건을 지녔을 뿐 아니라 아이들을 위한 선사문화 체험 등의 현장 학습도 가능하고, 지역 특산물 장터까지 이용할 수 있기 때문. 숙박은 황토펜션 형태로 되어 있으며 고창군 홈페이지 문화관광 게시판이나 전화로 예약이 가능하다. 통상 아이들의 방학 기간이 성수기로 잡혀 있다.

주소 : 고창군 고창읍 도산1길 42 / 전화 : 063-563-7299 / 홈페이지 : goindol.invil.org / 요금 : 황토방 80,000~120,000원 미니펜션 40,000~50,000원

🏠 기타 추천 숙박

고창읍성 한옥마을
주소 : 고창군 고창읍 동리로 128
전화 : 063-563-9977

고창 힐링카운티
주소 : 고창군 고창읍 석정2로 173 고창웰파크시티
전화 : 063-560-7300

맛집

🍴 마실

고창 공설운동장 근처에 있고 고창읍성에서 차로 이동하면 7~8분 정도 걸리는 곳이다. 화학조미료를 일절 쓰지 않고 당일 음식은 당일 만든다는 원칙 아래 월별 제철 재료를 사용하여 음식을 내놓는 퓨전 한정식 식당. 방이 많아서 아이들을 동반하여 조용히 식사하기 좋다. 영업시간은 오전 11시 20분부터 오후 3시 30분까지, 오후 3시 30분부터 5시까지는 쉬는 시간이고 다시 5시부터 9시까지 운영한다. 또한 연중무휴로 영업.
10,000원 미만의 점심 특선을 선보이고 단호박해물찜 정식 20,000원, 떡갈비와 버섯구이가 포함된 마실 정식은 12,000원. 이외에도 다양한 메뉴가 있다.

★ 추천 메뉴 : 마실 정식
주소 : 고창군 고창읍 월암수월길 104-8 / 전화 : 063-564-4000

🍴 기타 추천 맛집

고창읍성 주변에는 간편하게 먹을 수 있는 비빔밥이나 국수 종류의 음식을 파는 식당들을 쉽게 찾을 수 있다. 학원농장에서도 메밀로 만든 음식과 보리로 만든 미숫가루를 쉽게 접할 수 있다.

고향식당
주메뉴 : 산채비빔밥
주소 : 고창군 아산면 중촌길 20-3
전화 : 063-563-1326

모양성숯불구이
주메뉴 : 돼지갈비
주소 : 고창군 고창읍 동리로 183
전화 : 063-564-9979

송가네식당
주메뉴 : 백반
주소 : 고창군 고창읍 중거리당산로 155
전화 : 063-561-2611

선사시대·부족국가시대

고창 고인돌 공원 5코스에서 공원입구 3코스를 바라보며...

선사시대·부족국가시대

고조선의 시작
태백산 천제단

청정도시 태백에서 단군신화를 느끼다

고조선을 건국한 단군에 관한 신화가 있다. 환인의 아들 환웅은 바람과, 비, 구름을 거느리고 인간 세상에 내려왔고 곰은 신령스러운 쑥 한 심지와 마늘 스무 개를 먹고 백 일 동안 동굴 속에서 햇빛을 보지 않고서 여자, 웅녀가 되었다. 웅녀와 환웅 사이에 탄생한 단군왕검이 세운 나라가 고조선이다. 사람 중심적이고 현세주의적인 이 신화의 주인공 단군왕건을 모시고 하늘에 제사를 지내는 곳이 바로 이곳 태백산이다.

태백은 봄의 진달래와 철쭉, 여름에도 열대야 없는 쾌적한 공기, 단풍이 가득한 가을, 설경과 함께 눈 축제를 볼 수 있는 겨울 등 사계절 특징까지 뚜렷한 곳. 멋진 풍광 속에서 단군성전, 석탄박물관, 황지연못, 바람의 언덕을 돌아보자.

알고 가면 더 유익한 역사여행

여행 키포인트

단군신화에 대해 미리 알아보고 떠나자. 단군성전에 들러 단군 할아버지를 꼭 보도록 하자.

어린이 여행 학습 정보 ▶▶ **MUST STUDY 단군신화**

고조선 사람들은 하늘에서 지상으로 내려온 환웅을 숭배했고, 환웅과 함께 온 운사(구름의 신)와 우사(비의 신) 등의 자연신도 받들었다. 환웅과 웅녀 사이에서 태어난 단군왕검은 1500년 동안 나라를 다스렸는데, 당시의 제사장 겸 정치적 지배자로 고조선시대의 지도자였다. 또한 고조선이 우리나라 최초의 국가이므로 단군왕검은 우리나라 최초의 지도자이기도 하다.

교과서

초등학교 5학년 2학기 사회 - 최초의 국가 고조선

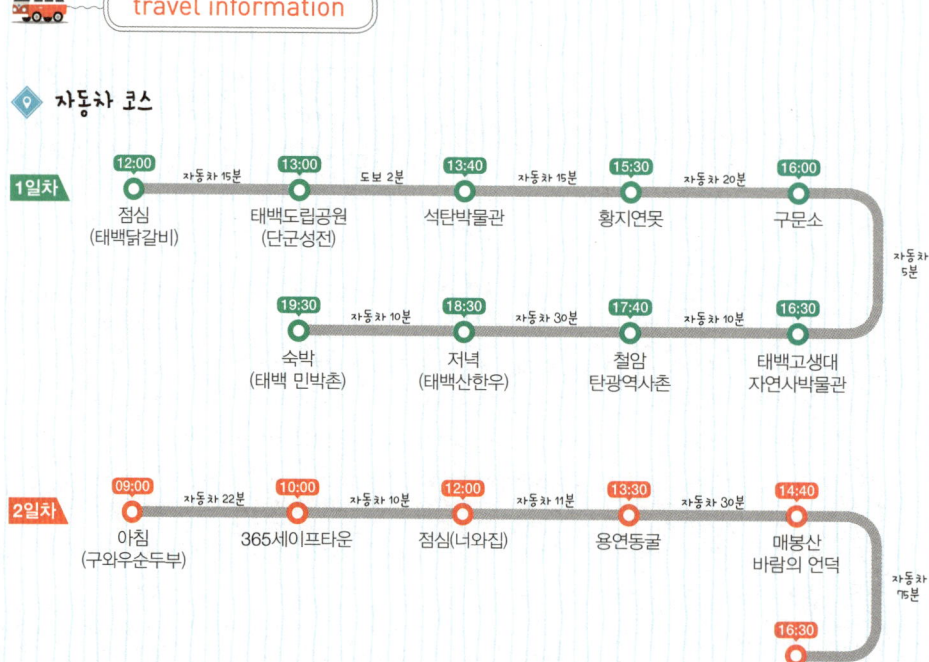

travel information

자동차 코스

1일차
- 12:00 점심(태백닭갈비) — 자동차 15분 —
- 13:00 태백도립공원(단군성전) — 도보 2분 —
- 13:40 석탄박물관 — 자동차 15분 —
- 15:30 황지연못 — 자동차 20분 —
- 16:00 구문소 — 자동차 5분 —
- 16:30 태백고생대 자연사박물관 — 자동차 10분 —
- 17:40 철암 탄광역사촌 — 자동차 30분 —
- 18:30 저녁(태백산한우) — 자동차 10분 —
- 19:30 숙박(태백 민박촌)

2일차
- 09:00 아침(구와우순두부) — 자동차 22분 —
- 10:00 365세이프타운 — 자동차 10분 —
- 12:00 점심(너와집) — 자동차 11분 —
- 13:30 용연동굴 — 자동차 30분 —
- 14:40 매봉산 바람의 언덕 — 자동차 75분 —
- 16:30 제천IC

Basic Course

태백도립공원
(단군성전 · 천제단)
주소 태백시 천제단길 168
전화 033-550-2741
입장료 어른 2,000원, 학생·군인 1,500원, 어린이 700원(6세 이하 어린이는 무료)
주차(도립공원) 대형 4,000원, 소형 2,000원

태백석탄박물관
(태백도립공원 내 시설)
주소 태백시 천제단길 195
전화 033-552-7720
시간 09:00~18:00(연중무휴)
입장료 어른 2,000원, 학생·군인 1,500원, 어린이 700원
주차(도립공원) 대형 4,000원, 소형 2,000원
* 도립공원에서 조금만 위로 올라가면 위치해 있다.

황지연못
주소 태백시 오투로1길 1-8
전화 033-550-2131

구문소
주소 태백시 동태백로 11
전화 033-550-2081
주차 구문소 옆 공영주차장이 있다

태백고생대자연사박물관
주소 태백시 태백로 2249
전화 033-581-3003
시간 09:00~18:00(연중무휴)
입장료 어른 2,000원, 학생·군인 1,500원 어린이 1,000원
주차 박물관 길 건너 공영주차장이 있다

철암탄광역사촌
(철암역두선탄장)
주소 태백시 동태백로 404(철암동)
전화 033-550-2379(태백시청 관광문화과)
입장료 무료

365세이프타운
(태백한국청소년안전체험관)
주소 태백시 평화길 15
전화 033-550-3101~5
시간 09:00~18:00(월요일 휴관)
입장료 전 연령 10,000원, 1개 체험관 이용권 5,000원
자유이용권 : 어른 22,000원, 청소년 20,000원, 어린이 18,000원
주차 무료

용연동굴
주소 태백시 태백로 283-29
전화 033-550-2727
시간 09:00~18:00(연중무휴)
입장료 어른 3,500원, 학생·군인 2,500원, 어린이 1,000원
주차 대형 4,000원, 소형 2,000원

매봉산 풍력발전단지 바람의 언덕
주소 태백시 화전동
시간 제한없음
입장료 무료
* 내비게이션 이용 시 매봉산 풍력발전단지 혹은 삼수령(피재)으로 검색

태백의 주요 역사 여행지

COURSE 01 단군성전과 천제단

태백산(太白山)의 '태백'은 크고 밝은 산이라는 뜻으로, 홍익인간의 건국 신화를 느낄 수 있는 곳이다. 태백산은 백두대간의 중심부에 위치해 있는데 '백두대간'이란 백두산에서 비롯된 큰 산줄기라는 뜻.

태백산의 정상인 천제단에서는 매년 개천절마다 하늘에 제사를 지내는데 이를 '천제'라 한다. 천제단은 천제를 지내는 제단이고, 천제단 중앙에 태극기와 칠성기를 꽂고 치성을 드린다. 사실 태백산은 산 전체가 하나의 제단 역할을 하고 있다. 높이 3m의 원형 제단인 천제단은 단군조선시대 구을 임금이 쌓았다고 전해진다. 천제 기간에는 함부로 짐승을 잡거나 나무를 꺾는 일 등을 금한다.

산의 꼭대기에 있는 천제단을 가기 위해서는 2시간 정도 등반해야 한다. 암벽이 적고 경사가 완만해서 아이와도 쉽게 오를 수 있지만, 혹 등반이 어렵다면 천제단 대신 태백산 입구의 단군성전을 방문하면 된다. 단군성전 안에는 단군왕검의 영전이 봉안되어 있다. 우리 민족의 시조인 단군 할아버지를 모신 성역이라 하여 단군성전이라 불린다.

매년 10월 3일 개천절마다 천제를 시작으로 태백제가 열린다. 단군제, 산업전사위령제, 산신제 등 제례 행사가 이루어져 점점 사라져 가고 있는 민속 문화를 이곳에서 볼 수 있다.

> ⚠️ **여행 TIP**
> 태백산은 여름에는 맑은 계곡으로 시원하고 야영장 시설이 잘 되어 있어 편리하다. 겨울철에는 하루에 2,000명을 수용할 수 있는 대규모의 눈썰매장을 이용할 수 있다.

단군성전

COURSE 02 석탄박물관

태백 석탄박물관은 동양 최대 규모의 석탄박물관으로 석탄의 역할 그리고 국내 석탄 산업의 변천 등을 볼 수 있는 곳이다. 석탄이 우리나라 경제 발전에 크게 기여한 부분과 물질문명의 발달로 석탄 사용이 줄어들게 된 배경 등 산업의 변천을 한 곳에서 볼 수 있도록 전시하여 아이들이 석탄을 이해하는 데 큰 도움을 준다.

박물관 내부에는 총 8개의 전시실이 있다. 제1전시실은 지질관으로 지진 및 화산 체험을 할 수 있고, 제2전시실은 석탄의 역사를 알 수 있는 석탄 생성 발견관, 제3전시실은 석탄 채굴 이용관으로 승강기를 타고 지하로 내려가 과거 석탄을 채굴하는 사람들의 모형을 볼 수 있다. 광산 안전관으로 구성된 제4전시실은 광산 근로자들에게 빌생하기 쉬운 진폐증 등의 산업재해 예방 교육을 하던 모습까지 전시되어 있다. 그 옛날 석탄을 캐던 광부들의 모습이 바로 눈앞에서 펼쳐지는 듯하다. 특히 지하의 체험 갱도관은 승강기 내부를 실제 석탄을 캐러 지하로 내려가는 것처럼 꾸며 놓아 아이들의 흥미를 끈다. 바물관 전체 관람 시간은 약 1시간 반에서 2시간 정도 걸린다.

 여행 TIP

석탄박물관은 태백산도립공원 내에 있어 태백산도립공원 입장권을 가진 관광객은 같은 입장권으로 박물관까지 간람할 수 있다.

COURSE 03 황지연못

여행 TIP
태백 시내 중심에 있다. 황지연못 주변은 봄에는 철쭉이, 가을에는 단풍이 아름답다.

황지연못은 『동국여지승람』, 『대동지지』 등의 옛 문헌에서 낙동강의 근원으로 소개되어 있다. 그 옛날 황부자의 집터가 이 연못이 되었다 하여 황지(黃池)라 불렀다고 한다. 연못 입구에는 여자 석상이 있는데, 인위적으로 만들었다고 하기에는 제법 정교하다.

여기 황지연못과 석상에는 오래된 이야기가 전해진다. 전설에 의하면, 황부자 집에 들른 노승이 시주를 청하였으나 괴팍한 황부자는 시주 대신 쇠똥을 퍼주었다고 한다. 이것을 본 며느리가 노승에게 시아버지의 잘못을 대신 빌며 쌀 한 바가지를 시주하니, 노승은 이 집의 운이 다하여 곧 큰 변고가 있을 것이라 경고했다. 살고 싶다면 본인을 따라오되, 길을 나서는 순간부터는 절대로 뒤를 돌아보지 말라고 당부하였다. 노승을 따라 어느덧 산등에 이르렀

며느리 동상

을 때, 집 쪽에서 갑자기 큰 천둥이 치고 천지가 무너지는 듯한 소리가 나자 며느리는 놀란 마음에 노승의 당부를 잊고 그만 뒤돌아보았다. 뒤돌아본 순간 며느리는 아이를 등에 업은 채로 돌이 되어 굳어버렸다. 그리고 황부자의 집은 땅 밑으로 꺼져 큰 연못이 되었고, 황부자는 큰 이무기가 되어 연못 속에 살게 되었다고 한다.

황지연못은 크게 세 부분으로 나누어져 있는데, 큰 연못이 황부자 집터이고 가운데가 방앗간 자리, 아랫부분이 화장실 자리라 한다. 이무기가 된 연못 속의 황부자가 심술을 부려 1년에 한두 번씩 연못이 흙탕물로 변한다는 이야기가 전해진다.

낙동강 천삼백리 예서부터 시작되다

COURSE 04 용연동굴

용연동굴은 약 3억 년 전 생성된 석회동굴이다. 종유석과 석순이 석주를 울퉁불퉁 즐비하게 이루고 있어 동굴 안은 좁고 낮은 편이다. 이곳은 강원도 기념물 제39호로 지정되었고 해발 920m로 전국에서 가장 높은 곳에 있는 동굴이다.

용연동굴엔 볼거리가 다양하다. 산호처럼 생긴 동굴산호도 있고 여러 가지 모습의 석순은 각 형상에 맞는 이름까지 갖고 있다. 또 갯벌과 같이 얕은 바닷가에서 퇴적된 삼엽충, 두족류 등 화석이 발견되기도 하고 박쥐 혹은 그 외의 다양한 생물도 서식하고 있다고 한다. 한때는 사람들의 피난처로 쓰이기도 했는데 그 이유는 전쟁 때문이었다. 조선시대 임진왜란 때 동굴에서 피난하게 된 사연이 암벽에 쓰여 있다.

현재 동굴 내부에는 분수대 광장이 있다. 음악 분수대는 리듬에 맞춰 물줄기를 뿜어 화려한 볼거리를 제공한다. 동굴 관람 시간은 아침 9시부터 저녁 6시까지며, 관람하는 데 걸리는 시간은 약 40분 정도다. 우리나라에서 제일 높은 곳에 위치한 추전역(해발 855m)과 금대봉 야생화 군락지가 주변에 있어 함께 둘러볼 수도 있다.

> ⚠️ **여행 TIP**
>
> 주차장에서 용연열차를 타고 동굴 입구까지 올라갈 수 있다. 동굴 안이 좁고 낮아 부딪힐 위험이 있으니 머리에 헬멧을 꼭 쓰고 들어가자. 들어가기 전 귀중품은 사물함에 보관할 수 있다.

용연동굴 입구

대한민국에서 제일 높은 역, 추전역

🚌 이곳도 추천해요!

01 구문소

구문소(求門沼)는 '굴이 있는 늪'이라는 뜻으로 구멍의 옛말인 '구무'에서 그 이름이 유래되었다. 구문소는 산을 뚫고 흐른다 하여 '뚜루내'로 부르기도 했다. 낙동강의 상류인 황지천에서 흘러나온 물이 산을 뚫고 지나가며 큰 돌문을 만들고 그 밑으로 깊은 연못을 이루고 있다. 구문소는 커다란 석회 동굴로 높이는 약 20~30m, 너비는 30m 정도로 입구가 크다.

구문소 옆이 하필 차도인 것이 좀 안타깝지만, 구문소 상류 물줄기를 따라 올라가다 보면 석회암 암벽을 깎아 내린 강줄기가 힘차게 흐르는 것을 볼 수 있다. 계곡을 따라 이어지는 약 4km의 자연탐방로는 걷기 좋게 조성되어 있고 계곡 위의 정자는 구문소 주변을 한눈에 보기에 좋다. 마당소, 삼형제 폭포, 닭벼슬 바위 등 아름다운 경치 또한 함께 볼 수 있다.

구문소 정자에서 바라본 태백

02 태백고생대자연사박물관

구문소의 계곡을 따라가다 보면 고생대자연사박물관이 있다. 고생대를 주제로 한 전문 박물관으로 입구에서부터 약 5억 년 전 고생대의 따뜻한 바다에서 살았던 해양생물의 흔적을 찾아 볼 수 있다.

특히 이곳에서 아이들은 화석과 연관된 체험학습을 할 수 있다. 탁본, 크로마키, 화석 발굴 등 놀이를 통해 직접 참여할 수 있다. 박물관의 1층에는 발굴체험실 및 체험전시실이 있고 2층 전시실에서는 지금은 볼 수 없는 선캄브리아시대와 전기 및 중기 고생대의 다양한 희귀 생명을 볼 수 있다.

03 철암탄광역사촌(철암역두선탄장)

철암탄광역사촌은 우리나라 석탄 산업이 활발하던 시절부터 현재의 모습까지 볼 수 있는 야외생활사 박물관이다. 철거 위기에 놓이기도 했으나 과거 석탄 산업의 생활상을 보존하는 것도 역사의 일부를 간직하는 것이기 때문에 아직까지 보존 및 유지되고 있다.

일터로 떠나는 광부와 광부를 배웅하는 아내의 조형물, 언제 쓰러질지 모를 정도로 낡은 까치발건물, 영화 「인정사정 볼 것 없다」의 빗속 격투신 촬영 장소 등 과거 화려했던 탄광촌의 생활상이 빛바랜 역사의 한 페이지를 채우고 있다.

04 365세이프타운(태백한국청소년안전체험관)

안전 교육은 학습이 아닌 체험, 365세이프타운은 세계 최초로 즐기면서 배우는 '안전 체험' 테마파크이다. 365세이프타운 내 청소년안전체험관에서는 이용자가 3D, 4D 영상을 보면서 직접 움직이는 시뮬레이터형 라이더를 타고 체험할 수 있어 단순 관람을 넘어 몸으로 직접 느끼고 익힐 수 있다는 장점이 있다.

내부 지진 체험관에서는 진도 8 이상의 강진을 느낄 수 있고 대테러 체험관에서는 바람, 스모그 등의 특수 효과로 마치 실제와 같은 상황을 체험할 수 있다. 그 밖에 산불 체험관에서는 헬기 시뮬레이터를 타고 산불을 진화할 수 있다. 체험관별로 장비 점검 시간이 있으니 가기 전 미리 시간을 확인하여야 한다.

05 매봉산 바람의 언덕

이곳은 태백 매봉산 풍력발전단지이다. 풍력발전기 8대가 언덕 위에 서 있고 산 정상의 아래 경사면에 고랭지 배추밭이 드넓게 펼쳐져 있다. 배추 수확기인 7~8월 사이에는 차량 통행이 제한된다.

이곳은 차를 세워 놓고 직접 길을 따라 걸어도 좋다. 배추밭을 따라 바람의 언덕이라 부르는 언덕길을 걷다 보면 속이 뻥 뚫린다. 바람의 언덕 위 빨간 풍차도 볼 수 있다. 풍력발전기 언덕길과 초록색 배추 그리고 파란 하늘이 만들어내는 아름다운 풍경은 7월 말에서 8월 초에 특히 보기 좋다.

매봉산 바람의 언덕 풍력발전기

바람의 언덕에 있는 고랭지 밭

엄마, 아빠 필독
아이가 알아야 할 역사 포인트
아이가 질문할 경우 이렇게 대답하세요

Q 단군왕검이 누구인가요?

A 단군왕검은 우리 민족 최초의 나라인 고조선을 세운 사람이란다. 단군왕검은 그의 이름이 지. '단군'은 제사를 주관하는 제사장이란 뜻으로 종교적 지배자를 의미해. '왕검'은 정치를 주관하는 정치적 지도자를 뜻하지. 이름의 두 가지 뜻을 통해 단군왕검은 정치적 지도자인 동시에 종교적 지배자 역할을 했음을 짐작할 수 있어. 즉 고조선은 제정일치(제사와 정치가 일치하는 사상 혹은 정치 형태) 사회였음을 알 수 있단다.

Q 단군신화가 정말 사실이에요?

A 단군이야기는 고려 후기인 13세기에 일연 스님이 쓴 『삼국유사』에 그 내용이 있단다. 단군의 아버지인 환웅이 하늘에서 내려왔다는 것은 그 당시 사람들이 하늘을 두려워하면서도 신성시한 것을 의미하고 곰이 사람(웅녀, 단군의 어머니)이 되었다는 것은 고조선이 곰을 섬기는 부족국가였음을 상징한단다. '하늘로부터 선택받은 자'라는 이야기로 지배력을 강화하기 위해 시조신화를 만드는 것이지.

Q 지구도 나이가 있나요? 고생대, 중생대, 신생대 구분을 어떻게 해요?

A 사람과 똑같이 지구도 나이가 있어. 시생대(지질시대 중 최초의 시대)는 약 36억 년 전에 생성이 되었다고 해. 고생대는 5억 4천2백만 년 전부터 2억5천만 년 전이고, 중생대는 2억5천만 년 전부터 6천5백만 년 전으로 본단다. 신생대는 6천5백만 년 전부터 현재까지를 말하지. 상상도 잘 가지 않을 만큼의 오랜 시간이지만 지구에도 분명한 나이가 있음을 이젠 알 수 있겠지?

Q 고랭지 채소가 뭐예요?

A 강원도의 태백이나 평창 같이 다른 지역보다 높은 곳에 있는 지역은 기온이 더 낮기 때문에 여름철에 가을 채소를 재배한단다. 원래 배추도 11월 쯤 수확을 하지만 고도가 높은 산간지방은 여름에도 기온이 낮아 가을 채소 재배가 가능하기 때문에 7월 말에서 8월 초에 수확을 한단다. 그래서 고랭지 채소는 여름철에도 서늘한 기후에서 재배가 가능하다는, 지리적 특성을 이용한 거지.

태백산 민박촌

태백산 민박촌은 태백시에서 직영으로 운영하는 콘도형 숙박 시설. 단지가 쾌적하고 합리적인 가격 등으로 인기가 높은 곳이다. 태백산도립공원 입구에 위치해 있어 태백의 사계절을 즐기기에 적합하다. 특히 겨울에는 눈꽃축제의 중심지로 연계된 각종 이벤트도 즐길 수 있다. 인공암벽장, 체력단련장, 지압산책로, 쉼터, 상가시설 등도 있어 주변 시설 이용도 상당히 편리한 편. 주변의 토속 음식점에서 다양한 먹거리 또한 맛볼 수 있다. 객실별로 취사 또한 가능하다. 단, 세면도구는 따로 지참해야 한다.
태백산 민박촌은 지상 3층 건물이다. 15동 73실로 다양한 객실 유형이 있으며 주차장은 100여 대 이상 주차가 가능하다.

주소 : 태백시 천제단길 168 소도동 / **전화** : 033-553-7440~1 / **홈페이지** : http://minbak.taebaek.go.kr / **요금** : 개인 침대형(2인) 30,000~45,000원 가족온돌 55,000원~75,000원

기타 추천 숙박

오투리조트
주소 : 태백시 서학로 861
전화 : 033-580-7000

태백고원자연휴양림
주소 : 태백시 머리골길 153
전화 : 033-582-7440

🏷 태백 닭갈비

춘천식 닭갈비는 철판에 볶아서 먹는 방식이지만 태백식 닭갈비는 국물을 끓여 닭볶음탕처럼 먹는 게 특징이다. 수천 미터 지하 갱도에서 일하는 광부들이 일한 후 목에 탄가루가 남으면 닭고기, 소주, 국물을 먹어 가루가 씻겨 내려가도록 하였다고 한다. 먹을거리가 넉넉하지 못하던 시절에 저렴한 닭갈비와 나물, 야채를 넣고 끓여 육수를 내어 배를 든든하게 채웠던 것이 지금의 춘천식 닭갈비의 시초가 되었다. 가격은 1인분 7,000원.

★ 추천 메뉴 : 물 닭갈비
주소 : 태백시 중앙남 1길 10
전화 : 033-553-8119

🏷 너와집

강원도 화전민 전통가옥인 너와집이 인상적인 곳이다. 이곳은 무려 150년 동안 유지되었다고 한다. 너와산채비빔밥 정식에 더덕고추장, 누룽지, 된장찌개가 함께 제공되어 아이들과 건강한 야채식을 즐길 수 있다. 산채비빔밥 정식 8,000원, 너와정식 20,000원.

★ 추천 메뉴 : 너와산채비빔밥 정식 / 주소 : 태백시 고원로 35 / 전화 : 033-553-4669

🏷 기타 추천 맛집

구와우순두부
주메뉴 : 순두부
주소 : 태백시 구와우길 49-1
전화 : 033-552-7220

태성실비식당
주메뉴 : 한우 주물럭
주소 : 태백시 감천로 4
전화 : 033-552-5287

태백 단군성전

44 아이와 함께하는 역사여행

선사시대 · 부족국가시대

·1박2일·
경상남도
김해

김해,
잊혀진 왕국을 찾아서

세계 최대 철기 왕국 가야를 발굴하다

한 때 왕국이 있었다. 세계 최대 철기 왕국으로 번성했으나 어찌 된 일인지 역사에서 사라졌다. 나라의 이름, 가야. 가야가 존재했다는 건 알지만 그 외에는 아는 것이 없다. 너무 일찍 신라에 흡수되었고 중앙 집권 국가로 성장하지 못해 기록이 없다고 하기엔 그 위상이 특별한데 말이다. 가야는 몇 개의 작은 나라가 연합체를 이룬 동맹 국가였다. 세계 최초로 철로 만든 말(馬)갑옷의 실물이 발견될 만큼 우수한 철기 문명을 가지고 있었고 제주도에 무역 기지를 만들어 일본, 중국과도 교역했다. 이뿐인가. 가야의 왕후는 인도 아유타국에서 왔다. 가야는 고구려, 백제, 신라와 함께 5세기가 넘는 기간 동안 한반도의 한 지역을 차지했던 고대 국가였지만 가장 일찍 나라 문을 닫은 이유로 역사에 제대로 남지 못했다. 역사에 난 틈처럼 비어 있던 초기 국가시대. 그 잊혀진 역사를 만나기 위해 옛 가야의 땅, 김해로 간다.

알고 가면 더 유익한 역사여행

여행 키포인트

김해는 유적지가 대체로 밀집되어 있어서 차량을 이용하는 것보다는 주요 거점에 주차를 하고 걸어서 보는 것이 편리할 수 있다. 국립김해박물관에 주차하면 수로왕비릉과 구지봉, 대성동 고분 등에 쉽게 접근할 수 있다.

어린이 여행 학습 정보  가야 철기 문화

가야가 성장할 수 있었던 주요 배경은 바로 풍부한 철과 철기 생산 체계의 장악이었다. 청동기 문명을 배경으로 번성했던 초기 국가들은 철기시대에 어떤 모습을 보였는지 그 특성에 대해 알아보자.

교과서

초등학교 5학년 2학기 사회 – 삼국성립과 발전

travel information

자동차 코스

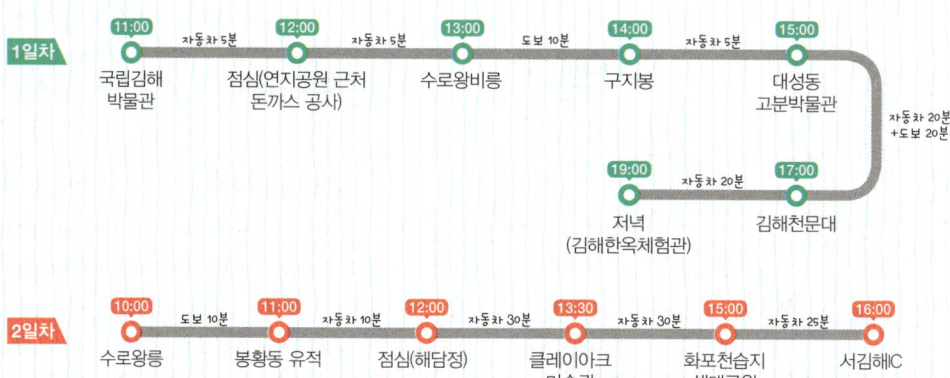

⚠️ 김해의 대중교통 TIP

대중교통으로 김해를 방문할 경우, 부산에서 환승해 김해로 가는 경전철을 이용하면 편리하다. 경전철이 시내 주요 관광지와 유적지를 거쳐 가기 때문. 기차를 타고 구포역에 내려 지하철을 타고 대저역에서 경전철을 환승하거나 부산역에서 지하철을 타고 사상역에서 김해로 가는 경전철을 환승해 박물관역에 내려서 국립김해박물관부터 김해 여행을 시작할 수 있다. 김해의 주요 유적지는 밀집되어 있고 각 유적지 사이는 걸어서 둘러보기에 가능한 거리다. 특히 국립김해박물관에서 구지봉을 거쳐 대성동고분군을 지나 다시 돌아오는 길은 가야 유적 도보 탐방길(가야사 누리길) 구간이다. 찬찬히 일대를 걸어서 돌아보는 것을 추천한다.

- **가야사 누리길** 김해의 가야 유적을 탐방할 수 있는 길 / 약 5km(약 2시간)
  코스 국립김해박물관 ~ 구지봉 ~ 수로왕비릉 ~ 김해향교 ~ 북문 ~ 수로왕릉 ~ 대성동고분박물관 ~ 국립김해박물관

Basic Course

수로왕비릉
구지봉
주소 김해시 가락로 190번길 1
전화 055-338-1330(김해관광안내센터)
시간 09:00~18:00
입장료 무료

국립김해박물관
주소 김해시 가야의길 190
전화 055-320-6800
시간 09:00~18:00(신정 및 매주 월요일 휴관)
입장료 · 주차 무료

대성동고분박물관(사적 제341호)
주소 김해시 가야의길 126
전화 055-330-6881
시간 09:00~18:00(신정 및 매주 월요일 휴관)
입장료 · 주차 무료

김해천문대
주소 김해시 가야테마길 254
전화 055-337-3785
시간 (전시실)14:00~22:00(신정 및 매주 월요일 휴관)
입장료 전시실은 무료로 이용 가능하나 유료 프로그램(가상 별자리, 야간 천체 관측, 망원경 조작)이 있다.
* 가상별자리 – 어른 3,000원, 청소년 2,000원, 어린이 1,500원(만 6세 이하 1,000원)

수로왕릉
주소 김해시 가락로 93번길 26
전화 055-338-1330(김해관광안내센터)

봉황동 유적(봉황동 패총)
주소 김해시 가락로 63번길 50
전화 055-338-1330(김해관광안내센터)

클레이아크미술관
주소 김해시 진례면 진례로 275-51
전화 055-340-7000
시간 10:00~18:00(신정 및 매주 월요일, 설날과 추석 당일 휴관)
입장료 어른 2,000원, 청소년 · 군인 1,000원, 어린이 500원(만 6세 미만 무료)
주차 무료

* 매월 둘째 주 토요일, 마지막 주 수요일은 하루 동안 무료로 입장이 가능하다. 단 체험 프로그램은 제외.
* 클레이아크미술관과 김해분청도자관은 도보 2분 거리. 가까우니 함께 둘러보자.

김해분청도자관
주소 김해시 진례면 진례로 275-35
전화 055-345-6037
시간 10:00~17:00(신정, 설날과 추석 당일 휴관)
입장료 무료
주차 무료(클레이아크미술관 주차장 이용)

화포천습지생태공원
주소 김해시 한림면 한림로 183-300
전화 055-342-9834
생태학습관 이용시간 09:00~18:00(매주 월요일, 설날과 추석 당일 휴무)
입장료 무료

* 화포천습지생태공원은 주말 및 평일 단체 프로그램, 철새와 관련된 다양한 프로그램 등이 시기마다 개설되니 전화 문의 혹은 홈페이지(hwapo.gimhae.go.kr)에서 프로그램 스케줄을 확인해보자. 인기가 많으니 미리 확인하여 예약하는 것을 추천.

김해의 주요 역사 여행지

COURSE 01 수로왕비릉

수로왕비릉

수로왕비릉은 가야 시조 수로왕의 비, 허황후의 능이다. 허황후는 인도 아유타국 공주로 48년에 가락국으로 시집을 왔다고 전해진다. 수로왕과 허황후 사이에서 낳은 열 명의 아들 중 두 아들에게는 황후와 같은 허씨 성을 주어, 이들은 김해 허씨의 시조가 되었다고 한다.

조선 초기에 수로왕릉과 함께 정비된 황후의 무덤은 눈이 편안하다고 느낄 만큼 군더더기가 없다. 바라보는 쪽에서 오른편에 분산성(가야시대 산성)이 있고 왼편에 구지봉이 있다. 둘레돌(능 혹은 묘의 둘레에 쌓은 돌)도 없는 무덤이지만 종일 볕이 잘 드는 언덕에 넓은 자리를 차지하고 있어 장대한 느낌이다. 봉분 앞에 선 비석엔 '가락국 수로왕비 보주태후 허씨릉'이라고 쓰여 있다.

파사석탑

수로왕비릉 아래 보호각(문화재 보존을 위해 세운 건축물) 안에 파사석탑(婆娑石塔)이라는 돌탑이 하나 있다. 『삼국유사』에 의하면 서기 48년 가야 건국 초기에 허왕후가 아유타국에서 파사석탑을 가져온 것으로 되어 있다. 아유타국에서 배를 타고 올 때, 뱃길 안전을 기원하며 가져온 것이라고 한다. 투박하고 납작한 돌을 쌓아 올린 원시적인 돌탑 형태다. 돌은 인도와 남중국에서 나는 것으로, 우리나라에서 볼 수 없는 돌로 만들어졌다고 한다.

아직 불교가 종교로 자리 잡지 않은 시기의 가야에 불교가 번성한 인도에서 온 탑이라는 점에서 의의가 있다. 인도 지역의 남방 불교가 가야에 직접 전래되었을 가능성을 보여주기 때문이다. 이것이 우리나라에 전달된 최초의 불교 관련 흔적이라면, 중국 북방 불교를 수용했다고 알려진 우리 불교사는 수정이 불가피할 것이다.

여행 TIP

인근에 구산동 고분군이 있으니 함께 둘러보아도 좋다. 수로왕비릉에서 구지봉을 거쳐 언덕 아래에 있는 국립김해박물관도 가깝다.

COURSE 02 구지봉

1. 구지봉
2. 구지봉고인돌에 새겨진 한석봉의 글씨
3. 구지봉에서 내려다본 수로왕비릉 파사석탑과 분산성

구지봉은 가야 건국 신화의 배경으로, 고대 서사시인 『구지가』의 전설이 남아 있는 곳이다. 신화는 이러하다. 서기 42년, 하늘에서 황금알 6개가 든 상자가 내려왔는데 그 알 속에서 수로왕을 비롯한 6가야의 시조들이 태어났다는 내용이다. 6개의 황금알은 김수로왕 한 명이 아닌 6명의 왕이 내려왔다는 의미로, 6개의 가야 동맹국을 뜻한다.

수로왕을 맞이하기 위해 구지봉에서 춤을 추며 불렀다는 「구지가」는 우리나라 최초의 서사시로 알려져 있다. 구지가는 신령한 존재인 거북이를 비유적으로 사용하여 왕의 출현을 기다리는 사람들의 심경이 희화되어 나타난다.

龜何龜何(구하구하)　　거북아 거북아
首其現也(수기현야)　　머리를 내놓아라
若不現也(약불현야)　　내놓지 않으면
燔灼而喫也(번작이끽야)　구워서 먹으리

– 『삼국유사』 중 「구지가」

여기에서 '머리를 내놓아라'는 대목은 수로왕의 이름인 수로(首露)와 의미가 서로 통한다. 수로(首露)가 '머리를 드러낸다'는 뜻으로 해석되기 때문이다.

수로왕비릉에서 구지봉으로 가는 길 아래에 터널이 있다. 원래는 일제강점기에 산의 정기를 끊고자 일본인들이 거북산(구산)의 얼굴에 해당하는 구지봉의 목 부분에다 길을 냈었다. 후일 김해 사람들의 요청으로 길 위를 다시 덮어 지금과 같은 터널이 된 것이다.

여행 TIP

거북산 정상부에는 기원전 4세기경 생긴 것으로 보이는 남방식 고인돌이 구지봉의 역사성을 나타내고 있다. 덮개돌에는 '구지봉석'이라고 새겨져 있고 이는 조선시대의 명필가, 한석봉의 글씨라고 전해진다. 수로왕비릉에서 구지봉 가는 길가에 야트막하게 장군차 나무가 자라고 있으니 이 또한 놓치지 말 것.

COURSE 03 국립김해박물관과 대성동고분박물관

여행 TIP

국립김해박물관은 구지봉 바로 아래에 있다. 김해박물관은 수로왕비릉과 구지봉은 물론 대성동고분군 일대까지 모두 걸어서 갈 수 있는 곳에 자리 했다. 수요일은 평일 관람시간보다 1시간 늦은 저녁 7시까지 관람시간이 연장되고 토요일은 밤 9시까지 연장된다.

국립김해박물관

국립김해박물관은 가야박물관이라고 불러도 충분할 만큼 김해지역의 가야에 대한 이해를 도와주는 데 중요한 곳이다. 상설전시관의 1층은 '가야로 가는 길'이라는 주제로 낙동강 하류 선사 문화를 시작으로 가야의 성립과 발전을 안내하고 2층은 가야 사람들의 삶, 토기, 철, 교류에 대해 전시하고 있는데 철기 문화를 발전시키고 대외 교역을 했던 국가로서의 가야 위상을 느낄 수 있다. 가야의 주요 유물로는 철로 만들어진 갑옷과 말 장신구를 들 수 있다. 철제 말 갑옷은 현재까지 밝혀진 것 가운데 세계에서 가장 오래된 것이다.

대성동고분박물관 · 대성동고분군

국립김해박물관에서 나와 경전철 박물관역을 오른편에 두고 걸어서 광장을 거치면 곧바로 대성동 고분군 야외 전시장에 닿는다. 대성동고분군은 금관가야 지배자 집단의 공동 묘역이다. 언덕 정상부에는 지배층의 무덤이, 비탈면과 주변에는 하위 계층 사람들의 무덤이 보인다. 고분박물관과 노출전시관을 통해 이곳에서 출토된 유물을 더 자세히 볼 수 있다. 또한 대성동고분은 금동제 허리띠, 파형동기 등의 유물로 그 가치를 인정받아 2013년 12월 유네스코 세계문화유산 잠정 목록으로 확정되었다.

노출전시관을 통과해 언덕으로 올라가면 공중 선로를 달리는 김해 경전철과 높게 지어진 현대식 건물이 보이고 그 반대편엔 분산성과 김해천문대가 나란히 보인다. 높진 않지만 김해 전체의 맥락이 보이는 곳이다.

1. 대성동고분박물관 노출전시 표지석
2. 대성동고분박물관 노출전시장
3. 대성동고분군 언덕에서 바라본 분산성
4. 대성동고분박물관

COURSE 04 수로왕릉

수로왕릉은 가락국(금관가야)의 왕이자, 김해 김씨의 시조인 수로왕(재위 42~199년)의 무덤이다. 수로왕비릉이 높은 언덕에 있던 것에 반해 수로왕릉은 평지에 있다. '모은다'는 뜻을 가진 '납릉'으로도 불린다. 의미 자체가 전기 가야연맹과 같으니 이 왕릉은 김해 가야 유적의 상징이라 할 수 있다. 또한 능을 임진왜란 때 일본인들이 도굴하였는데, 과거에도 순장 풍습이 있었음을 추측할 수 있는 유물이 나왔다고 한다.

> ⚠ **여행 TIP**
> 김해한옥체험관과 가까운 거리에 있다. 식사나 숙박을 한옥체험관에서 하게 될 경우 시간을 효율적으로 쓸 수 있다.

시간이 지나 많이 훼손된 무덤을 조선 초기에 정비했다. 후대에 보수되면서 능을 중심으로 신위(고인의 위패 등을 모셔둔 자리)를 모신 숭선전 등의 각종 시설물이 들어섰고 무덤 근처에도 여러 석물들이 아름답게 배치되기 시작했다. 봉분 가까이에 있는 숭신각(신도비각)엔 가락국의 역사가 기록되어 있다. 능의 뒤편으로 돌아가면 소나무와 오래된 활엽 고목들이 어우러진 숲이 나타난다. 능을 중심으로 한 꽤 넓은 공간이 바로 수로왕의 역사를 담은 공원인 셈이다.

수로왕릉의 마당

세계 최초 말갑옷 재현 동상

COURSE 05 봉황동 유적

봉황동 유적

봉황동 유적지는 철기시대 초기에 만들어진 집터이다. 토기 조각과 함께 다양한 용도의 철기가 발견되어 철기시대의 일상 생활상을 살펴볼 수 있다. 이전의 토기보다 높은 온도로 구워 만든 경질 토기는 김해토기(金海土器)라는 이름을 따로 붙였다. 이는 신라 토기의 모체가 되었다는 사실도 밝혀졌다. 함께 발견된 불에 탄 쌀, 탄화미(炭化米)는 우리나라의 벼 연구에 중요한 자료가 되었다. 그 외에는 세형동검 같은 청동제품과 남방식 고인돌의 덮개돌로 추정되는 큰 돌 한 개도 있다.

김해라는 이름을 살펴보면, 과거 이 지역은 바다와 가까웠고, 바다와 관련된 생활을 했음을 추측할 수 있다. 집도 젖은 땅에 세워진 누상가옥 형태가 많

여행 TIP
봉황동 유적과 패총은 야외 전시 형식으로 시간과 날짜에 상관없이 상시 개방되고 있다.

경상남도 ▶ 김해 53

봉황동 패총 전시장

다. 재현된 집과 움집에 가는 동안 세계 최초 철제 말갑옷 유물을 본떠 만든 기마상을 볼 수 있다. 걷다보면 운동하는 시민들과 놀고 있는 어린아이들 그리고 김해 도심도 둘러볼 수 있다.

봉황동 패총

봉황동 유적으로 가는 길에 무수히 많은, 닳고 퇴색한 조개껍질을 보게 된다. 살펴보면 흙 속에 오랫동안 박혀있다 지면으로 드러난 것인데 이 지역이 과거엔 바다였거나 바다와 훨씬 가까운 지대였다는 증거다. 패총은 유리벽 안에 있어 가까이에서 관찰할 수 있다. 발굴 단면 그대로 전시되어 있어서 긴 세월 쌓이고 쌓인 흙 속을 한 눈에 볼 수 있다. 패총 단면에 촘촘히 박힌 조개 무덤이 볼 만 하다. 살펴보면 동물의 뼈나 뿔, 토기 조각 등도 찾을 수 있다. 출토유물을 통해 살펴볼 때 기원 전후한 시기부터 4세기 대에 걸쳐 형성된 패총이다. 자연물과 더불어 취사용 토기와 골촉, 고침, 소형칼자루, 장신구 등 골각제품도 출토되었고 국제교류와 관련한 중국계유물, 일본계유물까지 나와서 당시의 생활 풍습과 자연환경 등을 밝히는 중요한 자료가 되었다.

봉황동 패총 단면

COURSE 06 클레이아크미술관

클레이아크(clayarch)라는 박물관의 이름이 새롭다. 흙을 의미하는 단어 'clay'와 건축을 의미하는 'architecture'를 조합한 단어로, 도자 예술의 과학적 특성과 건축이 갖는 구축적인 의미를 조합한 것이다. 외벽에 짜 맞춘 도자타일 작품이 인상적이다. 정방형의 타일은 무한 반복하는 무늬처럼 이어져 있었고 그것은 똑같은 것이 하나도 없는 낱개의 작품이었다.

클레이아크미술관은 세라믹창작센터를 운영하고 있다. 세라믹창작센터란 국내 유일의 도자 예술 전문 창작 스튜디오로, 건축과 도예 등 여러 분야의 시각 예술가에게 안정된 작업 공간과 편리를 제공하기 위해 마련되었다. 전시와 학술적 국제 교류 및 오픈스튜디오, 체험프로그램 등이 운영되고 있다. 정문을 나란히 하고 있는 김해분청도자관과 함께 둘러보면 김해지역 도자형식과 역사를 한 눈에 볼 수 있다.

여행 TIP

매월 둘째 주 토요일, 마지막 주 수요일은 '문화드림 데이'로 당일 하루 동안 전시관을 무료로 입장할 수 있다(체험프로그램은 제외). 바로 옆 분청도자관도 함께 둘러보면 좋다.

클레이아크미술관 바로 옆에 붙어 있는 김해분청도자관

1. 화포천습지생태공원 안내판
2. 화포천습지생태 학습관 2층 모습
3. 화포천습지생태공원 야외탐조대에서 바라본 습지 풍경

COURSE 07 화포천습지생태공원

화포천습지는 낙동강의 범람으로 인해 만들어진 배후습지이다. 하천 하류에 있는 큰 강에서 홍수가 나면 물이 하류에서 상류로 거꾸로 흐르게 되는데 이 물이 거꾸로 올라와 주변의 낮은 지역이 침수되는 현상이 반복되어 생겨난 습지를 배후습지라 한다.

화포천습지생태공원은 홍보관과 야외 탐조대 등의 시설을 갖추고 있다. 또한 이곳은 고 노무현 대통령의 묘역이 있는 봉하마을과 가까이 위치해 있고 최근엔 이 지역에 날아든 황새, 봉순이 덕분에 이름을 알리기도 했다. 근처 봉하마을 묘역에서 시작하는 화포천 습지길은 '한국의 아름다운 하천 100선'에 선정되었고 최근에는 황새 봉순이와 관련된 탐방길도 생겨났다.

 **여행 TIP**

관람객이 10명 이상인 경우 생태 해설을 예약할 수 있으며, 예약한 다음 사전 통보 없이 프로그램에 불참하면 2개월간 관련 프로그램 사용에 제약을 받으니 주의하자.

이곳도 추천해요!

01 봉하마을과 대통령의 길

봉하마을 고 노무현 대통령의 묘역은 '국가 보존묘지 제1호'가 되었다. 평일, 휴일 가릴 것 없이 대통령을 추억하는 많은 사람들이 찾고 있다. 대통령의 길은 고 노무현 대통령이 생전 즐겨 다니던 생태산책길이다. 길이는 총 5km 정도 되고, 봉하마을 묘역에서 시작해 사자바위와 편백나무숲길을 지나 장방리 갈대밭과 생태연못을 돌아서 추모의 집으로 오는 코스다.

고 노무현 대통령 무덤

02 김해천문대

김해시 중심부에 있는 분성산 정상에 있다. 김해 건국 신화를 기념하기 위해 알을 품고 있는 형상으로 관측소를 배치했다고 한다. 천문대는 전시동과 관측동으로 나누어져 있다. 무엇보다 김해시 전경을 볼 수 있는 적합한 장소로 야경이 무척 아름답다.

김해천문대에서 내려다본 김해

03 분산성

분산성은 우리나라 사적 제66호이다. 처음 성을 쌓은 시기는 확실치 않으나 삼국시대로 추정된다. 분산성이 있는 분성산은 김해 어디서나 볼 수 있는 산으로 가야국의 시조가 탄생한 구지봉이 있고, 신령스런 물고기라는 뜻의 신어산으로 이어진다. 긴 세월 동안 훼손된 채로 남아있던 성을 조선 전기에 왜구의 침입에 대비하고자 수리했고 임진왜란 이후 고종 때에 다시 정비했다. 가야테마파크 주차장에 차를 세우고 김해천문대 가는 반대편 길로 올라가면 분산성에 닿는다.

분성산 성상식

김해천문대에서 보이는 분산성

04 예안리고분군

예안리고분군은 사적 제261호이다. 가야시대 서민 계층의 집단 묘역으로, 밝혀진 무덤의 형태가 다양하다. 무덤은 확인된 것만 300여 기나 되고 토기, 철기, 장신구 등 다양한 유물이 출토되었다. 우리나라에서는 드물게 100여 구의 인골이 발견되기도 했다. 편두 풍습을 찾아 볼 수 있는 인골도 출토되었다. 편두 풍습이란, 고대사회에서 널리 행해졌던 두개골 변형 풍습으로, 어린아이의 머리를 천이나 노끈으로 감거나 목판 같은 것으로 압축하여 두개골을 변형시키는 풍습을 말한다.

05 가야테마파크

가야테마파크는 2015년 5월 22일 개관했다. 김해천문대와 분산성이 있는 분산산 아래에는 과거 산성 마을이 있었는데 현재 그 자리에 옛 모습의 가야 마을이 테마파크 형태로 만들어졌다. 단순히 옛 건물의 복원에서 그치지 않고 당시의 생활상을 재현하는 데 초점을 맞추고 있다. 국제도시로서의 가야를 재조명하는 가야 교역촌과 철기 왕국을 상징하는 철의 정원이 꾸며져 있다.
전시 및 문화공연장을 갖추고 있어 공연도 볼 수 있다. 카라반 등의 숙박 시설이 내부에 있고 저녁엔 김해천문대에서 김해 야경과 별을, 아침엔 분산산으로 올라가 일출을 볼 수 있는 좋은 베이스캠프가 된다.

가야테마파크에 있는 허황후와 파사석탑 조형물

가야테마파크의 밤풍경

★ 엄마,아빠 필독 ★
아이가 알아야 할 역사 포인트
아이가 질문할 경우 이렇게 대답하세요

Q 가야는 대체 어떤 나라였나요?

A 가야는 고구려, 백제, 신라로 일컬어지는 삼국시대에 신라와 백제 지역 사이에 있었던 작은 나라 연합체의 이름으로 알려져 있는데, 최근 연구에서는 단순한 소국 연합체 정도가 아니라 한반도 철기 문화를 발전시키고 대외 무역 등으로 강성했던 고대 국가로 밝혀지고 있단다. 기록마다 그 이름도 다양한데 '가라' 또는 '가락'으로도 불렸다고 해. 낙동강을 중심으로 수십 개의 부락 국가들이 부족 국가를 형성해 6개의 가야 연맹으로 발전했고, 이 중 금관가야가 지금의 김해 지역에 해당하지. 이외에도 아라가야(지금의 함안), 대가야(지금의 고령), 소가야(지금의 고성), 고령가야(지금의 함창), 성산가야(지금의 성주), 비화가야(지금의 창녕)가 있었단다.
전반기에는 금관가야를 중심으로 동맹했고 후반기에는 대가야가 중심이 되었는데 결국 가야는 백제와 신라의 영토 확장 다툼 과정에서 고대 왕국으로 발전하지 못하고 6세기 중반 신라에 병합되고 말았어. 가야의 주민들 가운데 왕족 출신은 신라 귀족이 되어 훗날 신라가 삼국을 통일하는 데 큰 역할을 했고 일본으로도 진출해 일본의 고대 문화 형성에 중요한 역할을 했다는 연구도 있어.

Q 작은 국가들의 연합체였던 가야국은 어떻게 번성할 수 있었나요?

A 가야 발전의 주요 배경 중 하나가 바로 풍부한 철과 철 생산체계, 철기를 다루는 기술 등이란다. 철제 말 갑옷이 당시의 뛰어난 철기 문화를 보여주는 것이지. 이런 우수한 철기 문화를 토대로 가야는 거대한 기마군단을 거느린 군사력을 자랑했어.
가야 발전의 또 다른 기반으로는 해상 교통에 적절한 입지 조건을 들 수 있어. 기록을 살펴보면 서해와 남해, 낙동강 유역을 장악한 가야 연맹은 해상 교통이 발달했고 대한해협을 건너 일본의 쓰시마 지역과 북부 규슈 지역까지 왕래했던 것으로 나타나.

Q 700년 동안이나 막강했던 가야는 어쩌다가 멸망했을까요?

A 가야 지역의 각 국가들은 서로 대등한 상태에 있어서 어느 한 나라가 결정적으로 우월해지는 것을 견제했단다. 이는 평상시 고른 문화 축적을 가능하게 하는 장점이 되었지. 하지만 주변의 백제나 신라에 비해 중앙집권체제가 늦어졌기 때문에 비상시 대외관계에 민첩하고 효율적으로 대처하기가 어려웠어. 결국 안타깝게도 가야는 신라의 공격을 받고 갑작스레 멸망하고 말았지.

Q 가야를 기념할 만한 인물이나 사건이 있나요?

A 신라가 삼국통일을 하는데 크게 기여했던 김유신이나 김춘추 등은 모두 금관가야국 사람들이었단다. 금관가야 왕족들은 신라 진골귀족으로 편입되어 신라의 영토 확장과 삼국통일에 기여하게 된 거야. 김유신 같은 인물들의 기록은 오늘날 가야를 알리는 데 크게 한 몫 했지. 또한 가야는 철기뿐만 아니라 예술 분야도 큰 발전을 이뤘어. 현재까지도 '가야금'이라는 악기가 전해져 오고 있지. 가야금은 바로 가야의 유물이야. 가야금은 신라 궁중 악기로도 채택되어 거문고, 비파와 함께 신라 3대 현악기가 되었어.

Q 김해를 돌아다니다 보면 물고기 두 마리가 마주보는 모습이 많아요. 이건 뭔가요?

A 김해에선 마주보는 물고기 형상을 곧잘 찾을 수 있었지? 두 마리 물고기 문양이라고 해서 '쌍어문'이라 한단다. 쌍어문은 가락국의 국장이자 신앙의 상징인데 이는 고대 바빌로니아인들이 사용했던 물고기 문장과도 일치해. 아마 인도 공주 출신인 허황후로 인해 전래된 것으로 보고 있어. 김해시 거리의 가로등, 울타리, 주요 시설의 매표소나 입구 장식에도 이러한 쌍어문을 쉽게 발견할 수 있지.

국립김해박물관 울타리의 쌍어문

가야테마파크의 쌍어문

김해한옥체험관

김해의 중심부인 수로왕릉 근처에 있어서 김해 어디서든 접근이 편리한 곳이다. 한옥 체험은 물론 약선 한정식까지 맛볼 수 있고 조식이 제공된다.

주소 : 김해시 가락로 93번길 40 / 전화 : 055-322-4735 / 홈페이지 : www.ghhanok.or.kr / 요금 : 안채(2~4인) 60,000원~90,000원 별채(2인) 80,000원~100,000원

아이스퀘어호텔

경전철 부원역 바로 앞에 있다. 김해시청 등 김해 중심지에 위치해 있어 교통이 편리하고 쇼핑몰도 가까이 있다.

주소 : 김해시 김해대로 2360 / 전화 : 055-344-5000 / 홈페이지 : www.isquare-hotel.com

기타 추천 숙박

파인그로브호텔
주소 : 김해시 번화1로 67번길 20
전화 : 055-310-1100

김해천문대 펜션
주소 : 김해시 생림면 인세토 611번길 45
전화 : 010-6555-6666

향토음식 ★ 진영갈비

김해 음식으로는 '진영갈비'가 잘 알려져 있다. 진영갈비가 부산과 창원을 아우르는 경남의 향토음식이 된 데는 예로부터 김해가 축산물이 유명했던 지역이었기 때문. 김해와 창원의 경계 지점인 김해시 진영읍 국도 14호선 부근에는 10여 곳의 진영갈비집이 음식 거리를 형성하고 있다.

또한 120년의 역사를 가진 동상시장 칼국수도 김해의 대표 음식으로 유명하다. 현재는 10개 안팎의 칼국수식당이 시장 안에서 전통을 이어오고 있다. 다소 생소한 이름인 상군차노 김해의 특산품이다. 단맛이 도는 향이 산긋한 차로 서기 48년 인도 아유타국에서 온 허황후가 가져와 전파되었다고 한다.

정림

김해 추천 숙소인 한옥체험관 내에 있는 약선 음식 전문점으로 담백한 한식을 맛볼 수 있으며 숙소와 함께 이용하면 편리하다. 저녁 8시까지 식사 주문을 할 수 있다. 점심 특선 18,000원, 저녁 특선 20,000원 한정식은 1인 기준 25,000원이다.

주소 : 김해시 가락로 93번길 40 / 전화 : 055-322-4727

해담정

대성동 고분군 유적 등 가야 문화 유적과 가까운 김해시 교육청 인근에 있다. 규모가 큰 식당으로 카페 같은 인테리어도 특색 있다. 11시 반부터 점심 특선을 제공하고 불고기정식 등을 맛볼 수 있다. 점심 특선 갈비탕 8,500원, 불고기(2인 이상 주문) 11,000원, 그 외에도 다양한 세트 메뉴가 있다.

주소 : 김해시 구지로 102 / 전화 : 055-331-1000

기타 추천 맛집

한서갈비
주메뉴 : 진영갈비
주소 : 김해시 진영읍 진영로 380
전화 : 055-343-4034

다문화카페 통(TONG CAFE)
김해의 대표적 문화 공간으로 결혼 이민자들이 바리스타 등으로 활동하고 있다.
주메뉴 : 차와 음료
주소 : 김해시 가락로 94번길 7
전화 : 055-312-6349

대성동노출전시장에서본 천문대와 분산성

2_ 일진일퇴의 공방전 3개의 나라, 승부를 겨루던 시대

선사시대·부족국가시대 | 삼국시대 | 통일신라시대 | 고려시대 | 조선시대 | 일제강점기시대 | 현대

·1박2일·
충청남도
공주·부여

삼국시대

부여에서
백제의 숨결을 찾다

백제의 타임캡슐 무령왕릉, 삼천궁녀와 낙화암

백제는 위례성에서 웅진성과 사비성으로 수도를 옮겼다. 두 번째 도읍지가 된 웅진은 지금의 공주이고, 사비는 지금의 부여이다. 각각 60년과 122년간 백제의 옛 도읍지였던 공주와 부여에는 1500년 전 백제의 타임캡슐, 무령왕릉과 옛 수도를 상징하는 공산성, 부소산성, 백마강 등의 역사가 녹아 있다. 장중하면서도 우아한 정림사지 오층석탑, 백제의 별궁 궁남지 등에는 우리 조상들의 삶의 지혜가 담겨 있는 것이다.

교과서 속 문화재들이 지금 막 튀어나온 듯한 공주와 부여로 백제 역사·문화 탐방을 떠나보자. 백제 왕궁을 재현한 백제문화단지가 조성되어 있어 백제 문화를 이해하는 데 큰 도움이 된다. 백마강의 유람선을 타고 삼천궁녀의 넋이 어린 낙화암을 바라보며 백제의 숨결을 느껴보자.

알고 가면 더 유익한 역사여행

여행 키포인트

백제의 역사와 수도의 이동, 백제의 고분과 석탑의 특징, 무령왕과 의자왕의 생애에 대해서는 꼭! 미리 알아보고 떠나자.

어린이 여행 학습 정보 ▶▶ **MUST STUDY 무령왕릉과 정림사지 오층석탑**

무령왕릉을 통해 백제시대 웅진(지금의 공주)의 문화적 우수성을 발견하고 정림사지 오층석탑으로 백제의 흥망성쇠를 알아보자.

교과서

초등학교 5학년 2학기 사회 - 고구려, 백제, 신라의 건국과 발전

travel information

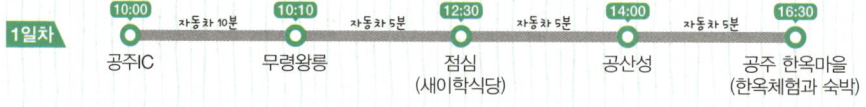

◆ Basic Course

무령왕릉
주소 공주시 왕릉로 37
전화 041-856-3151
시간 09:00~18:00
입장료 어른 1,500원, 청소년 1,000원, 어린이 700원
주차 무료

공산성
주소 공주시 웅진로 280
전화 041-856-7700/1330
시간 08:30~18:00(이외 시간은 무료 관람 가능)
입장료 어른 1,200원, 청소년 800원, 어린이 600원

부소산성
주소 부여군 부여읍 관북리
전화 041-830-2880
시간 09:00~18:00(동절기인 11~2월에는 17:00까지 단축 운영)
입장료 어른 2,000원, 청소년 1,100원, 어린이 1,000원(만 6세 이하 무료)
주차 무료

낙화암(백마강)
주소 부여군 부여읍 쌍북리
전화 041-830-2330

정림사지 오층석탑
(정림사지박물관)
주소 부여군 부여읍 정림로 83
전화 041-832-2721
시간 09:00~18:00(동절기인 11~2월에는 17:00까지 단축 운영, 신정 및 설날, 추석 당일 휴관)
입장료 어른 1,500원, 청소년 900원, 어린이 700원
주차 무료

궁남지
주소 부여군 부여읍 궁남로 52
전화 041-830-2880
입장료 · 주차 무료
* 연중무휴로 언제든지 방문할 수 있는 곳이다.

공주 한옥마을
주소 공주시 관광단지길 12
전화 041-840-8900

백제문화단지
주소 부여군 규암면 백제문로 374
전화 041-635-7740~7741
시간 09:00~18:00(동절기인 11~2월에는 17:00까지 단축 운영, 매주 월요일 휴무)
입장료 어른 4,000원, 청소년 3,000원, 어린이 2,000원(백제역사문화관 관람 포함)
주차 무료

공주·부여의 주요 역사 여행지

COURSE 01 무령왕릉

⚠️ **여행 TIP**

현재 무령왕릉은 일반인에게 공개하지 않는 대신 모형관을 재현하여 왕릉을 짓기 위해 벽돌을 생산하고 건축하는 과정 모두를 한눈에 볼 수 있도록 공정별로 전시하고 있다. 무령왕릉 전시관에서 백제 문화의 우수성을 직접 보고 느낄 수 있다. 주변의 한옥마을과 공산성을 함께 둘러보기도 편하다.

송산리고분군(무령왕릉), 무령왕릉 모형관

1500년 전 백제로 시간 여행을 떠나보자. 무령왕릉은 1971년 송산리 제5, 6호 고분의 침수 방지를 위한 배수로 공사 중에 우연히 발굴되었다. 처음 발견되었을 때는 그것이 웅진백제시대의 고분 중 하나이겠거니 생각했으나, 부장품 중 지석에 무덤의 주인공이 무령왕이라는 사실이 명백히 기록되어 있어 사람들을 크게 흥분시켰다. 지석의 내용은 간단했지만, 무령왕릉이 삼국시대 왕릉 중 무덤의 신원을 알 수 있는 유일한 무덤이 될 수 있게 하였다. 게다가 도굴이 되지 않은 채 발견되어 백제사 연구에 있어서도 가치가 매우 큰 유물인 것이다. 고구려나 신라의 고분 양식과는 다른 벽돌무덤으로, 무령왕릉은 발굴 이후 대중에게 공개되어 일반인도 출입이 가능했으나 결국 원형 보존을 위해 영구 폐쇄하고 지금의 무령왕릉은 모형관을 재현하여 놓았다.

1,2. 공주 송산리고분군과 무령왕릉전시관 입구
3. 공주 송산리고분군 모형 전시관

COURSE 02 공산성

백제의 옛 수도, 공주의 상징인 공산성엔 여러 가지 사연이 많다. 백제시대엔 웅진성이라고 불렸다가, 고려시대에는 공주산성과 공산성으로 불렸다. 현재의 석성(돌로 쌓은 성)은 조선시대에 토성을 석성으로 고쳐 지은 것이고, 인조 이후 성의 이름을 '쌍수산성'으로 불렸다고 한다. 인조가 이괄의 난 때 이곳에 피난을 와 머물다 난이 평정되었다는 소식을 듣고 기뻐 나무 두 그루에 벼슬을 내리며 붙여진 이름이다. 또 조선 후기 갑오농민전쟁 때는 치열한 격전지이기도 했다. 백제의 두 번째 수도, 웅진에서 64년간 도성이었던 공산성은 천 년 이상의 긴 세월, 시대의 변화를 겪어온 만큼 수없이 많은 역사적 사건들이 생긴 곳이기도 하다. 실제로 공산성 성내에는 백제시대의 건물을 비롯하여 통일신라, 고려, 조선시대의 건물이 남아 있다.

공산성의 수문병 교대식

 **여행 TIP**

공산성은 '웅진성 수문병 근무 교대식'이 치러지는 시기에 가면 더욱 좋다. 매년 4월부터 10월까지 7, 8월의 우기만 제외하고 매 주말마다 웅진성 수문병 근무 교대식이 진행된다. 오전 11시부터 오후 5시까지 매시 정각에 교대식이 계속된다. 부대 행사로 금서루 뒤쪽에 백제 의상을 전시해놓아서 방문객은 왕과 왕비의 옷을 입고 기념 촬영을 할 수 있다. 활쏘기와 투호 놀이 등 아이들과 다양한 전통 오락까지 즐겨 보자.

1. 부소산성 입구 2. 낙화암 3. 산책하기 좋은 부소산성 길

COURSE 03 부소산과 낙화암

백제의 역사를 품고 있는 부소산은 평상시 백제 왕실에 딸린 후원의 역할을 했으나, 전쟁 때는 사비성의 최후를 지키는 장소가 되었다. 부소산에는 군창지, 낙화암, 백화정, 사자루, 삼충사, 서복사지, 영일루, 고란사 등 여러 유적과 유물이 있다. 부소산에는 다양한 설화가 깃들어 있으며 산이 그리 높지 않고 경관도 좋아 아이들과 함께 한가로이 산책하기 좋다.

낙화암은 나당 연합군에 의해 백제 사비성이 함락되었을 때 백제의 궁녀와 여인들이 절개를 지키고자 절벽에서 몸을 던져 죽은 장소로 『삼국유사』에 기록되어 있다. 훗날 그 모습을 꽃이 떨어지는 것에 비유하여 '낙화암'이라 부르게 된다. 절벽에 조선시대 학자인 우암 송시열 선생이 쓴 '落花岩'이라는 글씨가 선명히 잘 보인다.

⚠ 여행 TIP

부소산의 주요 유적과 유물을 돌아본 후 낙화암과 고란사를 둘러보자. 부소산성 입구에서 백화정과 낙화암을 거쳐 고란사를 돌아 부소산 입구로 돌아오는 코스는 2시간 정도 걸린다. 고란사 선착장에서 운행하는 유람선을 탑승하면 되돌아가는 길을 단축할 수 있다. 게다가 낙화암과 백마강에 대한 관광 안내까지 들을 수 있어 일석이조인 셈이다. 선장님의 재미난 이야기를 듣다보면 어느새 도착지인 구드래 선착장에 도착해 있을 것이다.
고란사 선착장 ↔ 구드래 선착장을 오가는 유람선 이용료는 어른 왕복 6,000원 편도 4,000원, 어린이 왕복 3,000원, 편도 2,200원으로, 인원이 7명 이상 모여야 운행한다.

구드래 선착장

COURSE 04 정림사지 오층석탑

현재 정림사지는 절터만 남아 있다. 그래도 정림사지를 많이 찾는 이유는 바로 오층석탑 때문이다. 정림사는 백제 성왕이 사비성(부여)으로 도읍을 옮길 때 건축한 백제의 대표적인 사찰이다. 이곳 절터 한가운데 있는 오층석탑은 국보 제9호로, 목탑에서 석탑으로 넘어가는 시기의 초기 석탑이라 모서리마다 기둥을 세워 목탑에서 볼 수 있는 민흘림기법을 적용하였다. 탑의 1층 탑신(몸돌)에는 당나라 장수 소정방이 "大唐平百濟國碑銘(대당평백제국비명)"이란 글씨를 새겨놓았는데 이는 '백제를 징벌하고 세운 기념탑'이란 뜻으로 한동안 소정방이 세운 탑으로 오해를 산 적도 있었다. 이는 당나라 장수가 백제를 멸망시킨 것을 기념하고자 이미 세워진 탑에 글을 새긴 것이다. 탑은 전체 높이가 8.33m로 장중하면서 부드럽고, 육중하면서도 단아하고 세련된 백제의 멋을 느낄 수 있다. 석탑 앞쪽으로 가면 정림사지박물관이 있다. 이곳에서는 백제시대의 불교 수용 과정과 정림사가 갖는 의의, 가치를 역사적·미술사적인 측면으로 이해하기 좋다. 아이들은 석제 문양 퍼즐 맞추기, 유물 조각 맞추기, 문양 찍어보기 등의 체험을 할 수 있다.

 여행 TIP

정림사지박물관이 있어 불교 문화의 중심축인 부여 정림사지를 이해하는 데 도움을 준다. 주변에는 부소산과 낙화암, 궁남지 등 주요 관광지 및 문화재가 있으며 자동차 및 대중교통으로 접근하기에도 편하다.

정림사지박물관

COURSE 05 궁남지

⚠ 여행 TIP

7월에는 천만 송이의 연꽃들이 궁남지에 펴서 사계절 중 이때가 가장 아름답다. 이 기간에는 서동연꽃축제가 열리고, 10~11월에는 다양한 작품으로 꾸며진 굿뜨래 국화전시회가 열려 궁남지의 아름다움을 더해준다.

궁남지는 궁의 남쪽에 있는 연못이라 해서 궁남지라 부르고, 신라의 안압지보다 40년 앞서 만들어진 우리나라 최초의 인공 연못이다. 연못 가운데는 신선이 사는 곳이란 의미를 두고 작은 섬을 만들어놓았다. 특히 백제는 삼국 중에서도 정원을 꾸미는 기술이 뛰어나 백제의 정원사 노자공이 일본으로 건너가 조경 기술을 전해주었다고 한다. 『삼국유사』를 살펴보면, 무왕의 어머니가 궁남지에 살던 용과 교통하여 마동을 낳았다는 이야기가 전해진다. 마동은 훗날 무왕이 되었다. 선화공주와 무왕의 이야기는 익산(104쪽) 편을 참고하자. 궁남지는 여름에 가면 더욱 더 아름다운 경치를 볼 수 있으니 여름에 꼭 가보도록 하자. 연못을 따라 활짝 핀 연꽃을 봐야 궁남지를 제대로 봤다고 할 수 있다.

1. 궁남지의 야경 2. 궁남지에 핀 연꽃 무리 3. 궁남지

이곳도 추천해요!

01 공주 한옥마을

가족 여행의 백미, 공주 한옥마을. 우리의 전통 주거 공간인 한옥은 공주 최고의 숙박업소로 자리매김한 지 오래다. 한옥은 거실, 안방, 건넌방은 물론 다용도실과 옷장, 화장실 모두 집안 내부에 위치하여 현대인이 살기에 적합한 구조로 꾸며놓았다. 난방은 전통 구들 구조인 황토집 스타일로 각 객실마다 아궁이에 장작을 때서 난방을 한다. 미적지근한 현대식 난방과 차원이 다른 것은 두말하면 잔소리, 방안의 온기부터 다르다. 자녀와 함께 하는 가족 한옥체험은 최고의 추억을 남겨줄 것이다.

02 백제문화단지

백제문화단지는 삼국시대 백제왕궁인 사비궁, 대표적 사찰인 능사, 개국 초기 궁성인 위례성, 고분공원등을 국내 최초로 재현한 곳이다. 실제 유적 및 유물을 바탕으로 하여 과거의 모습을 생생히 재현하고 있어 백제의 역사와 문화를 이해하는 데 큰 도움이 된다. 계층별 주거문화를 보여주는 생활문화마을, 묘제(묘에 대한 관습)는 물론 백제의 역사와 문화를 한눈에 볼 수 있는 백제역사문화관 등이 있다.

03 백마강 수상관광

백마강(白馬江)이 바로 금강이다. 백마강은 당나라 장수 소정방이 백마를 미끼로 백제의 호국용을 낚은 후에 부르게 된 명칭이라는 전설이 있다. 당나라 군대가 백제 정벌을 위하여 660년 7월 사비성을 공격했는데, 이때 폭풍우가 자주 일어나자 소정방이 한 노인에게 그 이유를 물으니, "백제의 무왕은 용의 아들인데, 낮에는 사람이 되어 정치를 하고 밤이면 부소산 북쪽에 있는 수궁에 있다가 나라가 위태로울 때 폭풍우를 일으킨다."는 이야기를 듣게 되었다. 이를 들은 소정방은 왕이 즐겨 먹는 음식이 무엇인지 물었고, 노인은 백마고기라고 알려주었다. 힌트를 얻은 소정방이 백마를 큰 낚시에 꿰어 수궁 입구에 낚싯대를 드리우니 여기에 큰 황룡이 낚였다고 한다. 소정방이 용을 낚은 바위를 '조룡대'라 부르게 되었고, 백마를 이용해 백제의 호국용을 낚았다 해서 강은 '백마강'이라 부르게 되었다.

백마강에는 3개의 선착장(구드래, 고란사, 수북정)에서 황포돛배 유람선을 운행하고 있다. 황포돛배는 수상 경치를 즐기기에 충분하다. 황포돛배를 타면 구수한 목소리의 선장님이 들려주는 낙화암과 백마강의 이야기까지 들을 수 있다.

백마강의 황포돛배

★ 엄마, 아빠 필독 ★
아이가 알아야 할 역사 포인트
아이가 질문할 경우 이렇게 대답하세요

Q 의자왕에게 정말 삼천궁녀가 있었어요?

A 백제의 마지막 왕은 의자왕이었지. 삼천궁녀 이야기는 『삼국유사』에 나오는데, 사실 『삼국유사』는 신화적인 내용이 많기도 해. 의자왕 시대에 사비성의 인구가 약 4만 명이었는데, 그중 3천 명이나 되는 궁녀를 거느린다는 것은 뭔가 비율이 맞지 않은 것 같아. 4만 인구 중의 약 1/13이 궁녀였다니, 정말 궁녀가 3천 명이었을까? 많은 궁녀가 낙화암에서 몸을 던졌다는 것을 강조하기 위해 과장하여 표현되지 않았을까 생각한단다.

Q 낙화암에 정말 삼천 명의 궁녀가 몸을 던졌나요?

A 우리가 있는 곳이 낙화암이라고 생각해 봐. 저 아래 백마강까지 수직 절벽은 아니야. 떨어져도 숲이나 나무, 튀어나온 절벽 바위에 걸려 바로 물에 빠질 것 같지 않아. 더군다나 삼천 명의 궁녀가 떨어지면, 그 수가 많아 백마강까지 떨어지기는 어려울 거야. 아마 백제가 망하자 많은 궁녀가 치욕을 당하기 싫어 이곳에 올라와 아래로 뛰어내려 목숨을 내던진 것을 강조하기 위해 삼천궁녀가 뛰어내린 것으로 표현한 거야. 삼천이라는 것은, 정확히 삼천 명이 아니라 그 수가 많았음을 뜻하는 것이라고 생각해.

Q 정림사는 절을 뜻하는 것을 알겠는데, 왜 '정림사지'라고 부르는 거예요?

A 정림사 끝에 지(址, 터 지)를 붙이는 이유는 과거에는 절(사찰)이었지만 전쟁 혹은 화재 등의 이유로 소실되어 현재 절터만 남아 있으나, 과거에 절이 있었음을 알리기 위해 정림사지라고 부르는 것이란다. 이와 비슷하게 경주의 황룡사지, 익산의 미륵사지도 마찬가지로 현재는 절터만 남아있기 때문에 '지'를 붙여주고 있어.

공주 한옥마을

최근 공주와 부여에는 전통 한옥 및 최고 수준의 호텔이 새로 지어져 다양한 숙박시설을 이용할 수 있다. 공주 한옥마을은 전통 주거 공간으로 전주 한옥마을만큼이나 공주 최고의 숙박업소로 자리매김하였다. 한옥이지만 현대인이 사용하기에 적합하게 집을 꾸몄다. 각 객실은 아궁이에 장작을 때서 난방을 하고, 여름을 대비한 냉방 시설 또한 갖추어져 있다.

주소 : 공주시 관광단지길 12 / 전화 : 041-840-8900 / 홈페이지 : www.gongju.go.kr/hanok.do / 요금 : 일반형2(3~5명) 80,000~120,000원 고급형(5~6명) 150,000~200,000원

롯데부여리조트

부여에는 국내 최초의 역사문화 복합 테마리조트인 롯데부여리조트가 조성되어 있어 어린이를 동반한 가족숙소로 인기를 누리고 있다. 객실 요금은 계절별로 각종 할인 혜택이 있으니 이곳에서 머물고자 한다면 미리 확인하여 혜택도 받을 수 있도록 하자.

주소 : 충남 부여군 규암면 백제문로 400 / 전화 : 041-939-1000 / 홈페이지 : www.lottebuyeoresort.com / 요금 : 디럭스 270,000원 패밀리 345,000원

기타 추천 숙박

영농재 숙박체험
주소 : 공주시 우성면 내옥산천길 52-15
전화 : 1899-0088

백제관
주소 : 부여군 부여읍 왕중로 87
전화 : 041-832-2722

새이학가든

백제의 중심지였던 공주는 금강을 이용한 교역이 활발했고 서울로 올라가는 상인들도 많이 몰리면서 이들을 상대로 한 식당이 많이 생겼는데 그중에서 '공주국밥'이 대표 메뉴로 자리 잡았다.
특히 새이학가든은 역대 대통령들도 찾은 곳이며, 『나의 문화유산 답사기』의 저자 유홍준 교수도 그의 책에 공주 국밥을 예찬했다고. 이 집의 또 다른 대표 음식인 석갈비는 어린이는 물론 어른들에게도 인기가 많다. 금강 옆에 위치한 식당이라 식사 후 소화시킬 겸 강변을 거닐어도 좋다. 공주국밥은 8,000원, 돼지석갈비는 12,000원.

★ 추천 메뉴 : 돼지석갈비, 공주국밥, 불고기연잎밥 정식 / 주소 : 공주시 금강공원길 15-2 / 전화 : 041-854-2030

구드래돌쌈밥

향토지정음식점인 구드래돌쌈밥은 토속적인 분위기에 무공해 야채를 재배하여 손님의 식탁에 올려 주는 쌈밥집이다. 부소산성과 백마강 유람선 선착장에서 찾아가기 쉬운 곳에 자리 잡고 있다. 쌈 야채가 종류별로 다양하게 나오며, 쌈밥의 종류는 수십 가지에 달해 가족의 취향에 맞게 주문하면 된다. 건강식으로 여러 가지 재료를 넣어 지은 돌솥밥을 다른 그릇에 담아 먹는 동안 돌솥에 남아 있는 밥으로 구수한 누룽지를 만들어 먹는 재미도 있다. 돌쌈밥은 14,000원, 돌솥밥은 8,000원.

★ 추천 메뉴 : 돌쌈밥(수십 종류의 돌쌈밥 메뉴가 있음) / 주소 : 부여군 부여읍 나루터로 31 / 전화 : 041-836-9259

기타 추천 맛집

유가네 칼국수
주메뉴 : 해물칼국수
주소 : 공주시 원댕이길 8
전화 : 041-856-1053

연꽃이야기
주메뉴 : 연잎밥
주소 : 부여군 부여읍 성방로 22
전화 : 041-033-3336

충주고구려비전시관 • • 충주박물관
　　　　　　　　　• 충주세계무술공원
　　　　　　　　탄금대

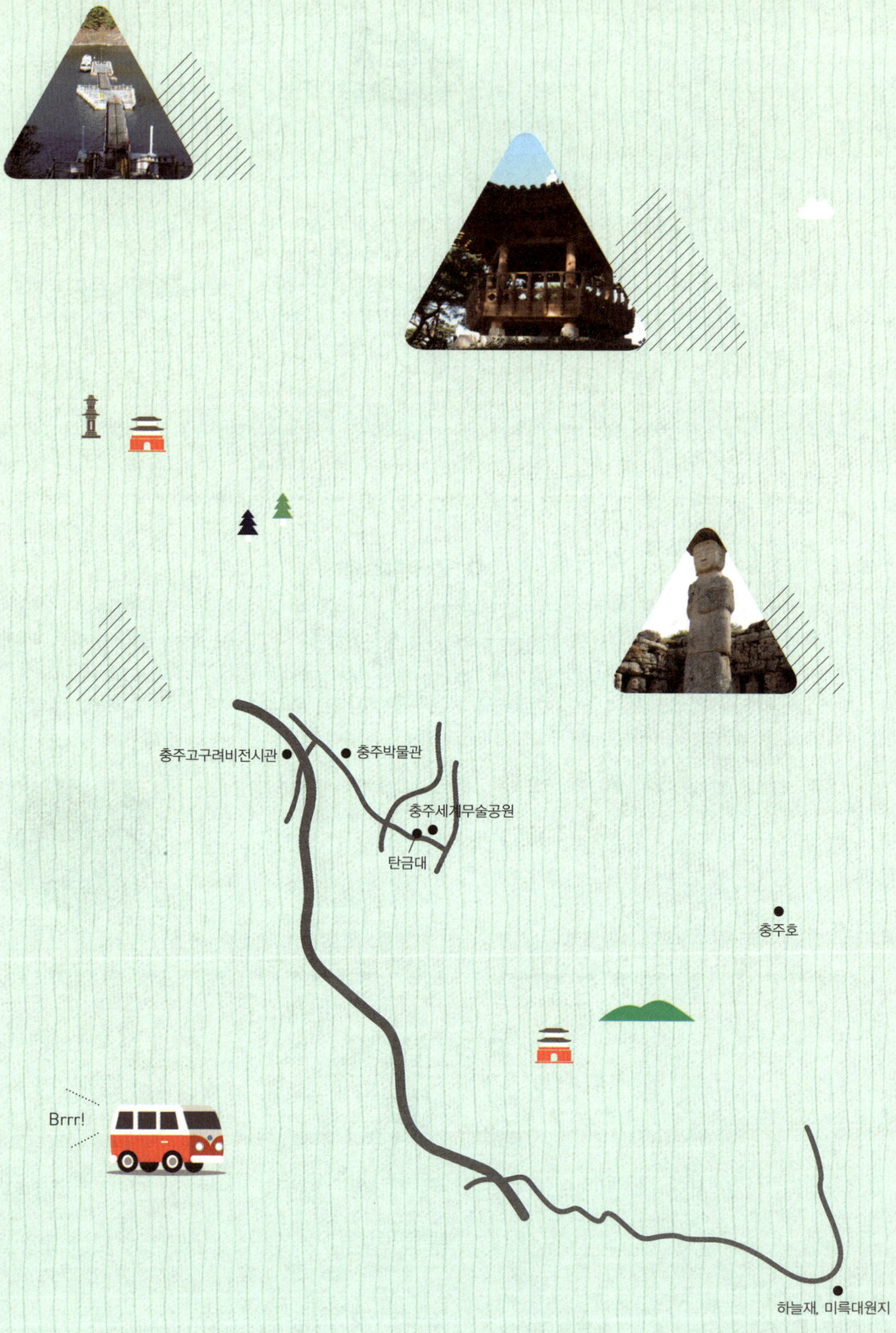

• 충주호

하늘재, 미륵대원지

삼국시대

고구려와 통일신라를 한 번에 느낄 수 있는 충주

고구려비와 탑평리 칠층석탑

고구려 문화유산을 보기 위해서는 북한과 중국을 찾아야 한다. 번성하던 고구려 문화유산은 대부분 북한과 만주 지방에 있기 때문에 안타깝게도 현재는 직접 보기 어렵다. 그러나 국내에 유일하게 고구려 석비가 남아 있는 곳이 있다. 바로 충주의 고구려비이다. 충청북도 충주시와 중원군이 통합되면서 2012년에 '충주고구려비'로 이름이 바뀌었으나 아직까지는 중원고구려비란 이름이 더 익숙하다.

중원 문화의 중심에서 고구려와 통일신라의 문화를 동시에 볼 수 있는 곳, 충주. 시원한 호반도로로 떠나는 충주호 드라이브도 좋고 역사 탐방, 유람도 좋다. 발 닿는 곳 모두 경쾌한 그곳으로 떠나본다.

알고 가면 더 유익한 역사여행

여행 키포인트

충주에서는 고구려 문화와 유적을 찾아 떠나는 시간 여행을 할 수 있다. 선조들의 얼이 깃든 탑평리 칠층석탑, 탄금대, 미륵대원지를 둘러보고 충주호 유람선을 타며 주변의 풍경을 즐겨보자. 수안보, 앙성, 문강온천 등 수질이 좋은 온천장도 많아 온천도 꼭 한 번 들르면 좋다.

어린이 여행 학습 정보  **MUST STUDY 중원문화, 탑평리 칠층석탑**

충주 탑평리 칠층석탑은 나라의 중앙을 표시하기 위해 세웠다고 해서 '중앙탑'으로도 불린다. 중원문화의 중심을 직접 가서 확인해보자.

교과서

초등학교 5학년 2학기 사회 – 후삼국통일

travel information

📍 자동차 코스

Basic Course

충주박물관
주소 충주시 중앙탑면 중앙탑길 112-28
전화 043-850-3924
시간 09:00~18:00(매주 월요일, 설날과 추석 당일 휴관, 동절기 단축 운영~17:00까지)
입장료 · 주차 무료
* 차는 중앙탑사적공원에 주차하는 것이 좋다.

충주 탑평리 칠층석탑
(중앙탑사적공원)
주소 충주시 중앙탑면 중앙탑길 112-28
전화 043-842-0531
입장료 · 주차 무료
* 충주박물관과 가까운 거리에 위치해 있다.

탄금대
주소 충주시 탄금대안길 105
전화 043-848-2246
입장료 · 주차 무료

충주고구려비전시관
주소 충주시 중앙탑면 감노로 2319
전화 043-850-7301
시간 09:00~18:00(매주 월요일, 설날과 추석 당일 휴관)
입장료 · 주차 무료

충주세계무술공원
(세계무술박물관)
주소 충주시 남한강로 24
전화 043-848-8483
시간 09:00~18:00(매주 월요일, 설날과 추석 당일 휴관)
입장료 · 주차 무료

충주호
주소 충주시 종민동 11
* 유람선 등을 운영하는 충주호관광선이 있다. 이곳의 배를 타게 되면 충주호나 인근 풍경을 한번에 관광할 수 있다. 문의 전화는 043-851-7400

하늘재
주소 충주시 수안보면 미륵사지길 300
전화 043-850-6723(충주시청 문화관광과)

미륵대원지
주소 충주시 수안보면 미륵사지길 150
전화 043-850-6723(충주시청 문화관광과)

충주의 주요 역사 여행지

COURSE 01 충주박물관과 탑평리 칠층석탑

1. 탑평리 칠층석탑
2. 충주박물관 야외전시관에 있는 석조 유물
3. 충주박물관

충주 탑평리 칠층석탑은 넓은 잔디 위에서 중원군을 휘감으며 흐르는 남한강을 내려다보고 서 있다. '중원'이란 충주의 옛 지명이다. 국보 제6호인 탑평리 칠층석탑은 통일신라시대의 석탑 중 가장 높다. 우리나라의 중앙에 있다고 하여 '중앙탑'으로도 부른다. 나라의 중앙을 표시하기 위해 건강한 사람을 남과 북의 끝에서 여러 차례 동시에 출발시켜 보았는데, 그때마다 탑평리에서 만나게 되어 이곳이 중앙임을 확인하고 여기에 거대한 탑을 세웠다는 설이 있다. 삼국시대에 고구려, 백제, 신라가 충주를 차지하게 위해 각축을 벌였고 통일신라시대에 와서 고구려, 백제, 신라인들의 화합을 빌기 위해 중앙에 탑을 세웠다고 한다. 1917년에 해체 및 보수 작업을 하였는데 6층의 탑신석과 기단에서 고려시대 거울과 사리장엄구가 발견되어 아마 고려시대에도 한 차례 보수했음을 짐작할 수 있다.

탑평리 칠층석탑을 보러 가는 길에 충주박물관이 있다. 박물관의 1관에서는 충주의 역사를 이해할 수 있는 불교미술품과 민속품을 볼 수 있다. 2관은 선사삼국실, 고려조선실, 충주명헌실, 충주항쟁실로 구성되어 있다. 중원 문화권 내에 흩어져 있던 다양한 석조 유물도 야외전시관에서 볼 수 있다. 박물관을 바라보고 왼쪽 야외전시관에는 고려시대 돌덧널무덤들이 복원되어 있다.

⚠️ 여행 TIP

중앙탑문화사적공원에 주차하고 충주박물관과 탑평리 칠층석탑을 한 번에 둘러보면 된다. 박물관에서는 조선시대의 신분증, 호패 전시전도 열리므로 아이들과 시대별 신분증을 비교해볼 만하다.

COURSE 02 탄금대

1. 탄금대
2. 열두대 바위의 일부
3. 탄금대에서 바라본 남한강

탄금대란 우륵이 가야금을 타던 곳이라 하여 붙여진 이름이다. 탄금대에는 신립장군 순절비와 악성 우륵선생 추모비, 충혼탑, 대흥사, 조각공원 등이 있다.

청풍명월의 고장이라 불리는 충주. 바람이 맑고 달이 밝아 예술가를 이곳으로 이끌지 않았나 싶다. 우륵이 커다란 바위에 앉아 가야금을 타니, 신비한 소리에 사람들이 모여 마을을 이루었다고 한다. 이 이야기 때문인지 탄금대에 오르니 마치 가야금 소리가 들리는 듯하다. 우륵은 원래 가야국 사람인데 나라가 어수선하자 신라로 귀화했다. 왕의 배려로 충주에 살며 제자에게 가야금과 춤을 가르치고 가야금을 만들기도 했다. 직접 12곡을 지었고 이때 만들어진 곡이 궁중음악이 되었다고 한다.

또한 탄금대에는 바위 절벽, 열두대가 있다. 조선 임진왜란 때 신립장군이 8,000여 명의 군사를 거느리고 왜적에 맞서 열두번이나 절벽을 오르내리며 뜨거워진 활시위를 물에 적셔 병사들의 사기를 돋우었다 해서 열두대라 부른다. 탄금대에 오면 열두대 바위가 보인다. 그 옆에는 육당 최남선 선생이 충주를 찬양하며 쓴 탄금대비가 서 있다. 탄금대에 올라 남한강을 바라보니 문득 세월의 무상함이 느껴진다. 지난 오랜 세월들이 강 속에 유유히 흐르고 있다.

여행 TIP

탄금대는 충주 중원문화길(문화생태탐방로 중 하나, 충주의 역사 유적지를 둘러볼 수 있는 코스로 전체 30km에 달하는 길)에 포함되어 있다. 탄금대에서 출발하여 충주세계무술공원을 거쳐 자연생태체험관까지 1코스로, 약 8km 정도이다. 2코스는 충주고구려비전시관을 거쳐 약 15km 정도이다.

COURSE 03 하늘재와 미륵대원지

하늘재는 우리나라 최초의 고갯길로 하늘에 닿을 만큼 높은 고개라는 뜻이나 실제 충주 하늘재는 정상까지 해발 525m에 불과하다. 하늘재 입구에 충주 미륵대원지가 있다. 신라 경순왕의 아들 마의태자와 덕주공주가 패망의 슬픔을 안고 금강산으로 가던 중, 꿈에 나타난 관세음보살로부터 계시를 받고 하늘재를 넘어와 이곳에 석불을 만들었다는 전설이 있다.

미륵대원지는 대형 숙박시설 터로, 사원인 동시에 여관 기능을 갖춘 곳이었다. 또한 하늘재는 남한강을 따라 한강 하류에 이르기 위해 거치는 중요 길목이었기에 사람들은 하늘재를 통해 물자와 군사를 이동하였다. 즉, 많은 이들이 하늘재를 거치며 미륵대원지에서는 부처님께 불공을 드리고 숙박, 휴식, 식사 등까지도 해결할 수 있었던 것이다.

고려 초기의 석굴 사원이었음을 말해주는 6m 정도의 오층석탑과 석등, 석불입상이 북쪽을 향해 일직선상으로 서 있다. 후삼국을 통일한 고려가 고구려의 옛 영광을 기원하며 북쪽을 향해 지었다는 설이 있다. 왼손은 위로 올리고 오른손은 몸을 향해 세워 갓을 쓴 미륵대불의 모습이 마치 어서 오라고 인사하는 듯하다. 석불입상 가까이 가보니 간절히 절을 하고 있는 신도가 보인다. 고려시대의 사람들이 미륵대원지에서 머물고, 길을 떠나기 전 미륵대불에 불공을 드린 다음, 배를 타기 위해 하늘재를 넘어 남한강 하류로 이동하던 모습이 절로 그려진다.

⚠️ **여행 TIP**

하늘재로 가는 입구에 미륵대원지가 있다. 미륵대원지를 둘러보고 하늘재 정상까지 천천히 걸으면 어렵지 않게 갈 수 있다. 혹 아이들과 함께 둘러볼 시간이 없다면 하늘재는 생략해도 좋다. 하늘재 역사·자연관찰로는 전체 2시간 정도 소요된다.

미륵대원지의 석불입상

이곳도 추천해요!

01 충주고구려비전시관

과거 교과서에는 중원고구려비로 설명되어 있으나 요즘에는 충주고구려비로 표시한다. 고구려비는 장수왕의 영토 확장에 대한 공을 기리고 고구려의 남쪽 경계선을 표시하기 위해 세운 석비로, 국내에 유일하게 남아있는 고구려비이다. 발견되기 전인 1797년, 고구려비의 중요성을 몰랐던 동네 주민들이 우물가에서 이를 빨래판으로 사용하는 바람에 비문이 심하게 훼손되어 있어 안타깝다.

비문의 내용은 완전히 판독할 수는 없지만 고구려왕이 신라 왕과 대대로 형제 같이 지내기를 원하고 신라 왕이 이에 공손히 응하였다는 기록이 적혀 있다고 한다. 고구려비는 당시 삼국시대의 관계를 밝히는 중요한 자료로 국보 제205호로 지정되어 있다. 충주고구려비전시관에는 고구려비 외 다양한 전시물이 있어 고구려 역사를 한눈에 볼 수 있다.

02 충주세계무술공원과 세계무술박물관

세계무술박물관은 충주세계무술공원 내에 위치해 있고, 탄금대와 남한강 가까이에 있다. 충주가 무술과 어떤 관계가 있는지 궁금해 하는 이가 많을 것이다. 본디 충주는 택견의 고장으로 우리나라 전통 무술인 택견을 세계에 널리 알리고자, 1998년부터 충주세계무술축제를 해마나 열고 있다. 전세계 여러 나라의 다양한 무기와 공예품, 우리나라의 전통 무기와 택견을 소재로 세계무술박물관이 개관을 하였다. 세계의 무술과 풍물, 그 기원과 역사, 택견의 계보, 세계무술체험실 등으로 구성되어 전 세계의 무술을 다양하게 볼 수 있다. 직접 택견 체험도 해볼 수 있고, '고수를 이겨라', '기와격파' 등의 체험프로그램이 있어 컴퓨터 게임할 때보다 더 즐거워하는 아이들을 볼 수 있을 것이다.

세계무술박물관

03 충주호 유람선

충주호는 충주댐 건설로 생긴 인공 호수이다. 수위 조절과 수력 에너지 생산을 목적으로 충주댐이 지어졌는데, 이로 인해 인근 마을이 물에 잠겨 그 마을에 있던 문화재는 청풍문화재단지로 옮겨 전시 중이다. 충주댐 주변에는 물 문화관, 전망엘리베이터, 기념탑, 물레방아, 공원이 있다.

유람선을 타고 충주호의 아름다운 경치를 감상하는 두 가지 방법이 있다. 바로 충주호 유람선과 충주호 관광선. 둘 다 운영되고 있는데 서로 코스가 다르다. 단양팔경 중 하나인 옥순봉과 구담봉을 비롯해 신선봉, 운암대, 청풍문화재단지, 월악산 등 충주호반의 경치를 구경하기 위해서는 충주호 유람선을 타면 된다. 충주호 관광선은 충주나루를 기점으로 청풍나루, 장회나루, 신단양나루, 월악나루까지 충주호의 구석구석을 감상할 수 있다. 충주호 유람선은 오전 8시 30분(동절기에는 오전 9시)부터 일몰까지 관광객들이 모이는 대로 수시로 출항한다. 충주호 관광선은 하절기 오전 9시부터 오후 4시 30분까지, 동절기에는 오전 10시부터 오후 3시까지만 운항한다.

충주나루의 충주호 유람선

★ 엄마,아빠 필독 ★
아이가 알아야 할 역사 포인트
아이가 질문할 경우 이렇게 대답하세요

Q 탑이 뭐예요?

A 탑은 탑파의 줄임말로 불교가 생기기 전부터 무덤을 뜻하는 말이었단다. 불교가 생기면서 석가모니 부처의 유골을 모시기 위해 만든 것으로 돌, 나무 등으로 탑을 만드는데 우리나라는 돌로 만든 탑들이 많이 있단다. '5층 탑'이라는 것은 탑의 층수가 5층이라는 것이고, 대부분 3, 5, 7, 9 등 홀수 층으로 구성되어 있단다.

Q 삼국은 어느 나라를 말하고, 또 언제였나요?

A 삼국은 고려와 백제, 신라를 말하고 세 나라가 함께 존재하던 시대를 삼국시대라고 불러. 서로의 영토를 확장하기 위해 자주 싸웠고 서기(기원후) 668년에 신라가 당나라와 연합하여 삼국을 통일해서 그 후부턴 통일신라시대라고 부른단다. 즉 삼국시대는 기원전 57년부터 서기 668년까지를 삼국시대라고 하는 거지.

Q 악성 우륵선생? 우륵선생이 누구예요? 유명한 사람이에요?

A 우륵은 신라시대 진흥왕의 사랑을 받았던 유명한 가야금 연주자였단다. 악성(樂聖)이란 성인이라 불릴 만큼 뛰어난 음악가를 뜻해. 박연(조선시대), 왕산악(고구려시대)과 함께 우리나라 3대 악성으로 불리고 있지. 우륵은 원래 가야국 사람인데 나라가 어지러워지자 가야금을 갖고 신라에 귀화하여 살았어. 이에 진흥왕이 기뻐하며 그를 충주에 살게 했고, 신라 청년들에게 음악을 가르치도록 했단다.

수안보파크호텔

온천을 좋아하는 가족이라면, 충주에서는 숙박과 온천을 동시에 이용할 수 있어 만족스러울 것이다. 각종 광물질이 함유된 알칼리성 온천수로 유명한 수안보온천과 국내 유일의 탄산수온천장인 양성탄산 온천도 있다.

주소 : 충주시 수안보면 탑골1길 36 / 전화 : 043-846-2331~6 / 홈페이지 : www.suanbopark.co.kr / 요금 : 디럭스 트윈(2인) 124,600원(1인 추가 시 15,000원 추가)

기타 추천 숙박

깊은산속옹달샘(아침편지명상치유센터)

심신이 피곤한 사람이라면 아침편지명상치유센터에서 운영하는 몸, 마음 치유 명상 프로그램이 포함된 숙박을 이용하면 좋다.

주소 : 충주시 노은면 우성1길 201-61
전화 : 043-723-2033

봉황자연휴양림

봉황자연휴양림의 산책로는 경사가 완만해 아이들과 힘들지 않게 오를 수 있고 오토캠핑도 가능하다.

주소 : 충주시 중앙탑면 수룡봉황길 540
전화 : 043-850-7315

의 향토 음식이란다. 향토음식경영대회에서 대상을 수상했다는 삿갓촌식당이 그중에서도 제일 유명하다. 꿩샤브샤브 정식을 주문하면 총 아홉 가지의 꿩 요리가 나온다. 특히 꿩만두는 아이들이 가장 좋아하는 메뉴 중 하나. 꿩샤브샤브 코스 1인 기준 25,000원, 2인 이상 주문 가능하다.

★ 추천 메뉴 : 꿩샤브샤브 외 각종 꿩요리
주소 : 충주시 수안보면 장터3길 22 / 전화 : 043-846-2529

공원가든

공원가든은 충주의 다양한 관광 명소가 인접해 있어 좋다. 관광지를 도는 중 식사 시간이 겹쳐 먼 곳으로 이동하기 힘든 경우 간단하게 먹을 수 있는 곳으로 추천한다. 곤드레밥이 별미로 가격은 6,000원.

★ 추천 메뉴 : 곤드레밥
주소 : 충주시 가금면 중앙탑길 112-3 / 전화 : 043-854-5392

조리터가든(조리터명가)

충주댐방면으로 10분 정도 거리에 위치해 있다. 쏘가리매운탕은 남한강에서만 맛볼 수 있는 감칠맛을 뽐내고 새콤달콤한 양념장으로 무친 야채비빔회무침은 어린아이들도 잘 먹는다. 강변이 내려다보이는 정자에서 요리를 즐길 수 있다. 점심 특선으로 야채비빔회무침과 매운탕을 1인 10,000원에 맛볼 수 있다.

★ 추천 메뉴 : 야채비빔회무침과 쏘가리매운탕
주소 : 충주시 동량면 지등로 463 / 전화 : 043-851-6523

기타 추천 맛집

운정식당
주메뉴 : 올갱이해장국
주소 : 충주시 중원대로 3432-1
전화 : 043-847-2820

삿갓촌식당

자극적이지 않고 담백한 요리를 좋아한다면 꿩샤브샤브가 제격일 것이다. 수안보온천장 골목을 빠져나오면 꿩요리 골목을 마주하게 된다. 꿩요리가 수안보

덕주사의 마애불

삼국시대

고구려와 신라의 DMZ 단양

남진의 꿈이 좌절된 어느 고구려 장수의 눈물

머나먼 북방 고구려에서 한 장수가 남쪽으로 향한다. 그는 신라에게 빼앗긴 옛 영토 회복을 염원하며 순식간에 단양에 이르렀다. 강인한 고구려군의 진격에 신라군도 필사적으로 저항한다. 칼과 창이 번뜩이는 섬광을 일으키며 부딪치는 가운데 진두를 진두지휘하던 고구려 장군은 갑자기 날아온 화살을 피하지 못하고 끝내 쓰러졌다. 그는 바로 평강공주와 혼인한 온달장군이다. 장군의 시신은 평양으로 갔지만, 장군의 꿈은 올라가지 못한 것일까? 온달산성 아래에 흐르는 남한강의 물결은 이곳에 남은 장군의 한과 함께 산성을 맴도는 것 같다.

충청북도 ▶ 단양 91

알고 가면 더 유익한 역사여행

여행 키포인트
어렸을 적 동화책에서 보았던 온달장군과 평강공주의 사랑 이야기를 다시 한 번 읽어 보고 가면 단양 여행이 좋다.

어린이 여행 학습 정보 ▶▶ **MUST SEE 온달산성**
단양여행에서는 온달산성에 꼭 올라가보자. 온달장군이 신라를 공격하다 이곳에서 화살을 맞고 죽었다는 이야기가 전해진다. 역사학계는 온달의 전사지를 단양 온달산성으로 보기도 하고, 서울의 아차산성으로 보기도 하는 등 의견이 분분하다.

교과서
초등학교 5학년 2학기 사회 – 고구려, 백제, 신라의 건국과 발전

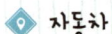 travel information

자동차 코스

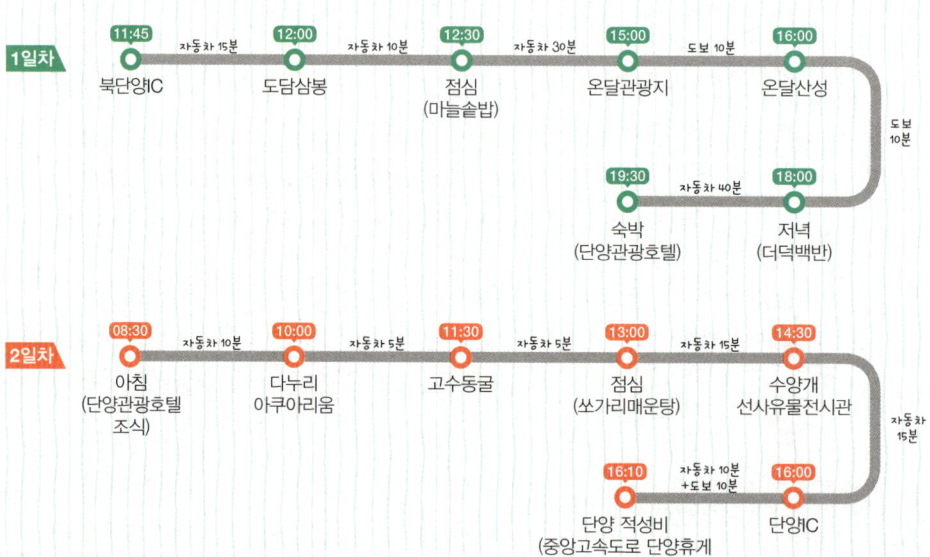

Basic Course

도담삼봉
주소 단양군 매포읍 삼봉로 644-33
전화 043-422-1146(단양관광안내소)
시간 09:00~18:00(연중무휴)
입장료 무료
주차 2,000원

온달관광지
주소 단양군 영춘면 온달로 23
전화 043-423-8820
시간 09:00~18:00(동절기에는 16:00까지 단축 운영, 연중무휴)
입장료 어른 5,000원, 청소년/군인 3,500원, 어린이 2,500원
주차 무료
* 입장료는 드라마세트장, 온달동굴, 온달산성, 온달관 등을 모두 포함한 금액이다.

온달산성
주소 단양군 영춘면 온달로 23
전화 043-423-8820
시간 09:00~18:00(연중무휴)
입장료 · 주차 온달관광지와 동일(포함 가격)
* 온달관광지 내에 위치해 있다.

고수동굴
주소 단양군 단양읍 고수동굴길 8
전화 043-422-3072
시간 09:00~18:00
입장료 어른 5,000원, 청소년/군인 3,000원, 어린이 2,000원
주차 2,000원
* 2015년 11월~2016년 7월까지 휴관

수양개 선사유물전시관
주소 단양군 적성면 수양개 유적로 390
전화 043-423-8502
시간 09:00~18:00(신정 및 매주 월요일, 설날과 추석 당일 휴관)
입장료 어른 2,000원, 청소년/군인 1,000원, 어린이 800원(6세 이하 무료)
주차 무료

단양 적성비
주소 단양군 단성면 하방리 산3-1
전화 043-422-1146
입장료 무료
* 연중무휴로 언제든지 방문할 수 있는 곳이다.

다누리아쿠아리움
주소 단양군 단양읍 수변로 111
전화 043-420-2951~6
시간 09:00~18:00(동절기인 12~2월에는 17:00까지 단축 운영하나, 주말 및 공휴일에는 원래대로 18:00까지 운영한다. 매주 월요일 휴관)
입장료 어른 8,000원, 청소년/군인 6,000원, 어린이 5,000원(6세 이하 무료)
주차 유료 지하주차장 혹은 단양 공영주차장을 이용할 수 있다.

단양의 주요 역사 여행지

COURSE 01 도담삼봉

남한강 한가운데 세 개의 봉우리가 있다. 바로 정도전이 사랑한 도담삼봉이다. 강 한가운데 솟은 장군봉, 처봉, 첩봉을 일컬어 도담삼봉이라 한다. 두 봉우리는 마주 보고 있는 반면 한 봉우리는 반대편을 향해 있다. 이는 남편(장군봉)이 아들을 얻기 위해 첩(첩봉)을 들이자 토라진 아내(처봉)가 돌아앉은 모습이라 전해진다. 도담삼봉의 '삼봉'은 정도전의 호다. 정도전은 이곳을 무척이나 사랑하여 여기서 많은 시간을 보냈다고 한다. 최근 단양군은 도담삼봉 주차장 옆에 정도전 동상을 세워 그의 정신을 기리고 있다. 정도전 이외에도 이황을 비롯한 김홍도, 김정희 등이 도담삼봉의 절경을 칭송한 글과 그림을 남겨 놓았다.

도담삼봉 입구에는 넓은 주차장이 있어 차를 잠시 세워 두고 사진 찍기도 좋다. 또 인근에 식당이 여러 군데 있어, 도담삼봉을 관람하고 식사를 마친 다음 다른 관광지로 이동하기 편하다. 주차장을 쭉 따라가면 음악 분수대가 설치되어 있고 바로 옆에는 단양팔경 중 하나인 단양석문으로 올라가는 계단이 보인다.

 **여행 TIP**

단양석문으로 올라가면 도담삼봉을 한눈에 굽어 볼 수 있어서 좋다. 다만 단양석문 주변에 관광객이 많아 사진을 찍으려면 한참을 기다려야 할 때가 많다.

도담삼봉 앞 정도전 동상

이른 아침 도담삼봉의 풍광

COURSE 02

온달관광지 – 온달산성, 온달동굴, 온달기념관

온달장군과 평강공주의 사랑을 느낄 수 있는 온달관광지를 둘러보자. 북단양IC에서 30분 정도 차를 몰고 가면 온달관광지와 온달동굴 그리고 온달산성이 나온다. 이처럼 단양에서는 고구려 유적을 볼 수 있으며 온달 이야기도 쉽게 접할 수 있다. 평강공주의 남편인 온달은 고구려 26대 영양왕 시절 신라로부터 빼앗긴 한강 이남의 지역을 되찾기 위해 이곳 단양까지 진출하였다가 온달관광지 바로 위에 있는 온달산성에서 전사하였다고 한다.

1995년 단양군은 이곳을 기념하기 위해 총 3만 평의 부지에 온달전시관, 온달장군 기마상, 온달과 평강을 주제로 한 테마공원 등을 조성하였다. 온달관광지 안에는 드라마세트장이 있어 기념 촬영 장소로 좋으며 온달동굴은 한여름에 방문하면 피서지로 적격이다. 온달산성은 나지막한 산으로, 어른 걸음 기준 약 20여 분 정도 올라가면 온달산성에 도착한다. 단, 올라가는 길이 가파르기 때문에 아이와 동행할 때는 중간에 있는 의자와 정자에서 쉬어가며 천천히 오르는 것이 좋다. 산성에 올라가면 뱀처럼 구불구불하게 흐르는 남한강을 한눈에 볼 수 있다. 이곳은 사단법인 여행작가협회에서 추천하는 '디카월영명소 200선' 안에 뽑힐 만큼 아름다운 풍광을 갖고 있다.

⚠ 여행 TIP

온달관광지 안에는 온달기념관이 있다. 이곳에 들어가 온달 이야기를 한 번 들어보고 온달산성에 올라가면 많은 도움이 된다.

1. 온달장군 기마상 2. 온달산성 3. 온달동굴 입구 4. 온달기념관

사진제공 - 단양군청

COURSE 03 단양 적성비

6세기 중반 신라는 숙원이었던 한강 유역 진출에 성공하며 영토를 확장하였고 기념으로 곳곳에 진흥왕 순수비를 세웠다. 단양 적성비도 그중 하나이다. 신라에게 있어 단양 점령은 죽령이라는 험준한 산을 넘어 한반도 중앙으로의 진출에 성공한 것이자, 광개토대왕 이후 지속된 고구려의 압제에서 벗어난 것을 의미한다. 진흥왕은 단양 점령의 기쁨을 후세에 널리 전하기 위해 공을 세운 많은 사람들의 이름을 비석에 적었다. 이 중에는 울릉도를 정벌한 이사부 장군, 김유신 장군의 할아버지인 김무력 장군 등 역사에 관심 있다면 알 만한 이름이 새겨져 있다.

한때 단양 적성비를 보려면 구불구불한 시골길 안으로 들어가 동네 한 어귀에 차를 세운 후 질퍽거리는 언덕길을 올라가야만 했다. 하지만 지금은 중앙고속도로 단양휴게소에서 차를 세우고 단양 적성비로 쉽게 갈 수 있다. 단양휴게소 뒤로 적성비에 다다르는 길과 계단이 깔끔하게 정돈되어 있어 일반인들이 관람하기가 편해졌다.

여행 TIP

단양 적성비는 중앙고속도로 단양휴게소에서 올라갈 수 있다. 서울, 경기도가 집이라면 단양을 다 둘러보고 집으로 가기 전 마지막 답사지로 이곳을 선택하는 것이 좋다.

이곳도 추천해요!

01 다누리아쿠아리움

다누리아쿠아리움은 단양시외버스터미널 바로 옆에 있다. 바다의 생태를 담고 있지는 않아 서울, 제주, 부산에 있는 아쿠아리움보다 크지 않고 어종도 많지 않다. 하지만 남한강의 민물고기나 황쏘가리 등 국내외 200여 종의 민물고기 위주로 전시하고 있어 타 지역의 아쿠아리움과는 차별화된 느낌을 받게 될 것이다. 입구에 들어가면 도롱뇽 등의 파충류를 제일 먼저 볼 수 있고 내부는 국내 민물고기 전시, 해외 민물고기 전시 순으로 되어 있다.

02 수양개 선사유물전시관

단양군 적성면 애곡리 수양개에 있는 박물관이다. 1980년대 충주댐이 건설되기 전 수몰 지구에 대한 유적 조사가 이루어졌고 그 과정에서 중기, 후기구석기시대와 삼국시대 초기의 유물 및 서식지 등이 발견되었다. 이때 발견된 찍게, 사냥돌, 슴베찌르개 등을 한데 모아놓은 곳이 수양개 선사유물전시관이다. 전시관으로부터 약 300m 떨어진 곳에는 도로 양옆에 설치한 콘크리트 벽이 나온다. 단양 사람들에게는 '이끼길'로 알려진 이끼터널인데 예쁜 가족사진을 찍고 싶다면 이곳을 배경으로 활용하자. 물론 이끼터널에서 잠시 쉬어가도 좋다.

사진제공 – 단양군청

03 고수동굴

단양관광호텔, 단양대명리조트가 있는 단양 읍내에서 차로 10분 거리에 고수동굴이 있다. 1973년 10월 한국동굴학회조사단에 의해 발견된 고수동굴은 총 길이 1700m의 종유동굴이다. 고수동굴은 단양군 단양읍 고수리 기슭에 자리 잡고 있으며, 고수리는 임진왜란 당시 피난길에 오른 밀양 박씨 일가 중 한 명이 정착하면서 마을이 형성되었다고 한다. 동굴에는 염주다슬기, 장님엽새우 등 약 25종의 생물이 서식하고 있다. 전체를 관람하는 데 약 30여 분의 시간이 걸리고, 중간에 가족사진을 찍을 수 있는 포토존이 있다.

사진제공 – 단양군청

★ 엄마,아빠 필독 ★
아이가 알아야 할 역사 포인트
아이가 질문할 경우 이렇게 대답하세요

Q 바보 온달과 울보 평강공주는 어떻게 결혼했나요?

A 평강공주는 어릴 때 심하게 울어서 아버지(평원왕)가 그렇게 울면 동네에서 바보로 소문난 온달에게 시집 보낸다는 이야기를 여러 번 했었어. 어느덧 평강공주도 나이를 먹고 결혼할 때가 되자, 아버지는 높은 벼슬에 있는 사람에게 딸을 시집보내려 했지. 그런데 평강공주가 온달과 결혼을 하겠다고 고집을 피우는 바람에 아버지는 평강공주를 궁궐 밖으로 쫓아냈단다. 쫓겨난 평강공주는 온달을 찾아가 온달과 그의 어머니를 설득하여 마침내 결혼하게 되었어.

Q 고구려에는 온달 말고 유명한 장군이 또 누가 있나요?

A 수나라의 백만 대군을 무찌른 을지문덕, 당나라 군대를 물리친 연개소문, 동천왕을 위험에서 구출한 유유, 밀우 장군 등이 있단다.

Q 순수비가 무슨 뜻인가요?

A 순수(巡狩)라는 말은 중국에서 왔어. 순행(巡幸)이라는 말과 비슷하단다. 옛날 중국의 왕(중국에서는 천자라고 하였지)은 나라를 두루 살피면서 하늘에 제사를 지내고 고을에 사는 백성의 마음을 어루만지곤 했는데, 이러한 일련의 행사를 '순수(巡狩)'라고 해. 이렇게 왕이 순수(巡狩)한 것을 후대에 알리기 위해 비석을 세웠는데, 바로 이런 종류의 비석을 '순수비'라고 하는 거야.

Q 신라 진흥왕 순수비는 어디에 있어요?

A 현재까지 발견된 것은 경남 창녕의 창녕비, 서울 북한산의 북한산비가 있어. 그리고 북한의 함경남도에 있는 황초령비, 마운령비가 있는데 지금은 우리가 북한에 가볼 수 없지만, 언젠가 통일이 되면 직접 볼 수 있을 거야.

숙박

단양관광호텔

편하게 숙박하기를 원한다면 단양관광호텔과 단양대명리조트를 추천한다. 단양 시내에 있어 식사 후 남한강변을 산책하기 좋고 가격도 저렴한 편이다. 단양대명리조트와 단양관광호텔은 자동차로 3분 거리에 있다. 특히 단양대명리조트는 사우나와 수영장 시설까지 이용할 수 있다. 혹 여행가는 시기가 여름이라면 호텔보다 남천계곡 인근의 펜션에서 일박하며 래프팅을 즐기는 것도 좋다.

주소 : 단양군 단양읍 삼봉로 31 / **전화** : 043-423-7070 / **홈페이지** : www.danyanghotel.com / **요금** : 홈페이지 참고

기타 추천 숙박

어린왕자펜션
주소 : 단양군 가곡면 남한강로 1051
전화 : 043-643-4877

단양대명리조트
주소 : 단양군 단양읍 삼봉로 187-17
전화 : 1588-4888

맛집

복천가든

단양의 먹거리라 하면 더덕과 마늘을 빼놓을 수 없다. 더덕요리로 유명한 곳이 복천가든이다. 온달관광지 바로 옆에 있어 온달산성에 가볍게 올라갔다온 후 출출한 배를 채우기에 좋은 곳이다. 더덕구이백반 12,000원, 더덕묵정식 15,000원.

★ **추천 메뉴** : 더덕구이백반
주소 : 단양군 영춘면 온달로 22-4 / **전화** : 043-423-7206

그집쏘가리

단양은 쏘가리매운탕이 유명한 지역으로, 쏘가리매운탕 거리도 있다. 그집쏘가리는 앞에 남한강을 맞대고 있어 식사 후 남한강을 보며 커피 한잔 하기도 좋다. 아이가 있는 3~4명 가족이 먹기 좋은 쏘가리매운탕(小)은 60,000원.

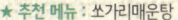

★ **추천 메뉴** : 쏘가리매운탕
주소 : 단양군 단양읍 수변로 97 / **전화** : 043-423-2111

기타 추천 맛집

장다리식당
주메뉴 : 온달마늘솥밥정식
주소 : 단양군 단양읍 삼봉로 370
전화 : 043-423-3960

모아
주메뉴 : 마늘불고기
주소 : 단양군 단양읍 삼봉로 157
전화 : 043-423-6595

·1박2일·
전라북도
익산

삼국시대

선화공주와 서동의 이야기가 전해지는 곳, 익산

세계문화유산이 되다

천년이 지나도 서동과 선화공주의 사랑이야기는 사람들의 입에서 입으로 전해지고 있다. 서동은 마(薯)를 캐는 아이(맛동)라는 뜻으로 서동이라 불렸다. 마를 캐던 백제 아이가 성장해 신라 진평왕의 딸인 선화공주를 아내로 맞이하는 과정이 기발하고도 엉뚱하다. 백제의 30대 무왕이 된 서동은 부처님의 계시를 받아 미륵사를 창건하였다. 이곳에서 국보 제11호로 지정된 동양 최초, 최대의 미륵사지 석탑을 볼 수 있고, 미륵사지 당간지주, 복원된 동탑, 전시유물관 등 백제시대에서 조선 중기까지의 문화까지 볼 수 있다. 최근 세계문화유산으로 지정되기도 한 곳이다.

알고 가면 더 유익한 역사여행

여행 키포인트

직접 '테마'를 짜서 익산 여행을 다녀오자. 백제의 유일한 궁터를 포함해 백제의 향기를 따라 떠나는 코스, 4색 종교 순례코스, 백제 무왕과 함께하는 역사 답사코스 등 관광코스의 테마를 정해 떠나보는 것도 좋다.

어린이 여행 학습 정보 ▶▶ MUST STUDY 서동요

서동과 선화공주의 사랑 이야기인 '서동요'는 현재 전해지는 가장 오래된 향가 작품(민요나 불교 내용을 담은 신라시대의 노래)으로 익산을 배경으로 전해져 내려오고 있다. 서동요에 대해 미리 알아보고 가자.

교과서

초등학교 5학년 2학기 사회 – 고구려, 백제, 신라의 건국과 발전

자동차 코스

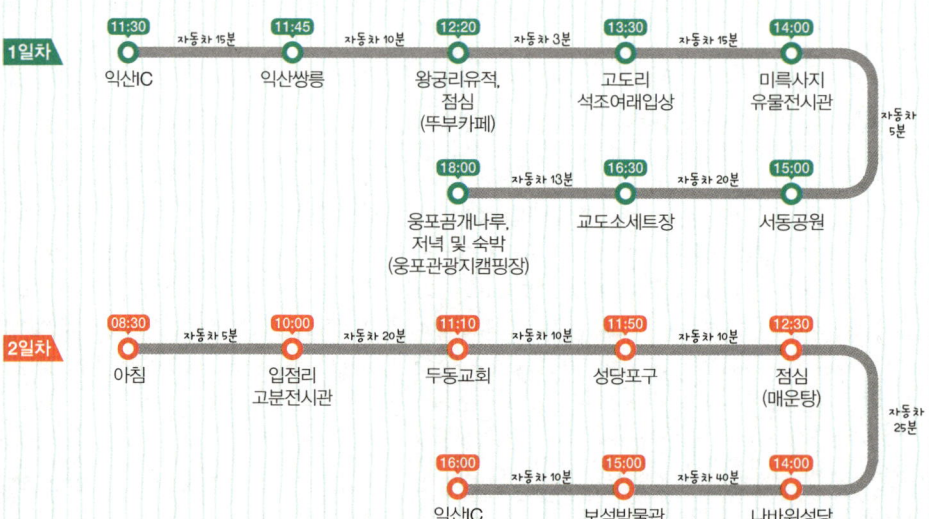

Basic Course

익산쌍릉
주소 익산시 석왕동 산 55,56
전화 063-859-5797
입장료 · 주차 무료

**왕궁리유적
(왕궁리유적전시관)**
주소 익산시 왕궁면 궁성로 666
전화 063-859-4631~2
시간 (전시관)09:00~18:00(신정 및 매주 월요일 휴관)
입장료 · 주차 무료

고도리 석조여래입상
주소 익산시 금마면 동고도리 1084-2
전화 063-859-5797
입장료 무료

* 별도 주차장이 없으니 입구 주변에 차를 세워 두어야 한다.

**미륵사지유물전시관
(미륵사지 석탑)**
주소 익산시 금마면 미륵사지로 362
전화 063-830-0900
시간 09:00~18:00(신정 및 매주 월요일 휴관)
입장료 · 주차 무료

서동공원
주소 익산시 금마면 동고도리 533
전화 063-859-3818
입장료 · 주차 무료

* 연중무휴로 언제든지 방문할 수 있는 곳이다.

익산 교도소세트장
주소 익산시 성당면 함낭로 207
전화 063-859-3836
시간 10:00~17:30(매주 월, 화요일 및 국경일 휴무)
입장료 무료

* 익산 여행 중 교도소세트장은 운영 시간대를 잘 확인하고 방문해야 한다. 9~10시, 17~18시 사이는 세트장 환경 정비로 관람 시간이 제한된다. 또한 12시부터 13시까지는 점심시간으로 입장 금지. 혹 이곳에서 촬영이 있는 날도 방문이 제한되니 만약의 경우를 위해 전화로 미리 확인한 후 방문하는 것이 좋다.

두동교회
주소 익산시 성당면 두동길 17-1
전화 063-861-0348

나바위성당
주소 익산시 망성면 나바위 1길 146
전화 063-861-8182

* 나바위성당에서는 '피정의 집'을 운영해 피정 혹은 단체 캠프 등으로 머물 수 있다.

보석박물관
주소 익산시 왕궁면 호반로 8
전화 063-859-4641, 4645
시간 10:00~18:00(신정 및 매주 월요일 휴관)
입장료 어른 3,000원, 청소년/군인 2,000원, 어린이 1,000원 (만 6세 미만 무료)
주차 무료

익산의 주요 역사 여행지

COURSE 01 익산쌍릉

익산IC에서 차로 15분 거리에 대왕릉과 소왕릉인 쌍릉이 있다. 대왕릉은 백제 말 무왕의 무덤이고, 그 옆으로 난 솔밭 사이 오솔길로 200m 정도의 거리에 놓인 소왕릉은 왕비 선화공주의 무덤으로 추정된다. 능은 이미 도굴이 된 터라 부장품은 거의 남아 있지 않다. 그나마 나무널(무덤)이 발견되어 현재 국립중앙박물관에서 보관 중이다.

구전으로만 전해지던 서동(무왕의 어릴 적 이름)과 선화공주(신라 진평왕의 셋째 딸)의 이야기는 6세기 말~7세기 초의 시간으로 거슬러 올라간다. 『삼국유사』에 따르면 백제의 30대 왕, 무왕의 어머니는 과부로 연못가에 집을 짓고 살다 연못의 용과 정을 통하여 서동을 낳았다고 기록되어 있다. 서동은 선화공주가 천하 미인이라는 말을 듣고 무작정 서라벌로 갔다. 그는 중의 행색으로 거리의 아이들에게 마를 나누어주며 친해졌고, 한 노래를 가르쳐 주었다.

"선화공주님은 남몰래 정을 통해 두고 맛둥도련님을 밤에 몰래 안고 간다."

– 「서동요」

1. 무왕의 무덤인 대왕릉
2. 선화공주의 무덤인 소왕릉

당시 유행하던 민요에 서동과 선화공주를 넣어 부른 「서동요」는 궁중에까지 전파되었고 동요의 내용을 사실로 믿은 신하들이 선화공주의 옳지 못한 행실을 문제 삼아 귀양 보내도록 하였다. 공주가 귀양지로 가는 도중, 서동이 나타나 같이 동행하며 결국 서동과 선화공주의 사랑이 이루어졌다. 이들은 함께 백제로 가서 공주가 어머니에게 받은 금을 꺼내 놓으니, 서동은 이것이 마를 캐던 곳에 쌓여 있는 것과 같다고 하였다. 어마어마한 양의 황금을 얻게 된 그들은 이를 옮길 방법을 고민하였고, 용화산 사자사(익산에 있는 사자암)의 지명법사에게 부탁해 그의 도술로 금을 하룻밤 사이에 신라 궁중으로 옮길 수 있었다. 이에 서동은 인심을 얻어 왕위에 오르게 되었다는 오랜 설화가 전해진다.

> **⚠ 여행 TIP**
>
> 대왕릉 바로 옆 주차장과 입장료는 모두 무료이며 관람 시간도 제한이 없다. 택시를 이용해서 이곳에 가게 되면, 한적한 곳이라 간혹 왕복 차비를 요구하는 경우도 있으니 요금을 미리 확인하여야 한다. 쌍릉 근처에는 상점이 없기 때문에 물이나 간단한 간식은 챙겨가도록 한다.

왕궁리 오층석탑

COURSE 02 왕궁리유적 (세계문화유산에 새로 등재된 백제 역사 유적지구)

쌍릉에서 차로 약 10분 정도 거리에 백제 무왕이 천도한 왕궁리유적지가 있다. 왕궁리유적지는 백제왕궁터였다가 이후 사찰로 사용되었다. 현재는 왕궁리 오층석탑이 남아 있다. 익산에는 마한과 백제 문화를 엿볼 수 있는 유적들이 많다. 서울 몽촌토성에서 공주 공산성을 거쳐, 부여 관북리 유적지를 지나 이곳 익산까지를 백제의 수도로 볼 수 있다.

왕궁리유적전시관

왕궁리유적전시관에는 유적을 발굴하고 조사하는 과정에서 발견된 연화문 수막새, 금제품, 유리제품 등의 출토 유물을 전시 중이고 아이들이 직접 체험할 수 있는 프로그램 또한 다양하다. 왕궁리유적에서 출토된 백제기 만져보기, 관세음응험기(무왕의 익산 천도와 관련된 유일한 기록) 목판 찍기 등이 있어 백제 문화를 몸소 느끼며 엿볼 수 있다.

⚠️ 여행 TIP

왕궁리유적전시관 관람 시 카메라 플래시를 켜거나 삼각대를 이용한 사진 촬영은 하지 않도록 한다.

1. 미륵사지유물전시관
2. 당간지주
3. 미륵사지 동원 구층석탑

COURSE 03 미륵사지

익산 미륵사지는 백제 최대 규모의 사찰이다. 왕궁리유적과 함께 유네스코 세계문화유산에 등재되었다. 이곳에서 미륵사지 석탑도 볼 수 있다.

미륵사지가 생겨난 배경은 이러하다. 서동은 왕이 된 후 왕비와 함께 사자사의 지명법사를 만나기 위해 용화산 아래의 큰 연못가를 지나는 도중, 세 명의 미륵부처를 만나게 된다. 서동과 왕비는 수레를 멈추고 절을 올린 뒤 이곳에 절을 세우기로 결심했다. 산을 무너뜨리고 연못을 메워 세 명의 미륵부처를 위한 절을 세운 곳이 이곳 미륵사다. 비록 지금은 터만 남았지만, 국보 제11호로 지정된 미륵사지 석탑이 여전히 미륵사 터를 지키고 있다.

우리나라 최고이자 최대의 석탑인 미륵사지 석탑은 목조탑에서 석탑으로 넘어오는 시기에 만들어져 석탑과 목탑의 양식 둘 다 따르고 있다. 특히 목탑 양식 중, 탑 내부로 올라 갈 수 있도록 탑의 문을 만드는 기술이 있는데, 미륵사지 석탑도 그러한 목탑의 양식을 따라 문을 두었으며 네모꼴의 민흘림 형식 돌기둥도 설치되어 있다. 또 처마 끝이 살짝 올라간 형태는, 후기 석탑에서 볼 수 없는 백제식 석탑 양식이다.

탑의 전면이 거의 붕괴되어 수리하게 되었고, 미륵사지 석탑 해체 및 수리 과정에서 청동합 유물과 사리장엄이 발굴되었다. 현재 미륵사지 석탑은 복원 공사 중이다. 미륵사지 석탑의 오른쪽에는 동원 구층석탑이 재건되었고, 당간지주가 서 있다. 미륵사 터에 있는 미륵사지유물전시관에서는 가람배치 재현과 출토 유물, 관련 유적 등이 전시되어 있어 백제시대의 높은 수준의 공예품을 볼 수 있다.

> ⚠️ **여행 TIP**
>
> 미륵사지에서는 보물로 지정된 당간지주(기를 고정하던 장대)와 금동향로, 석등하대석(석등의 아랫부분)을 꼭 관람하도록 한다. 미륵사지유물전시관에는 미륵사지에서 출토된 1만 9000여 점의 유물을 전시 및 보존하고 있으니 미륵사지 석탑에서 출토된 금제사리호를 비롯한 많은 국보급 유물들을 보고 오자.

이곳도 추천해요!

참고로 익산은 금마관광지, 미륵사지, 보석테마관광지, 왕궁리유적지가 각각 도보로 5분에서 10분 정도의 거리에 가까이 있다. 웅포관광지만 약 30분 정도 떨어진 곳에 있다.
익산 역사여행에서는 어디를 먼저 가더라도 동선에 별 문제가 없어 일정 짜기가 편리할 것이다.

01 서동공원(마한관)

미륵사지로 가는 길에 서동공원을 방문하여 잠시 산책하는 시간을 가져보자. 국내 유명 조각가들의 작품이 전시되어 있다. 익산의 금마지역은 삼한시대 마한의 도읍지였다. 익산의 마한 세력은 결국 백제에 흡수되고 말았지만, 서동공원에 있는 마한관에서 마한시대의 생활상을 볼 수 있다. 청동기시대와 초기 철기 문화를 살펴볼 수 있어 아이들과 함께 마한으로의 시간 여행이 가능하다. 입장료는 무료이며, 매주 월요일은 휴관이다.

서동공원의 조각품

02 두동교회

성지순례코스나 이색 종교체험코스 중 하나로 꼽히는 두동교회는 오늘날의 교회와는 사뭇 다르다. 이곳은 유교사상을 바탕으로 남녀가 같이 있을 수 없도록 'ㄱ'자형으로 공간을 분리하여 따로 예배하는 공간을 마련한 '두동'이라 불리는 예배당이다. 1929년에 세워진 두동교회(구관)와 현재 예배를 드리는 현대식 교회(신관)가 나란히 있다. 내부에는 낡은 오르간과 옛 사진들이 있어 그 시절을 상상해볼 수 있다.

두동교회의 모습.
좌측이 신관이고 우측의 낮은 한옥집이 구관이다

두동교회의 'ㄱ'자형 내부

03 나바위성당

나바위성당 혹은 화산천주교회라 부르는 성당이다. 나바위성당이란 명칭은 성당 뒤편에 꽃피는 산이라는 뜻의 화산(華山)이 있고, 이 화산의 중턱에 있는 너른 바위의 이름, 나바위에서 온 것이다.

성당의 독특한 건축 형태가 아기자기한데, 건축 양식을 고딕 양식이니, 르네상스 양식이니 구분할 필요가 없다. 둥근 아치 모양의 입구는 르네상스식인가 하면, 또 옆면은 순수 한옥 목조식이다. 성당을 증축하면서 한옥과 양옥의 절충식 건물로 변모되었다고 한다. 또한 이곳은 첫 한국인 사제인 김대건 신부가 중국 상해에서 사제품을 받고 입국하여 처음으로 전도한 곳이라 한국천주교회에서 성지로 지정한 곳이기도 하다.

1897년 본당이 설립되고 120여년 가까이 아름다운 산을 지키고 있다. 성당 뒤에는 야외 제대와 성모동산이 있고 화산 정상까지는 '십자가의 길'이 조성돼 있다.

나바위성당 전경

04 보석박물관

익산IC에서 나오자마자 차로 5분도 채 안 걸려 둥근 원형 안에 큰 다이아몬드 조형물을 발견할 수 있을 것이다. 이곳은 보석박물관이다. 예로부터 익산은 보석으로 유명했고 이러한 지역적 특색을 살린 장소가 보석박물관이다. 진귀한 보석의 원석 등 총 11만여 점이 소장되어 있어 세계적 수준의 박물관이라 할 수 있다. 매년 4월, 10월에 보석축제를 열고 있다.

주말에는 재료비(5,000~10,000원)만 지불하면 나만의 보석 만들기가 가능하다. 박물관 옆에는 화석전시관이 있어 아이들에게 실물 크기의 공룡, 시대별 각종 화석 등도 보여줄 수 있다.

보석박물관 앞 다이아몬드조형물

보석박물관

05 교도소세트장

우리나라 유일의 교도소 촬영 세트장이다. 입구에서 방문 일지를 기록하고 회색빛의 높은 담장을 지나 안으로 들어가면 넓은 잔디밭이 펼쳐진다. 2005년 개봉한 영화「홀리데이」를 시작으로「타짜」,「아이리스」, 그리고 최근「7번방의 선물」과「전설의 마녀」등 우리나라 대표 영화 및 드라마의 교도소 장면 촬영지로 인기를 끌고 있다. 성당초등학교 남성분교를 교도소세트장으로 전환하면서 잔디밭은 지역 주민을 위해 개방하여 사용되고 있다. 세트장은 2층 건물이며 면회장, 취조실, 수감실 등이 갖춰져 있다. 건물 내부와 외벽의 곳곳에는 교도소다운 교화 문구들이 붙어 있고 그동안 이곳에서 촬영된 영화 포스터도 전시하고 있다.

1. 교도소세트장 입구 2. 교도소세트장 내부에 들어가면 안쪽 벽에 '도덕성 함양' 문구가 보인다

★ 엄마.아빠 필독 ★
아이가 알아야 할 역사 포인트
아이가 질문할 경우 이렇게 대답하세요

Q 서동은 백제 사람, 선화공주는 신라 사람이잖아요.
- 백제 사람과 신라 사람이 결혼할 수 있어요?

A 백제와 신라의 결혼동맹(493년)은 이미 백제 동성왕(479~501년) 재위기간에 맺어져 있었기 때문에 백제 사람인 서동과 신라공주의 결혼이 가능할 수 있었으리라고 본단다. 게다가 알고 보니 서동이 마를 캐던 평범한 아이가 아니라 백제왕의 잃어버린 왕자였다고 하니, 백제 왕자와 신라 공주의 결혼은 놀라운 일도 아니지. 결국 공주와 왕자의 결혼인 셈이야.

Q 왜 '쌍릉'이라고 부르나요? 무덤의 이름이 많아서 헷갈려요!

A 평민의 무덤은 '묘'라 부르고, 역대 왕이나 왕비의 무덤은 '능'이라 부른단다. 누구의 무덤인지 모르지만 역사적 가치가 있는 무덤은 '고분'이라 부르고, 고분 중에 벽화, 유물 등이 무덤에 남아 있을 경우에는 '총'이라 불러. 그리고 '원'이나 '묘'라 부르는 무덤도 있어. '원'은 왕세자 등 왕위에 오르지 못한 이의 무덤을, '묘'는 대군 혹은 공주의 무덤을 뜻해. 이젠 무덤의 이름만 듣고도 그 무덤의 성격, 주인의 신분도 어느 정도 파악할 수 있겠지?
쌍릉이란 왕과 왕비의 무덤이 나란히 붙어 있어 쌍릉이라 부르는 것이란다. 그러나 익산의 대왕릉과 소왕릉은 나란히 놓여 있지는 않고 동서로 약 200m 정도 떨어져 있어.

숙박

웅포관광지 캠핑장

캠핑을 좋아하는 가족이라면 웅포관광지 캠핑장을 추천한다. 금강변의 아름다운 경치는 물론 주변 관광지와의 접근성이 좋고 아이들과 자연 체험을 함께 할 수 있는 숙박 장소로도 좋다. 예약은 2주 전부터 온라인을 통해서만 가능하다. 아이들과 농촌 체험을 원한다면 웅포드림빌리지, 미륵산자연학교, 장원목장을 이용하면 된다. 온천을 즐길 수 있는 가족 온천탕도 있다. 이곳의 위치는 왕궁리유적, 보석박물관 근처에 있다.

주소 : 익산시 웅포면 강변로 25 / 전화 : 063-861-7800(온라인 예약만 가능) / 홈페이지 : camping.iksan.go.kr / 요금 : 오토캠핑장 15,000~20,000원

기타 추천 숙박

왕궁온천장
주소 : 익산시 왕궁면 온천길 38
전화 : 063-291-5000

익산비즈니스관광호텔
주소 : 익산시 인북로 10
전화 : 063-853-7171

맛집

뚜부카페

직접 제조한 두부요리를 맛볼 수 있는 곳. 한 끼 식사로 든든한 두부와 청국장, 순두부백반 등은 가격이 6,000원 정도이며 아이들이 좋아할 두부강정도 판매한다. 식당 내부도 깔끔하고 요리도 담백하게 즐길 수 있다. 미륵사지, 익산토성, 금마저수지, 서동공원과 가까운 거리에 위치해 주변 경관을 본 후 식사하러 오기 좋다. 다양한 두부요리를 한 번에 맛볼 수 있는 두부카페 정식은 1인 18,000원(4인 이상 주문만 가능하며 하루 전 예약필수). 매주 일요일 휴무.

★ 추천 메뉴 : 각종 두부요리
주소 : 익산시 금마면 기양제길 43 / 전화 : 063-833-1088

들깨순두부백반과 순두부백반

금강호반

민물장어와 황복탕, 붕어찜, 메기탕, 우어회 등을 맛볼 수 있다. 우어회는 웅포면의 특산 명물이다. 봄철과 가을의 쭈꾸미숙회는 그야말로 일품. 입점리 고분전시관, 웅포 곰개나루 근처에 있고 설날이나 추석 당일에는 영업하지 않는다. 셋째 주 월요일도 휴무. 가격은 붕어찜 10,000원, 복탕 15,000원, 우어회 20,000~40,000원.

★ 추천 메뉴 : 우어회와 황복탕
주소 : 익산시 웅포면 곰나루길 59 / 전화 : 063-861-6021

기타 추전 맛집

흙가든 허브오리
주메뉴 : 허브오리 찰흙구이
주소 : 익산시 번영로 1854 / 전화 : 063-842-5228

본향 한정식
주메뉴 : 서동 마약밥정식
주소 : 익산시 무왕로 951-8 / 전화 : 063-858-1588

삼국시대

상대포 돛배에 몸을 싣고
자유롭게 오가고 싶다

백제 왕인박사의 발자취가 스며들어 있는 성기동과 망향 포구 상대포

지금의 영암 구림평야는 본래의 모습이 아니다. 1961년 간척사업이 완료되기 전까지 이곳은 바다 물결로 넘치던 곳이었다. 지금은 거대한 평야로 바뀌었고 옛 포구도 온데간데 없어졌다. 상대포구가 조그만 연못이 되어 덩그러니 있을 뿐이다. 월출산에서 떠오르는 달을 가장 선명히 바라볼 수 있는 서쪽 기슭에 자리한 성기동과 구림마을 그리고 상대포구. 그 끝자락을 상대포 역사 공원으로 다시 단장했다. 왕인박사의 귀향을 맞이하려나 보다.

여행 키포인트

왕인박사가 수학했던 문산재, 책굴까지 아이와 함께 올라가기는 다소 무리일지도 모르겠다. 월출산 자락에 위치한 책굴, 석인상을 보러 가는 산길은 대체로 완만하다. 초반에 이어져 있는 숲길은 쾌적한 기분을 준다. 책굴을 눈으로 확인하면 왕인박사를 조금 떠올리게 될 것이다. 그는 상대포에서 머나먼 일본으로 떠났다. 박사 신분으로 문물을 전파하라는 소임을 받고 고향을 등졌다. 고향인 구림과 성기동이 얼마나 그리웠을까? 왕인의 마음으로, 그리움으로 사무쳤을 그의 고향으로 여행을 떠나보자.

어린이 여행 학습 정보 ▶▶ **MUST STUDY 백제시대 학자, 왕인**

왕인은 찬란했던 백제 문명의 메신저였다. 영암에는 손님들이 많이 왕래하는데, 특히 일본에서 많이 찾아온다. 그도 그럴 것이 그들은 왕인박사의 문물을 전수 받은 후손이기 때문. 4월 왕인문화축제, 10월 왕인국화축제 때는 인산인해를 이룬다. 왕인박사는 참 자랑스러운 위인이자 문화유산이다. 가볍게 찾아가되 뭔가 기억에 남는 것이 있으면 좋겠다.

교과서

초등학교 5학년 2학기 사회 – 고구려, 백제, 신라의 건국과 발전

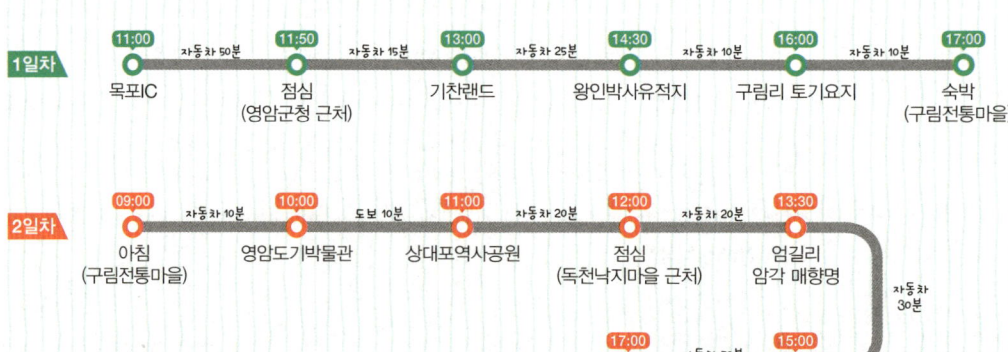

Basic Course

기차랜드
주소 영암군 영암읍 기차랜드로 19-3
전화 061-470-2847
입장료 어른 5,000원, 청소년 3,000원, 어린이 2,000원
주차 무료

왕인박사유적지
주소 영암군 군서면 왕인로 440
전화 061-470-2559
시간 09:00~18:00
입장료 어른 1,000원, 청소년(13~18세)/군인 800원, 어린이 500원(7세 이하 무료)
주차 대형 2,500원, 중형 2,000원 소형 1,500원

구림리 토기요지
주소 영암군 군서면 남송정길 2

구림전통마을
주소 영암군 군서면 동구림리 구림마을
전화 061-472-0939

* 왕인촌 체험, 도기 제작 체험, 월출산 달맞이 공연 체험 등 다양한 프로그램이 있다. 체험 프로그램 안내 및 신청은 영암구림마을 홈페이지(ygurim.namdominbak.go.kr)에서 신청 가능하다.

영암도기박물관
주소 영암군 군서면 서호정길 5
전화 061-470-6851~3
시간 09:00~18:00
입장료 · 주차 무료

* 연중무휴로 언제든지 방문할 수 있는 곳이다.

상대포역사공원
주소 영암군 군서면 서구림리
(영암도기 박물관과 가까운 거리에 있다.)

엄길리 암각 매향명
주소 영암군 서호면 엄길리 85

도갑사
(월출산국립공원)
주소 영암군 군서면 도갑사로 306
전화 061-471-5122
입장료 어른 2,000원, 청소년 1,000원, 어린이 500원
주차 대형 6,000~7,500원, 중소형 4,000~5,000원, 경형 2,000원

영암의 주요 역사 여행지

COURSE 01 왕인박사유적지

왕인박사유적지는 1987년 다시 단장한 백제 역사문화 체험의 산 교육장이다. 당시 백제 왕인박사가 일본에 문물을 전달했던 역사가 새롭게 조명되면서, 한국과 일본의 문물교류사의 대표적인 장소인 성기동 지역을 왕인박사 유적지로 복원해 놓았다.

왕인박사 유허비(위인들을 기리기 위해 세운 비)

왕인묘(사당)와 내삼문, 외삼문, 전시관 등이 왕인박사가 태어난 집터인 성기동 근처에 펴져있으며, 월출산자락으로 조금 올라가면 학문을 닦았던 문산재(文山齋), 양사재(養士齋)와 책굴 등이 위치해 있다. 왕인묘에서는 왕인박사를 기리며 해마다 제사를 지내고 있다. 책굴을 찾기 위해 올라가다보면 문산재와 양사재가 중간에 고풍스럽게 자리하고 있다. 왕인이 학문을 닦던 곳이자 후학 양성소로 쓰였던 곳으로 옛 집터를 복원하여 놓았다. 바위 언덕 길로 오르다보면 책굴이 나온다. 바위 틈새로 공간이 나있는 석굴이다. 왕인이 공부하며 수련했던 장소로 알려지고 있다. 후에 왕인박사는 일본 응신천황의 초빙으로 일본으로 건너가 논어와 천자문 뿐 아니라 기술공예를 전파하고 일본 가요의 시작에도 크게 기여하였다. 그는 찬란했던 백제 문화를 일본에 전파하여 문화발전의 토대까지 마련함으로써 일본 문화사상의 태동에 기여한 성인으로 추앙받고 있다.

왕인박사 유적지는 전체 규모가 55만여 평으로 굉장히 넓은 편이다. 시간여유가 있다면 왕인석상, 책굴, 문산재, 양사재가 있는 월출산 자락까지 올라가보면 좋겠다. 도중에 만나는 숲속 산책로도 제법 시원하다. 왕인박사유적지에서 2시간 정도 할애하면 거의 모든 유적을 둘러볼 수 있다.

여행 TIP

산행을 한다는 기분으로 가벼운 복장에 운동화를 준비하자. 먼저 왕인석상 부근을 산행한 다음 주변 유적지를 살펴보길 권한다.

왕인박사가 태어난 성기동 집터

왕인박사가 학문을 닦았던 곳인 문산재

구림리 토기요지

삼국시대

구림리 토기요지(土器窯址)는 영암군 군서면 서구림리에 있는 통일신라~고려시대 때 만들어진 토기 가마터이다. '요지(窯址)'가 바로 가마터라는 뜻으로 과거 토기그릇을 굽는 가마가 있던 곳이다.

1987년 이화여자대학 박물관 탐사팀에 의해 2기의 가마터가 이곳 월출산 동쪽 언덕에서 발견되었다. 아래 부분에서부터 굴을 파서 지하에 도자기를 올려 놓도록 한 반지하식 단실요(單室窯)로 되어 있다. 완만한 낮고 넓은 아래쪽에서 출발하여 위 뒤쪽 굴뚝쪽으로 경사가 제법있는, 네모난 언덕에 구멍이 뚫린 형태다. 앞면에 철창을 설치해 유적지를 보존하고 있어 가까이 가서 관찰해야 내부를 들여다 볼 수 있다.

이곳 구림리요지터는 통일신라에서 고려시대로 넘어가는 10세기 전반의 토기가마터로서 우리나라 도기 제작의 흐름에 중요한 사료로 인정받고 있다. 가까이 상대포를 통해 뱃길이 열려 있었고 질 좋은 흙과 땔감이 풍부하여 도자기 굽는 데 천혜의 조건을 갖춘 곳이었다.

 여행 TIP

구림리 가마터는 사람이 뜸하고 정비가 제대로 되어 있지 않은 곳이다. 이곳을 찾아 갈 때는 가능하면 지역 주민들의 안내를 받으면 도움이 될 것이다. 빗장이 쳐져 있어 직접 눈으로 보기는 쉽지 않다. 그래도 도기 역사적으로 의미 있는 곳이기에 추천한다.

1,2. 구림리 토기요지에서 발굴된 가마 3. 현재는 봉쇄된 옛 가마터

COURSE 03 상대포역사공원

상대포는 문물 교류가 활발했던 국제무역항이었다. 백제 문화를 일본에 전파한 왕인박사, 통일신라시대에 당나라로 유학을 간 최치원도 이곳에서 배를 탔다고 한다. 이처럼 삼국시대부터 서해와 남해를 통해 이웃 중국, 일본과 문물을 교류하였던 국제무역항이었으나 이제는 더 이상 포구가 아니다. 일제하에서 추진한 영암평야 일대의 간척사업에 이어 영산강 하구둑 공사를 하게 되면서 작은 연못으로 변했기 때문이다.

여행 TIP

근처에 있는 도기박물관도 함께 다녀오면 좋겠다. 상대포와 도기 수출, 옛 국제무역항의 모습을 떠올려 보자.

상대포역사공원 근처에 왕인박사유적지가 있다. 상대포, 왕인박사유적지, 구림마을, 토지요기 모두 각기 다른 것 같지만 긴밀하게 연결되어 있다. 왕인박사의 일본행도, 도기를 생산하여 중국과 일본으로 건너간 것도 모두 상대포에서 시작되었다. 상대포 인근에 위치한 구림마을이 과거부터 번화한 마을이었던 것도 마찬가지 이유에서일 것이다.

상대포가 지금은 비록 뱃길이 막혀 조그만 연못이 되었지만, 영암군에서 정자를 세우고 대형 사다리를 설치해 사람들이 거닐 수 있는 아담한 수변공원 겸 산책길을 조성하였다. 옛 경관과 역사를 기념하고 복원하여 상대포의 흔적을 더듬어 볼 수 있게 된 것이다.

🚌 이곳도 추천해요!

01 기찬랜드

기찬랜드를 들어서면 정면으로 월출산 자락이 시원하게 드러나 보인다. 월출산의 정기를 그대로 모아 놓은 듯한 느낌이다. 기수련장과 각종 편의 시설들이 현대 한옥의 형태로 시원하게 들어서 있다. 정기의 대명사임을 뽐내듯이 기찬랜드 내부의 기건강센터는 기 관련 시설로 가득하다.
물놀이 시설과 기찬묏길도 빼 놓을 수 없는 이곳의 명소이다. 7~8월 여름철 성수기에 개장하는 야외수영장은 전남지역의 대표적인 물놀이 장소이며 월출산 자락을 따라 기찬묏길도 조성되어 있다. 천황사 주차장에서 학산면 용산천까지 40km의 길이 나 있다. 월출산 기슭을 따라 기를 듬뿍 받으며 웰빙 둘레길을 따라가 보자.

1. 월출산 테마공원 기찬랜드
2. 한 폭의 그림 같은 월출산 풍경

02 구림전통마을

구림마을은 우리나라에서 규모가 가장 큰 자연마을로, 2,200여 년의 오랜 역사를 이어와 많은 역사적 설화와 인물을 배출해낸 곳이다. 자연 그대로가 문화 관광 자원으로 둘러싸인 아름다운 마을이다. 회사정과 담숙제 등 열두개의 누각과 정자 그리고 고풍스런 자연경관들이 구림마을의 옛모습을 살리며 자리하고 있다. 전통 민속문화자원으로 이어지고 있는 당산제와 구림대동제가 자랑거리다. 민박촌 백여개가 곳곳에 있어 이곳을 찾는 국내외 여행객들에게 전통문화 체험기회를 제공하고 있으며, 왕인 벚꽃축제, 국화축제와 더불어 구림전통마을이 있어 찾는 이들에게 멋진 추억거리가 되고 있다. 왕인촌 주민자치회의 도움을 받으면 다양한 정보를 얻을 수 있다.

월출산 구름다리

구림마을 월인당 일출

03 영암도기박물관

영암도기박물관은 말그대로 도기가 주인공인 도기 복합체험 문화공간이다. 영암 구림리 요지를 발굴한 것이 계기가 되어 1999년 10월 영암도기문화센터가 개관하게 되었다.

박물관내에는 상설전시관이 있어 영암의 구림도기 등 도자 역사를 한 눈에 살펴 볼 수 있고 동강 하정웅이 기증한 3,600여점의 미술작품을 계기로 생겨난 하정웅컬렉션 기념실이 연중 운영된다. 기획전시관에서는 영암도기 명품판매장에서 도기작품을 구입할 수 있고, 연 2회 특별전시를 여는 현대도자기실이 있다. 황토로 빚는 생활도예교실 운영, 도예강좌, 매년 4월 중 개최되는 왕인문화축제 기간중 생활도기 판매가 이곳에서 열린다.

종이공예관이 근처에 있다. 한지 등 종이를 이용한 만들기 체험도 하고 종이작품 감상도 할 수 있어 좋다. 영암 도기박물관 주변에는 도갑사, 왕인박사 유적지, 구림마을, 영암구림리요지 등이 있어 함께 다녀오기 편하다.

04 엄길리 암각 매향명

엄길리 암각 매향명은 보물 찾기처럼 찾기 쉽지가 않다. 가능하다면 네비게이션을 이용하자. 엄길리 가는 막바지에 이르러 논길을 따라가다 보면 입구에 간이 입간판이 보인다. 밭길을 따라 올라가면 조성중인 묘지터를 지나 산길이 이어진다. 간간이 세워져 있는 이정표를 잘 살펴야 찾아 갈 수 있다. 드디어 바위길 틈을 지나 큰 암벽이 누워 있다. 일명 글자바위다. 안쪽으로 새겨진 흔적을 잘 살펴야 한다. 바위 암벽에 21행 118자가 새겨져 있다. 고려말, 조선 초의 어수선한 시기에 성행하던 매향의식을 표현했다. 매향의식은 죽은 자를 위해 살아있는 자들이 향을 묻고 기원하는 민간 의식이다. 엄길리 일대는 영산강물이 바닷물과 마주치는 곳이어서 매향의식을 하기 적합한 장소였던 것이다. 오랜 세월이 지났는데도 비바람을 피할 수 있는 곳에 있었기 때문에 비문이 비교적 잘 보존되었다. 비문은 당시의 매향의식과 지방의 민간신앙을 연구하는데 중요한 사료적 가치가 있다.

05 도갑사

영암군 군서면 도갑리에 있다. 도갑사 입구에 들어서면 고목 팽나무가 옛사찰의 운치를 더하며 자태를 뽐내고 있다. 도갑사는 신라 도선국사(道詵國師)에 의해 창건되어서 고려말에 크게 번성하였으나 임진왜란때 소실되어 다시 지어졌고, 한국전쟁 등을 격으면서 소실되었으나 대웅전을 새로 지은 뒤 다시 불에 타 2009년 다시 복원하여 오늘에 이르고 있다. 국보 50호인 도갑사 해탈문과 보물인 오층석탑, 도선수미비 등이 있어 명사찰의 내력을 보여주고 있다.

고려 때는 꽤 큰 절이었겠지만 지금은 조용히 거닐고 싶은 유서 깊은 절이다. 봄에 영암에서 도갑사에 이르는 길은 벚나무로 가득하다. 이 길에 벚꽃이 필 때는 월출산과 한데 어우러져 매우 아름답다. 벚나무에 단풍이 드는 가을철도 봄 못지않게 운치 있다. 도갑사에서 구정봉 코스에 월출산 마애여래좌상까지 산행을 여유롭게 즐기는 방법도 있다. 미왕재 억새밭을 적극 추천한다.

도갑사 해탈문

엄마, 아빠 필독
아이가 알아야 할 역사 포인트
아이가 질문할 경우 이렇게 대답하세요

Q 왕인박사가 누구예요?

A 왕인박사의 고향은 영암 월출산 자락에 자리잡고 있는 성기동이고 4세기 중후반 백제 근구수왕 때 태어났단다. 8세에 문산재에 들어가 유학과 경전을 공부하였는데 뛰어난 문장력을 인정받았고, 18세에는 오경박사에 오르게 되었지. 오경박사란 백제시대 학식이 깊은 사람에게 주어지던 칭호란다.

왕인박사는 후에 일본으로 건너가게 되었어. 백제 17대 아신왕 시절, 일본 응신천왕의 초청으로 상대포를 떠나 일본으로 간 것으로 전해진단다. 일본으로 건너갈 때 왕인의 나이는 32세였다고 해. 참고로 신라의 대학자 최치원 선생이 당나라 유학길에 오를 때도 이곳 상대포에서 출발했다고 전해져.

왕인은 일본에서 여러 문물을 전파하여 아스카 및 나라 문명을 일으키고 일본의 정치·경제·문화예술 등 전분야에 걸쳐 획기적인 발전을 이끈 성인으로 추앙받게 되지. 왕인박사의 탄생지인 성기동에는 왕인박사유적지를 꾸미고 위패와 영정을 봉안해 왕인박사 추모제를 4월초 왕인문화축제 시작 첫날에 열고 있어.

Q 매향이 무엇인가요?

A 매향(埋香)이란 한자로 묻을 '매', 향기 '향'자를 쓴 것이야. 매향이 정확히 무슨 뜻이냐면, 향(향나무)을 물가 혹은 땅에 묻고 다음 생애, 내세의 복을 비는 것을 뜻해. 신과 연결되기를 기원하던 민중 불교 신앙이자, 사람이라면 누구나 느낄 법한 현실의 위기나 불안을 극복하고자 생겨난 순수 민간 신앙이라 볼 수 있어. 그리고 바위 혹은 비석을 세워 매향을 기념하는 글을 기록하곤 했지. 매향의 위치, 목적, 이유 등이 적혀 있고 이것을 우리는 매향비라 부른단다. 이곳에서 여행 다니는 동안 글씨가 새겨진 바위를 보았지? 영암 지역에서도 매향 의식이 있었던 거야. 전남에는 10개 내외의 매향비가 세워져 있어.

구림전통마을

구림마을의 다양한 한옥 민박을 적극 추천한다. 월출산 자락 초입에 자리 잡아 쾌적한 환경을 조성하고 있다. 동네 민심까지 따뜻하다. 왕인박사유적지 등 볼거리도 근거리에 있어 일정을 편히 소화할 수 있다. 가족 단위 숙박 요금으로도 금액이 적당한 편이다. 영암구림마을 홈페이지에서 가족에게 맞는 한옥 민박을 택해 묵으면 될 것.

주소 : 영암군 군서면 동구림리 구림마을 / 전화 : 061-472-0939 /
홈페이지 : ygurim.namdominbak.go.kr / 요금 : 시골집민박(3~4인) 40,000원 * 이외에 다양한 한옥 민박이 있다.

기타 추천 숙박

월인당
주소 : 영암군 군서면 모정리 655
전화 : 061-471-7675

* 최근 마을 모정호수 수변산책로가 조성되어 찾는 사람들이 늘고 있다.

한옥호텔 영산재
주소 : 영암군 삼호읍 나불외도로 126-17
전화 : 061-460-0300

영빈관

영암군청 인근 영빈관의 대표 메뉴인 육낙은 소고기 육회 위에 산낙지를 올려놓은 별미요리. 낙지비빔밥을 같이 먹으면 충분한 포만감을 만끽할 수 있다. 일요일은 쉬는 날이다.
불낙 1인분 17,000원, 육낙 4인기준 70,000원(공기밥 1인 3,000원 별도)

★ 추천 메뉴 : 불낙, 육낙
주소 : 영암군 영암읍 웃시암길 8 / 전화 : 061-473-2143

영명식당

영암여행에서 빼놓을 수 없는 먹거리 갈낙탕. 갈비탕에 산낙지를 넣고 끓여 몸에 좋다는 요리로 국물이 시원하고 담백하다. 다른 요리에서 느끼는 낙지보다 특유의 쫄깃하고 통통한 맛이 인상적이다. 특히 독천리에 들어서면 갈낙탕 식당이 즐비해 골라먹는 재미도 솔솔하다. 갈낙탕 1인분 19,000원, 낙지비빔밥 1인분 18,000원

★ 추천 메뉴 : 갈낙탕, 낙지비빔밥
주소 : 영암군 학산면 독천리 184 / 전화 : 061-472-4027

기타 추천 맛집

기찬빌리지
주메뉴 : 퓨전 한정식
주소 : 영암군 영암읍 기찬랜드로 41
전화 : 061-473-3939

낭주식당
주메뉴 : 낙지구이, 연포탕
주소 : 영암군 학산면 독천리 174-1
전화 : 061-472-6925

· 2박3일 ·
경상북도
경주

삼국시대

경주,
천년 도읍을 이야기하다

세계문화유산 경주역사유적지구

나라 이름 서라벌. 아침 해가 가장 먼저 떠오르는 땅이라 했다. 도읍은 큰 강이 흐르는 평야였고, 분지 사면이 산으로 둘러싸여 하늘이 내린 성곽이 되었다. 멀리는 소백산맥이 나라 전체를 보호했다. 이런 환경은 신라 사람들의 통합에 영향을 미쳤으니 고대 국가 시절부터 삼국 간 경쟁에 살아남아 통일을 이룬 비결 가운데 하나였다. 한편으론 문화적 특수 성향이 나타난 이유도 되었다. 무엇보다 천년을 지속한 수도 경주가 그러하다. 영토가 넓어졌고 통치 대상이 확대되었지만 신라는 첫 도읍을 유지했으니 신라와 경주는 서로가 서로에게 운명처럼 존재했다. 신라 천 년은 이미 천 년도 더 전에 막을 내렸다. 그러나 경주는 여전히 신라의 도읍으로 생생하다.

알고 가면 더 유익한 역사여행

여행 키포인트

경주 전역에 있는 신라 유적은 그 성격에 따라 5개의 지구로 나뉜다. 이를 '경주 역사유적지구'라 하는데 2000년 12월 경주 역사유적지구 전체가 유네스코 세계문화유산으로 등록되었다. 대릉원지구, 남산지구, 월성지구, 황룡사지구, 산성지구가 이에 속한다. 석굴암과 불국사지구, 양동마을지구가 먼 거리에 있는 것에 비해 이들 5지구의 유적은 서로 멀지 않은 곳에 밀집해 있고, 지구에 따라 걷거나 자전거 등으로 이동할 수도 있다. 경주에는 천년의 도읍지, 신라의 정치·문화 유적이 총 망라되었다고 보면 될 것이다.

어린이 여행 학습 정보 ▶▶ MUST STUDY 신라 문화

신라는 고대 국가에서 시작해 삼국 간 경쟁을 지나 우리나라 최초의 통일 국가를 세웠다. 신라의 어떤 점이 삼국통일을 가능하게 했는지, 다른 나라와 차별화되는 문화에는 어떤 것이 있는지 한 번 알아보자.

교과서

초등학교 5학년 2학기 사회 – 고구려, 백제, 신라의 건국과 발전/삼국통일과 발해의 건국

travel information

자동차 코스

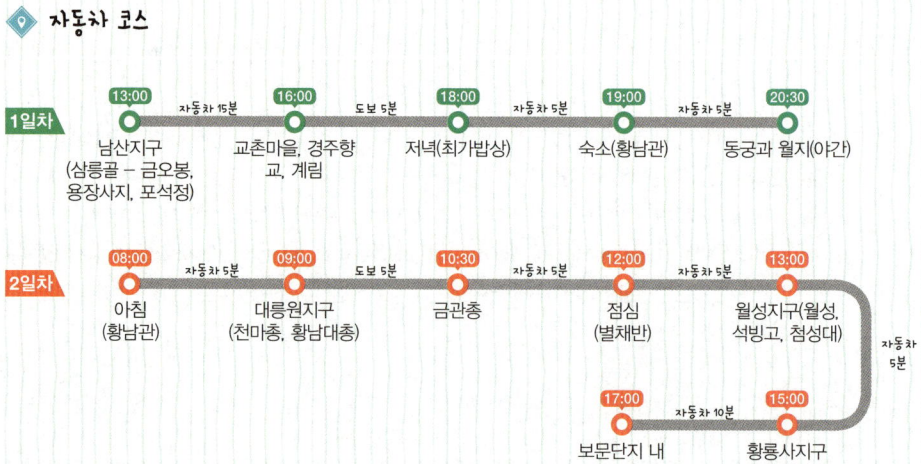

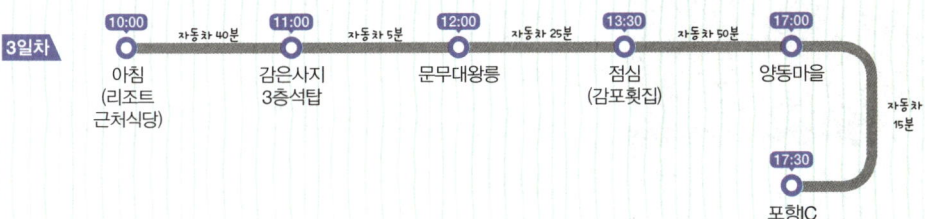

Basic Course

대릉원지구

대릉원(천마총, 황남대총, 미추왕릉)
주소 경주시 황남동 일대
전화 054-772-6317 / 054-743-1925
시간 08:00~21:00(연중무휴)
입장료 어른 2,000원, 청소년/군인 1,200원, 어린이 600원
주차 대형 4,000원, 소형 2,000원

* 천마총과 황남대총은 대릉원 안에 위치해 있다. 경주역에서도 걸어서 갈 수 있는 곳. 첨성대 또한 가까이에 있다.

남산지구

① **삼릉(경애왕릉)**
주소 경주시 배동 산73-1
전화 054-772-3843
입장료 무료
주차 소형 2,000원

② **포석정지**
주소 경주시 배동 454-3
전화 054-745-8484
시간 09:00~18:00(동절기에는 17:00까지 단축 운영, 연중무휴)
입장료 어른 1,000원, 청소년/군인 600원, 어린이 400원
주차 대형 4,000원, 소형 2,000원

월성지구

① **계림**
주소 경주시 교촌안길 27-8
전화 054-779-8743
시간 08:00~22:00
입장료 · 주차 무료

② **첨성대**
주소 경주시 인왕동 839-1
입장료 무료

③ **월성(석빙고)**
주소 경주시 문천길 47
전화 054-779-8743
입장료 무료

④ **동궁과 월지(안압지)**
주소 경주시 원화로 102
전화 054-772-4041
시간 09:00~22:00
입장료 어른 2,000원, 청소년/군인 1,200원, 어린이 600원
주차 무료

* 모두 연중무휴로 언제든지 방문할 수 있는 곳이다. 주차는 월성지구 외에도 대릉원 주차장 혹은 공영 주차장을 이용할 수 있으나 인기 관광·유적지인 관계로 늘 차가 붐빈다는 것을 기억하자. 주변 교촌마을에 주차할 수도 있다.

황룡사지구

① **황룡사지**
주소 경주시 구황동 320-1
전화 054-777-8800
시간 09:00~22:00
입장료 · 주차 무료

② **분황사**
주소 경주시 분황로 94-11
전화 054-742-9922
시간 08:00~18:00
입장료 어른 1,300원, 청소년/군인 1,000원, 어린이 800원
주차 무료

양동마을지구

주소 경주시 강동면 양동마을길 93
전화 054-762-2633
시간 09:00~19:00(동절기인 10~3월에는 18:00까지 단축 운영)
입장료 어른 4,000원, 청소년/군인 2,000원, 어린이 1,500원(7세 이하 무료)
주차 무료

감은사지3층석탑
주소 경주시 양북면 용당리
전화 054-779-6109
입장료 · 주차 무료

문무대왕릉
주소 경주시 양북면 봉길리 26
전화 054-779-8743
입장료 무료
주차 소형 3,000원, 대형 4,000원

경주의 주요 역사 여행지

COURSE 01 대릉원지구

아름다운 무덤, 대릉원

신라시대 높은 신분을 가진 이들의 무덤을 경주 전역에서 쉽게 볼 수 있다. 경주 시내 평지 무덤들 가운데 서남쪽에 모여 있는 신라 무덤 20여 기를 묶어 1973년 '대릉원'이란 고분공원을 조성했다. 안에는 천마총과 황남대총, 미추왕릉이 있다. 경주에서 가장 큰 무덤인 황남대총은 서로 연결된 두 개의 무덤으로, 각각 남자와 여자의 무덤으로 밝혀졌다. 현재 땅 위로 봉분이 남아 있는 무덤은 20여 기 정도 되는데, 아직 땅 속에도 무덤이 많이 남아 있을 것으로 보고 있다.

금관총

금관총은 대릉원 밖 가까이 있다. 금관을 비롯해 금제장식물이 많이 나온 곳이다. 정삼각 형태의 아름다운 모습에다 봉분을 언덕 삼아 서 있는 큰 나무들 모습 또한 인상적이다. 일제 강점기 발굴 당시 고고학자들이 아닌 민간에 의해 발견되었기 때문에 다수의 유물과 무덤의 연원을 밝힐 만한 것을 확보하지 못한 상태다. 사람들이 오르내려 길이 나 있지만 원래 무덤 위로는 올라가지 못하도록 되어있다.

⚠️ 여행 TIP

아름다운 공원처럼 산책하듯 둘러볼 수 있는 곳이다. 이 일대는 걷거나 자전거로 다니는 편이 훨씬 효율적이다. 금관총 주변은 무덤보다 낮은 높이의 상가들이 빙 둘러싸고 있다. 무덤을 바라보기 편한 위치에 카페가 들어서 있으니 잠시 티타임을 가져보자.

1. 마치 산처럼 겹겹이 쌓인 듯 보이는 대릉원 고분
2. 천마총 3. 황남대총 4. 미추왕릉 5. 금관총

COURSE 02 남산지구

남산 삼릉골 소나무 숲을 걷다 처음 마주친 것은 포석정에서 끌려와 자결 명령을 받고 죽었다는 경애왕의 무덤, 경애왕릉이다. 그 뒤편으로 아달라왕과 신덕왕, 경명왕의 무덤으로 알려진 세 능이 있다. 이 길의 이름이 삼릉골이 된 까닭이다. 삼릉골은 길이가 긴 편이고 어린아이가 걷기엔 쉽지 않은 길이다. 길 양옆으로 숨은 불상과 유적들을 만나기 위해 샛길을 많이 오르내려야 할 수도 있다. 그러나 이 길은 신라의 유물, 유적이 가장 많고 아름다운 길이기도 하다.

산에서 만나는 박물관, 계곡 물소리와 함께 옛 풍경을 확인하며 걷는 하루는 잊지 못할 추억이 될 터이다. 경애왕릉과 삼릉을 거쳐 금오봉을 지나 용장사지 삼층석탑을 보고 포석정길로 내려와 포석정까지 둘러보기를 추천한다.

📍 남산 삼릉골 코스

삼릉골의 보물을 따라가보자!

① 경애왕릉, 삼릉 → ② 삼릉골 목 없는 석불좌상 → ③ 삼릉골 마애 관음보살상, 삼릉골 선각육존불 → ④ 삼릉골 선각여래좌상, 석불좌상 → ⑤ 삼릉골 마애불좌상, 상사암 → ⑥ 금오산 정상 → ⑦ 용장사지, 용장사지 삼층석탑 → ⑧ 포석정길, 포석정

경애왕릉

신라 55대 왕인 경애왕(재위 924~927)의 무덤이다. 경애왕은 경명왕의 뒤를 이어 왕위에 올랐다. 재위 기간은 4년. 기록에 의하면 포석정에서 연회를 열고 있던 도중 후백제 견훤의 습격을 받아 자결 명령을 받고 비참한 최후로 생을 마쳤다고 한다. 그러나 후일의 다른 기록은 추운 겨울에 밖에서 연회를 기졌다는 것에 의문을 품기도 한다.

삼릉(배리삼릉)

삼릉은 경애왕릉을 지나면 바로 나타난다. 삼릉이란 세 개의 왕릉이 나란히 있어 붙여진 이름인데 아래서부터 신라의 8대 아달라왕, 53대 신덕왕, 54대 경명왕 등 박씨 성을 가진 세 왕의 무덤이라 전하고 있지만 확실한 기록은 아니다. 신라 초기에 집권한 아달라왕과 신덕왕, 경명왕 사이에는 무려 700여 년의 시간 차이가 있는 데다 신라 초기에는 대형 무덤 자체가 존재하지 않았기 때문이다. 삼릉을 지나면 본격적인 등산길로 접어든다.

1. 목 없는 석불좌상
2. 경주 남산 바위
3. 용장사지 삼층석탑
4. 포석정지

목 없는 석불좌상

삼릉골을 따라 올라가는 길에 가장 먼저 만나게 되는 얼굴도, 손도 없는 불상이다. 다만 몸통의 옷 주름과 표현 방식으로 통일신라 것임을 추측할 수 있다. 원래는 계곡에 등을 보이고 땅에 묻혀 있던 것을 발견해 이처럼 올려놓은 것이라 한다. 목이 없고 손이 없는 자체가 불상이 이 산에서 보낸 오랜 시간을 상징하는 것이라 마음이 애틋해진다.

경주 남산의 아름다운 바위 이야기

경주 남산에는 여러 전설을 간직한 바위들이 많다. 사랑에 관한 전설이 깃든 상사암도 동남산과 삼릉길에 두 개 있고 용장골에는 동물 이름을 가진 바위도 많다. 꼭 이름을 알고 보지 않더라도 바위는 보는 시각, 빛에 따라 여러 형상으로 보이므로 이런 저런 이름을 붙여보며 걷는 것도 재미있다.

용장사지 삼층석탑

금오봉 정상

용장사는 매월당 김시습이 『금오신화』를 쓰며 머물던 곳으로 잘 알려져 있다. 경주 남산의 최고봉인 금오봉 정상에서 용장골 방향으로 조금만 내려가면 용장사에 닿을 것이다. 몇 군데 석축 등이 남아 있기는 하지만, 어떻게 이 높고 가파른 곳에 절을 마련했는지 가늠하기는 어렵다. 절터는 산세를 따라 높고 낮게 조성되었다.

무엇보다 용장사지 삼층석탑은 경주 남산의 가장 아름다운 장면이라 할 만 하다. 평지의 탑에 익숙한 우리에게 하늘과 건너 산을 배경으로 낭떠러지

끝에 서 있는 탑은 규모를 떠나 사뭇 장엄한 감정을 불러일으킨다. 바위 산맥의 높은 봉우리에 서 있는 이 탑은 2단의 기단 위에 세워진 삼층석탑이다. 자연암석을 아래층 기단으로 삼은 듯 보인다. 어쩌면 자연암석이 아래층 기단일 수도 있고, 그 아래 바위산 전체가 아래층 기단일 수도 있는 것이다. 남산 전체를 기단으로 삼은 셈이니 탑의 의미는 평범할 수 없다.

포석정지

경주 남산 서쪽 계곡 끝에 포석정지가 있다. 금오봉을 중심으로 낮은 경사의 기다란 길을 제법 내려와야 한다. 전해지기로는 포석정이 신라시대 연회 장소로, 젊은 화랑들이 풍류를 즐기며 기상을 배우던 곳이라 한다. 현재는 유상곡수연(流觴曲水宴, 굴곡진 수로에 물을 채우고 그 위에 술잔을 띄워 보내던 놀이)을 본떠 만들었다는 물길만이 남아 있다. 신라 경애왕이 이곳에서 연회를 열 때, 후백제의 견훤이 쳐들어와 타락한 왕을 꾸짖고 자결을 명했다고 전해진다. 그러나 당시 계절은 겨울이었고, 포석정은 단순히 유흥을 즐기는 놀이터가 아니라 신라시대 별궁으로 제사를 지내던 신성한 구역이었다는 최근의 연구가 있다. 포석정에서 흥청이다 나라를 쓰러뜨린 경애왕의 사연은 승자의 손에 쓰인 신라의 기록이 아닐까? 여하튼 포석정은 신라의 마지막 명운을 남긴 장소라 할 수 있다.

포석정지의 또 다른 가치는 유상곡수연에 있다. 유래는 이러하다. 중국의 명필 왕희지가 친구들과 함께 물 위에 술잔을 띄워 술잔이 자기 앞에 오는 동안 시를 지어 읊기로 하고, 시를 짓지 못하면 그 벌로 술 석 잔을 마시는 풍속이었다. 당시 신라의 포석정지는 유상곡수연을 본떠 만들었다는 점이 눈여겨볼 만하다. 게다가 현재 중국에도 유상곡수연 유적이 거의 없어 이러한 이유로도 귀중한 자료가 되고 있다.

5. 남산에서 바라본 경주
6. 삼릉골 석불좌상
7. 삼릉골 선각육존불

⚠ 여행 TIP

남산을 오르기 어려운 상황이면 경애왕릉과 삼릉 정도까지 둘러보고 되돌아나가 경주 남산 서쪽 기슭에 있는 유적지를 보는 것으로 대신할 수 있다. 서남산에는 나정, 양산재, 창림사지와 포석정지가 있다. 신라의 시작을 알리는 나정과 신라의 종말인 포석정지까지의 거리는 겨우 수백 미터, 신라의 시작과 끝이 한자리에 있는 셈이다. 신라 마지막 왕의 무덤인 경순왕릉은 경주 땅에서 한참 멀리 연천에 있다는 점도 함께 알아두자. 왜 그렇게 되었을까? 이유는 139쪽 참고.

1. 계림 2. 첨성대

COURSE 03 월성지구

계림안에 있는 계림비각엔 경주김씨 시조인 김알지 기록비가 있다

계림

경주 계림은 경주 김씨의 시조인 김알지의 탄생 설화가 서려 있는 숲이다. 원래 이름은 '시림'인데 김알지 탄생 이후 '계림'이라 불렀다고 한다. 김알지의 탄생을 기리기 위해 한때 신라의 국호가 '계림'이 된 적도 있을 만큼 신라인에겐 중요한 숲이었다. 전설은 이러하다. 탈해왕 4년(60)에 숲 사이에서 닭이 우는 소리가 들리고 온통 환한 빛으로 가득해 살펴보니 금으로 된 조그만 궤짝이 나뭇가지에 걸려 있고 흰 닭이 그 아래에서 울고 있었다. 왕이 궤짝을 열어 보았더니, 그 속에 사내아이가 있었다. 왕은 아이를 귀히 여기며 금궤에서 나왔으므로 성은 김씨라 하였다. 이 아이가 김알지이고, 알지의 7대 후손이 왕위에 올랐는데 그가 바로 미추왕이다. 이후 내물왕부터 신라가 망할 때까지 김알지의 후손이 신라를 다스렸고 그가 처음 나타난 계림은 신성한 숲으로 여겨졌다. 조선 순조 3년(1803)에 세운 김알지 탄생에 대한 비(碑)가 남아 있다. 숲은 넓지 않으나 오래된 고목이 울창하고 아름답다.

첨성대

첨성대의 이름을 풀어보면 '별을 보는 돈대(땅)'라는 뜻이다. 동양에서 가장 오래된 천문대로 널리 알려져 있지만, 논란이 많다. 첨성대의 쓰

3. 월성터
4. 월성을 따라 달리는 자전거

임에 관한 이견 때문인데, 이름처럼 천문 관측대였다고도 하고, 국가적 제단이었다는 학설도 있다. 쓰임엔 논란이 있을지라도, 첨성대는 그 자체로 매우 과학적인 건축물이다. 사각형의 2중 기단으로 아랫부분을 만들고, 중앙은 원추형으로 돌려 27단을 쌓았다. 윗부분에 다시 2단을 올린 뒤 가장 꼭대기엔 우물 정(井)자로 돌을 놓고 마무리했다. 첨성대를 이루는 각각의 화강암은 거의 똑같은 모양을 갖고 있지만, 주목할 점이 있다면 바로 아래에서는 늘어났다 올라갈수록 줄어드는, 부드러운 곡선을 가진 몸통부분이다. 다른 건축물에서도 찾아보기 힘든 독특한 외형이다.

월성

성의 모양이 반달처럼 생겨 반월성이라고도 부른다. 한때 신라 궁궐이 있었던 자리다.『삼국사기』에 의하면 파사왕 22년(101)에 금성에서 이곳으로 도성을 옮겼다고 한다. 그 후 신라 역대 왕들의 궁성이 되었다. 성의 삼면을 흙과 돌로 쌓았으며, 남쪽은 지형 자체가 자연적으로 절벽 형태다. 현재는 여러 건물 터만이 남아 있으며, 석빙고가 있다.

동궁과 월지

월지는 우리가 잘 알고 있는 안압지이다. 2011년 문화재청이 안압지를 동궁과 월지로 명칭을 변경했다. 삼국을 통일한 후 문무왕 14년(674)에 큰 연못을 파고 못 가운데에 3개의 섬과 12봉우리의 산을 만들어, 아름다운 식물을 심고 귀한 동물을 길렀다고 한다. 이곳이 바로 월지이다. 안타깝게도 많이 훼손되어 당시를 가늠할 만한 것이 거의 사라져 현재는 복원된 것만으로 짐작할 수 있다.

동궁은 월지와 함께 있는 신라 왕궁의 별궁 터다. 왕자가 거처하는 동궁으로 사용되었고, 기타 큰 행사가 있을 때 이곳에서 연회를 치렀다. 신라 경순왕이 후백제 견훤의 침입을 받고 931년 고려의 왕건을 초청해 신라의 위급 상황을 호소했다고도 전해진다. 일제강점기에 궁을 가로지르는 철도를 놓았고 현재는 하루 몇 차례씩 기차가 지나다니고 있다.

> ⚠ **여행 TIP**
>
> 동궁과 월지는 야간 조명이 특히 아름다워 저녁시간에 찾는 사람이 많다. 월성은 동궁과 계림의 가운데 위치해 있고 걸어서 둘러볼 만한 거리이다.

동궁

경상북도 ▶ 경주 **133**

과거 거대한 절이 있었던 황룡사지는 이제 일상적인 공간이 되었다

COURSE 04 황룡사지구

황룡사지 터

황룡사지

황룡사지에는 신라 진흥왕 때 경주 월성의 동쪽에 궁궐을 짓다 그곳에 황룡이 나타나서 궐을 절로 고쳐지었다는 전설이 전해 내려온다. 선덕여왕이 다스린 시기, 당나라에서 유학하고 돌아온 승려 자장의 권유로 외적의 침입을 막겠다는 바람을 담아 구층목탑도 짓는 등 공사를 시작한 지 무려 93년 만에 완공된, 국가사업으로 만든 큰 절이었던 것이다. 그러나 이 큰 절은 고려 고종 때 몽고의 침입으로 모두 불타 없어져 지금은 흔적만 남아 있다. 4만여 점의 유물과 높이 182㎝에 이르는 치미(장식용 기와)는 건물의 웅장한 규모를 짐작하게 한다. 빈 터에 남아 있는 석물 등이 묘한 감정을 불러일으키고 사라진 것들이 전하는 역사성에 대해 생각하게 된다.

1. 탑을 지지하는 기단의 네 모퉁이마다 앉아 있는 동물상 2. 탑의 1층 문을 지키는 인왕상
3. 분황사탑 4. 분황사의 당간지주

분황사탑

분황사탑은 현재 남아 있는 신라 석탑 가운데 가장 오래된 것으로, 돌을 벽돌 모양으로 다듬어 쌓아올린 모전석탑(模塼石塔)이다. 지금은 3층짜리 탑이지만, 과거 기록을 보면 만들어졌을 당시에는 9층이었던 것으로 보인다. 선덕여왕 3년(634) 분황사의 창건과 함께 만들어졌음이 추측되고, 1915년 일본인에 의해 수리된 이후 지금까지 그 모습을 유지하고 있다. 수리하던 당시 탑 안에서 많은 유물들이 발견되었다.

탑의 모습을 살펴보자. 기단은 벽돌이 아닌 자연석이고, 가장 아랫부분 사각형의 기단에는 모퉁이마다 화강암으로 조각된 동물상이 한 마리씩 앉아 있는 것을 볼 수 있다. 탑의 몸통, 탑신은 1층에 4개의 문을 각각 만들어 넣었고 문의 양쪽에는 불교의 수호신, 인왕상(仁王像) 조각이 있다.

> ⚠ 여행 TIP
>
> 황룡사지구는 대릉원지구나 월성지구에서 도보로 이동 가능하나 조금은 먼 거리. 자전거를 이용하면 좋다. 차로 이동할 경우, 분황사 주차장에 차를 두고 당간지주 앞쪽의 황룡사를 먼저 본 뒤 분황사 경내를 둘러보자.

이곳도 추천해요!

01 정혜사지 십삼층석탑

경주 정혜사 터에 세워져 있는 탑이다. 토대가 되는 기단은 흙으로 이루어져 있고, 탑신부는 13층을 쌓아 올렸다. 1층이 다른 층에 비해 크고 길어 부각되는 데다, 2층부터는 크기를 급격히 줄여나가 안정감이 느껴진다. 비교적 온전한 모습을 볼 수 있는 잘 보존된 탑이나 주변 터가 허전한 느낌만은 감출 수 없다. 양동마을이나 독락당, 옥산서원을 가게 된다면 정혜사지 탑을 들러볼 만하다.

1. 정혜사지 십삼층석탑 2. 마치 피라미드와 비슷해 보이는 탑

02 옥산서원과 독락당

옥산서원과 독락당은 조선시대 인물과 관련이 있는 장소다. 양동마을 출신의 위인, 회재 이언적(조선 중기 학자)을 기리는 옥산서원이 경주 안강읍에 있다. 옥산서원은 과거 흥선대원군의 서원철폐령에도 없어지지 않은 곳이고 독락당은 옥산서원 안쪽에 있는 이언적 선생이 지내던 집의 사랑채다. 이곳에서 흐르는 자계천을 바라보기 위해 담장 아래 마련된 살창과 계곡에서 보는 독락당의 모습은 특히 아름답다. 참고로 집 자체가 문화유산이므로 고택 체험에 각별한 주의가 필요하다.

옥산서원

03 양동마을지구

양동마을은 월성 손씨와 여강 이씨 가문이 이어져 내려온 마을이다. 꽤나 큰 양반 가옥들이 집단을 이루고 있다. 큰 집들이 잘 보존되어 있는 편인데, 그 배열마저도 종갓집부터 높고 넓은 터에 집을 낼 수 있었다. 양반의 법도를 따른 것이다. 옛 양반들의 집을 둘러보면 무첨당(보물 제411호, 조선의 별당), 향단(보물 제412호, 조선의 주택), 관가정(보물 제442호, 조선의 주택) 등 많은 건물들이 문화재로 지정되어 있다. 자연과 어우러진 전통 가옥, 양반들의 것임을 볼 수 있는 자료 등이 잘 남아 있어 높은 평가를 받고 있는 마을이다. 유네스코는 이 마을 전체를 세계문화유산으로 지정했다.

양동마을의 풍경

04 경주향교

경주향교(慶州鄕校)는 계림에서 교동마을 쪽으로 인접해 있다. 창건 연대는 내려오지 않지만 고려시대로 추측되고 있다. 원래 신라 문무왕이 국학(國學)을 설치했던 곳인데 고려시대 들어서 지방 향학으로 강등되었다. 그러나 그 배치나 규모가 서울의 성균관에 버금간다.

05 최부자집 아카데미

'사방 백리에 굶는 사람이 없게 하라'는 경주 최부자집 가훈은 널리 알려져 있다. 신라 말기의 문장가인 고운 최치원이 시조가 되는 이 집안은 동학농민운동 때도 6.25전쟁 때도 이 집 만큼은 피해를 당하지 않았다. 그 이유는 평소 이 집안이 어려운 때 지역민을 돕고 스스로 근검했던 까닭이다. 교동법주로 알려진 술은 이 최씨 집안이 손님을 맞고 제를 올리기 위해 집안에서 빚어오던 술이다. 최부자집 고택에는 이 가문의 노블레스 오블리주 정신을 배우고 나눔의 생활을 공유하기 위한 아카데미가 설치되어 있다.

06 문무대왕릉

경주에서 자동차로 1시간 남짓 거리에 있는 문무대왕릉. 삼국통일을 이룩한 문무대왕은 자신이 죽게 되면 화장한 뒤 동해에 묻어달라는 유언을 남겼고 그 뜻에 따라 봉길리 앞바다 약 200쯤 떨어진 곳에 있는 바위섬에 수중릉을 만들었다고 한다. 죽은 후 용이 되어 동해 앞바다를 침략하는 왜구를 막겠다는 생각으로 그런 유언을 남겼다고 전해진다.

★엄마,아빠 필독★
아이가 알아야 할 역사 포인트
아이가 질문할 경우 이렇게 대답하세요

Q 신라는 어떻게 백제, 고구려, 신라, 삼국을 통일할 수 있었나요?

A 삼국 가운데 약체에 속했던 신라가 통일을 할 수 있었던 데는 여러 가지 이유가 있지만, 먼저 지리적 영향도 무시할 수 없단다. 수도로 삼은 금성(지금의 경주) 지역은 땅이 비옥하고 외세의 공격에도 유리한 조건을 가지고 있었어. 이는 신라 땅 전체를 한반도에 놓고 볼 때도 그래. 구체적인 통일 기반이 마련된 건, 진흥왕 때 한강 유역을 차지하면서부터야. 중국과 직접 교류하게 되면서 이제 백제나 고구려와 상관없는 독자적 생존이 가능하게 된 것이지. 또한 화랑도를 국가적인 규모의 조직으로 만들어 인재를 길러낸 것도 통일의 기반이 되었다 볼 수 있어. 백제와 힘을 합쳐 당시 가장 크고 강했던 고구려를 무력화시킨 다음, 백제가 차지한 한강 하류 지역까지 점령하고 대가야도 정복하여 영토를 넓혀간 신라는 당나라의 힘을 빌려 마침내 삼국을 통일하기에 이르렀지. 사실 외세를 빌려 통일을 한 것에는, 많은 역사적 견해들이 있단다.

Q 신라와 통일신라, 어떤 차이가 있나요?

A 신라의 나라명은 초기 부족 국가였던 사로국 시대를 거쳐 서라벌, 계림, 신라 등으로 부르다 신라로 국호가 정해진 뒤 이는 멸망할 때까지 변함없었어. 통일신라라는 국호는 따로 존재한 것이 아니라 시대 구분을 하기 위해 학자들이 편의상 갖다 붙인 이름이야. 신라와 통일신라를 구분하는 기준은 백제와 고구려가 망하고 당나라와 전쟁을 치룬 이후를 통일신라로 구분하는데, 실제로는 북쪽에 발해가 있었던 이유로 학자에 따라서는 통일신라시대가 아니라, 남북국시대로 규정하기도 해.
문화적으로 신라와 통일신라의 차이가 있다면, 그것은 먼저 성골이 왕위를 잇지 못하게 되어 진골이 왕위를 이어가게 되었다는 점이야. 김춘추(태종무열왕) 이후는 성골 출신의 왕은 없단다. 그리고 영토가 넓어짐에 따라 지방 세력가들의 세력이 커졌어. 북쪽에 있던 발해가 북방 이민족의 침입을 막아주었기 때문에 전쟁이 줄어들었고 이에 따라 귀족들이 커다란 부를 축적하게 되었지. 이는 문물을 발전시키기도 했지만 반대로 백성들의 삶은 곤궁해져 결국 후삼국시대를 맞이하게 되는 결과를 초래하게 되었어.

Q 신라시대엔 여왕이 나오는데 그 시대는 남녀가 평등했나요? 여성의 힘이 높았나요?

A 신라는 골품제도, 즉 신분 제도가 있었어. 우선 왕족 간의 혈통인 성골, 왕족과 귀족의 혈통이 섞인 진골 그리고 6두품 같은 두품 계급이 있었단다. 신라가 삼국을 통일한 시기는 성골 출신의 마지막 왕들의 시기가 돼. 선덕여왕과 진덕여왕은 성골만이 왕이 될 수 있었던 때에 유일하게 남은 성골 여자로서 다른 진골을 누르고 왕위를 계승한 것이지. 그러나 성골의 맥이 끊어짐에 따라 자연히 진골이 왕으로 즉위하게 되는데, 진골 최초의 왕이 바로 태종무열왕(김춘추)이야. 신라 말기에 즉위한 진성여왕의 경우는 김춘추 이래 지속된 진골의 마지막 계통 왕 중 한명으로, 혜공왕을 끝으로 진골 왕의 맥도 끊기게 되었어. 자연스레 혼란이 생겼겠지? 왕권 계승 다툼과 더불어 곳곳에 반란이 일어나 이는 후삼국시대로의 진행을 촉진하게 되었어. 결론적으로 여성의 지위가 특별히 높았다기보다는, 신분 제도에 의해 가능했던 일인 것이지.

Q 신라의 왕인데 왜 경순왕의 무덤은 경주가 아닌 연천에 있나요?

A 신라 마지막 왕인 경순왕은 경애왕이 견훤에게 죽임을 당하고 후백제의 약탈로 국력이 쇠하여 국가의 기능이 마비되자 고려에 복종하기로 결정했어. 그리고 고려 땅에서 남은 삶을 보냈어. 그러나 마지막 신라왕으로, 본디 신라인으로 고향이 많이 그리웠겠지? 경순왕은 죽음이 다가오자 자신의 무덤은 경주에 마련해달라고 당시 고려왕 경종에게 요청했어. 그러나 신라의 왕이었던 이가 신라 땅으로 돌아가게 된다면, 민심이 흉흉해질 것을 두려워한 경종은 경순왕의 무덤을 경기 연천군 장남면에 만들게 했지. 그래선 경순왕은 고향땅 경주에 가지 못하고 홀로 경기 북쪽 땅에 남게 된 거야. 신라의 마지막을 맞이한 경순왕에 대해서는 여러 견해가 있는데, 오히려 전쟁을 피하고 신라 백성들의 불필요한 희생을 막았다는 점에서 덕망이 높다는 평가도 최근에 받고 있어.

경주는 문화유적도시면서 관광도시인 만큼 숙박업소의 종류도 다양하고 많은 편. 여행 기간이나 주로 돌아볼 곳, 동행자 구성에 따라 준비하면 되겠다. 보문단지엔 중대형 호텔과 펜션이 밀집되어 있고 참고로 시티투어버스도 주요 호텔을 거쳐 간다. 시내에는 게스트하우스나 한옥형 모텔 등이 많다.

황남관

2014년 봄에 문을 연 한옥 호텔로 대릉원과 첨성대, 월지 등이 가까이 있어 이동이 편리하다. 특히 욕실은 한옥의 단점을 보완한 인테리어로, 투숙객들이 불편을 느끼지 않도록 설비했다. 전통 복장이나 놀이 체험 등을 할 수 있어 어린아이를 동반한 가족들에겐 더욱 좋다. 카페를 함께 운영하고 있고 사전 예약을 하면 유기에 담긴 밥이 나오는 아침식사를 할 수 있다. 자전거 대여 또한 가능. 투숙 전후로 짐을 맡겨 놓을 수 있는 시설도 마련되어 있다.

주소 : 경주시 황남동 포석로 1038 / 전화 : 054-620-5000
홈페이지 : www.hanokvillage.co.kr
요금 : 온돌스위트 온돌형(3인) 170,000~200,000원

경주고택체험 - 사회적 기업 경주 고택

경주의 한옥 문화재를 활용한 숙박으로 문화재와 인접한 전통 고택 숙박 개념에 다양한 체험 프로그램을 더한 숙박형태다. 월암재, 서악서원, 도봉서당, 종오정, 만송정, 독락당 등의 고택이 이 프로그램에 참여하고 있다. 그 중 독락당은 안강읍 옥산서원길에 있는 고택으로 동방5현으로 불리는 성리학자인 회재 이언적이 중종 27년(1532년)에 지은 집으로 현재까지 종손이 거주하고 있어 종가체험이 가능한 특별한 고택이다. 세계문화유산에 등재되어 있고 보물 제 413호다. 인근에 유네스코 세계유산으로 등재된 옥산서원과 양동마을이 있어 함께 여행하면 더욱 좋다.

주소 : 경주시 서악4길 32 / 전화 : 054-775-1950, 010-3570-1950 / 홈페이지 : www.gjgotaek.kr

◉ 별채반(교동쌈밥점)

경주 맛집으로 유명한 별채반. 메뉴 중 6부촌육개장은 옛 신라의 6개 부족 마을에서 유래한 이름이다. 곤달비비빔밥은 경주에서 나는 독특한 향과 맛의 나물, 곤달비를 올린 비빔밥. 경주 지역에서 생산되는 신선한 야채를 올린 쌈밥 등도 인기가 많아 줄을 서서 대기하는 사람들도 제법 있다. 식후에 마시는 호박식혜가 일품이다. 2인 이상 주문 가능한 한우 불고기 쌈밥은 16,000원, 돼지불고기 쌈밥 12,000원, 곤달비비빔밥 9,000원, 6부촌육개장 10,000원.

★ 추천 메뉴 : 곤달비비빔밥, 6부촌육개장 / 주소 : 경주시 첨성로 77 / 전화 : 054-773-3322

◉ 최가밥상

최가밥상은 경주 교동마을 입구의 최씨 고택과 가까이 위치해 있으며 최부잣집의 상차림을 재현해 내놓는다. 주요 메뉴는 육개장, 뚝배기불고기, 경상도식 비빔밥, 제육덮밥 등으로 경주에서 흔히 볼 수 있는 음식이지만 각 메뉴에 나오는 다양한 기본 찬, 전채요리인 맛보기 모듬전, 게다가 후식까지도 정성스러우니 맛과 푸짐함 모두 느낄 수 있을 것이다. 육개장 10,000원, 뚝배기불고기 10,000원, 경상도식 비빔밥 9,000원.

★ 추천 메뉴 : 육개장, 뚝배기불고기 / 주소 : 경주시 교촌안길 21 / 전화 : 054-775-7557

향토음식 ★ 경주의 황남빵과 보리빵

부들부들한 팥이 한가득 들어 있는 황남빵과 얇은 보리빵은 영양가 높은 여행 간식. 1939년부터 경주 황남동에서 만들어 파는 빵이라 하여 황남빵이라는 이름이 붙었고 경상북도 명품 제2호로 지정되었다. 대릉원, 경주역, 경주고속버스터미널 등 경주의 주요 관광지에서 쉽게 구입할 수 있다.

주소 : 경주시 태종로 783
전화 : 054-749-7000
시간 : 08:00~23:00

◉ 기타 추천 맛집

맷돌순두부식당
주메뉴 : 두부요리
주소 : 경주시 북군길 7
전화 : 054-745-2791

해오름식당
주메뉴 : 연잎밥, 한정식
주소 : 경주시 원화로 258
전화 : 054-749-6185

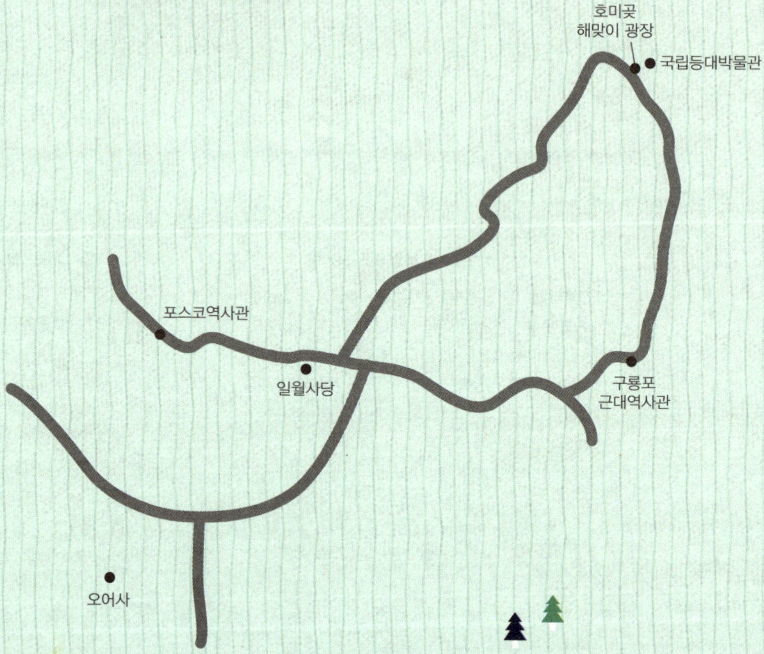

호미곶
해맞이 광장
국립등대박물관

포스코역사관

일월사당

구룡포
근대역사관

오어사

142　아이와 함께하는 역사여행

삼국시대

연오랑과 세오녀의 설화가
해와 함께 돌아온 포항

신라의 부부, 일본의 왕과 왕비가 되다

신라 하늘의 해와 달이 갑자기 광채를 잃었다. 연오랑과 세오녀가 일본으로 건너갔기 때문이다. 왕은 신하를 보내어 부부를 다시 데려오려 하였지만, 그들은 이미 그 지역의 왕과 왕비가 되어 돌아갈 수 없었다. 대신 그들은 신하를 통해 세오녀가 직접 짠 비단을 보냈는데, 그 비단으로 이곳 포항에서 제사를 지내니 해와 달이 다시 돌아왔다고 한다. 일본으로 떠난 연오랑, 세오녀의 귀환을 바라며 오늘도 동해 바다에서 떠오르는 해님을 정성스럽게 맞이해본다.

알고 가면 더 유익한 역사여행

여행 키포인트

연오랑 세오녀에 대한 책을 읽고 그들과 관련된 설화의 내용을 알고 가면 좋다.

어린이 여행 학습 정보 ▶▶ MUST SEE 호미곶

포항여행에서는 호미곶을 꼭 보아야 한다. 우리나라에서는 울산의 간절곶 다음으로 일출이 빠른 곳이다. 또한 거꾸로 가는 시계, 새천년기념관, 등대기념관, 연오랑과 세오녀 동상 등 볼거리가 많은 장소이다.

교과서

초등학교 5학년 2학기 사회 - 고구려, 백제, 신라의 건국과 발전

travel information

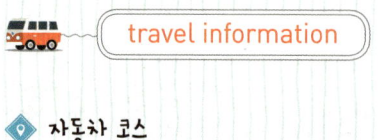

1일차

13:00 포항IC — 자동차 20분 — 13:30 포스코역사관 — 자동차 15분 — 15:00 일월사당 — 자동차 40분 — 16:00 호미곶 관광지 — 자동차 20분 — 20:30 숙박(하잇돌 펜션)

2일차

08:30 아침(펜션 조식) — 자동차 20분 — 10:00 호미곶 해맞이 광장 — 도보 10분 — 11:00 국립등대박물관 — 자동차 20분 — 12:30 점심(대게) — 도보 10분 — 14:00 구룡포근대역사관(근대문화역사거리) — 자동차 40분 — 15:40 오어사 — 자동차 30분 — 17:30 포항IC

Basic course

포스코역사관
주소 포항시 남구 동해안로 6261번길
전화 054-220-7720
시간 09:00~18:00(토요일은 10:00~17:00, 일요일 및 공휴일 휴관)
입장료 · 주차 무료

일월사당
주소 포항시 남구 도구길 10
시간 제한 없음
입장료 · 주차 무료

호미곶 해맞이 광장
주소 포항시 남구 호미곶면 해맞이로150번길
전화 054-270-5855
입장료 · 주차 무료

국립등대박물관
주소 포항시 남구 호미곶면 해맞이로150번길 20
전화 054-284-4857
시간 09:00~18:00(매주 월요일 휴관)
입장료 · 주차 무료

구룡포근대역사관
(근대문화역사거리)
주소 포항시 남구 구룡포읍 구룡포길 153-1
전화 054-276-9605
시간 10:00~16:30(매주 월요일 휴관)
입장료 · 주차 무료

오어사
주소 포항시 남구 오천읍 오어로 1
전화 054-292-2083
입장료 · 주차 무료

포항의 주요 역사 여행지

COURSE 01 호미곶 해맞이 광장

한반도를 호랑이의 형상으로 봤을 때 호랑이 꼬리처럼 불쑥 솟아 나온 부분이 있다. 바로 호랑이의 꼬리라 부르는 호미곶(장기곶)이다. 남한 내 한반도 최동단에 위치한 포항 호미곶은 울산의 간절곶 다음으로 해가 일찍 뜨는 곳으로 알려져 있다.

포항 시내에서 에메랄드빛 영일만 바다를 옆에 끼고 구불구불한 길을 따라가면 호미곶 광장에 다다르게 된다. 그곳에서는 새천년 한민족해맞이 축전 개최를 기념하기 위해 세운 다양한 조형물을 마주하게 된다. 전국에서 가장 크다는 엄청난 크기의 가마솥, 성화대, 호랑이 모양의 한반도 지도, 거꾸로 가는 시계, 연오랑과 세오녀 동상… 그리고 특히 유명한, 육지와 바다를 서로 마주보는 '상생의 손'도 있다. 청동 소재로 만든 이 손은 상생과 화합을 상징한다. 이외에도 호미곶 광장에는 새천년기념관, 등대기념관 등 각종 박물관과 공연장이 있어 문화 생활을 마음껏 누릴 수 있다.

호미곶 광장의 아침은 일출 사진을 찍으려는 사람들로 굉장히 붐빈다. 바다에 자리한 상생의 손에 해가 걸려 있는 모습을 찍으려면 아침 일찍 가야 할 것이다. 좋은 자리를 선점하기 위한 사람들 간의 다툼이 치열하기 때문. 참고로 동해바다를 바라보면서 걷는 탐방로, 해파랑길 포항구간이 이곳을 지나니 해파랑길을 따라 산책해보는 것도 추천한다.

> ⚠️ **여행 TIP**
> 호미곶 광장을 갈 때 929번 지방도로로 가면 영일만의 쪽빛 바다를 볼 수 있다.
> 4~5월경 방문하면 광장 진입로에 조성된 유채꽃을 볼 수 있다.

호미곶 해맞이 광장 풍경

연오랑 세오녀 동상

146 아이와 함께하는 역사여행

COURSE 02 오어사

여행 TIP

오어사 뒤에 주차장이 있기는 하지만 이곳에 차를 대고 관람하는 경우 오어지의 아름다운 풍광을 감상하지 못하는 아쉬움이 생긴다. 오어지로 가는 좁은 길에 차를 세우고 오어사까지 직접 걷는 것을 추천한다. 시간은 약 10~20분 정도 걸린다.

오어사는 신라 진평왕 때 창건한 절이다. 오어사의 이름과 관련한 재밌는 이야기가 있다. 어느 날 신라의 고승 원효와 혜공이 도를 닦다 법력으로 죽은 물고기를 다시 살리는 내기를 벌였다. 두 마리의 물고기를 개천에 풀자 그중 한 마리가 살아 돌아왔다. 이에 두 승려는 서로 자신이 살린 고기라 주장하여 이때부터 이곳을 나 '오(吾)'자와 물고기 '어(魚)'자를 써 '오어사'라 부른다고 한다.

오어사 옆에는 오어지라는 넓은 저수지가 있는데, 반달 모양으로 오어사를 감싸고 있다. 오어사 입구에는 큰 다리가 있다. 그 다리로 저수지를 건너면 오어사 둘레길이 나온다. 둘레길을 한 바퀴 걷고 나면, 마치 오어사가 연못 위에 둥실 떠 있는 듯한 느낌이 든다.

또 오어사는 원효대사와 관련이 많아 사찰 안에는 '원효가 다녀간, 그 길 위에 서다'라는 문구가 쓰인 안내판도 있고, 절 뒤쪽의 산길을 따라 1km 정도 올라가면 원효암도 볼 수 있다. 원효암으로 가는 길은 폭이 좁은 편이니 아이들과 함께 걸을 때는 주의를 요한다. 또한 절 뒤에는 대형 버스도 주차할 수 있는 넓은 주차장이 있어 차로 여행할 때도 부담이 줄어드니 좋다. 단, 근처에 하룻밤 정도 묵을 곳은 없으니 스케줄을 짤 때 이 점은 유의하도록 한다.

COURSE 03 구룡포근대문화역사거리

구룡포는 '아홉 마리의 용이 승천한 바다'라는 뜻이다. 한때는 사람들이 물 반, 고기 반이라고 부를 정도로 어족 자원이 풍부했던 곳이다. 구한말 일본 가가와 현의 가난한 어부들은 구룡포에 대한 소문을 듣고 이곳으로 이주하기 시작했고 일제강점기에 가서는 일본이 아예 동해권역의 어업을 관할하면서 일본인의 수는 더 늘어났다. 1920~1930년대에는 병원, 백화상점, 식당, 여관 등의 가게들이 밀집하면서 구룡포가 지역 상권의 중심이 되기도 했다. 해방 이후 일본인들이 썰물처럼 빠져나가고 각종 개발로 일본 가옥들이 철거되면서 슬럼화가 되는 듯하였으나, 남아 있는 일본식 가옥들이 근대문화역사거리로 되살아나 관광객을 끌어들이고 있다.

⚠️ **여행 TIP**
일본식 가옥의 찻집에서 차 한잔을 하고 가자. 우리의 한옥과는 또 다른 느낌을 받을 수 있다.

이곳은 1990년대의 인기 드라마 「여명의 눈동자」 촬영지, 구룡포에서 성공한 일본인 유지의 가옥을 박물관으로 개조한 구룡포근대역사관 등 볼거리가 많다. 근대문화역사거리를 걷다보면, 과거로 시간 여행을 온 기분이다. 일본 가정집 분위기의 찻집을 보면 마치 지금 일본에 온 듯한 착각을 하게 된다.

1. 드라마 「여명의 눈동자」 촬영지
2. 근대문화역사거리의 일본식 가옥
3. 구룡포근대문화역사거리 입구

이곳도 추천해요!

01 일월사당

포항시는 2008년부터 연오랑과 세오녀의 추모제를 지내 오고 있으며 그들이 실존 인물임을 입증하기 위해 연구 중이다. 그 설화를 확인할 수 있는 곳이 일월지와 일월사당이다. 일월사당은 포항 동해초등학교 옆에 있어 별도 요금 없이 관람할 수 있으나 일월지는 군부대 안에 있어 주말 또는 공휴일에만 관람이 가능하다.

02 국립등대박물관

국립등대박물관은 호미곶 광장에 있으며, 한국 등대 발달사와 각종 해양 수산 자료를 볼 수 있는 곳이다. 내부에는 등대원 생활관, 등대 유물관, 고대부터 현대까지의 각종 배 모형 등의 볼거리와 직접 선장이 되어 배를 운항할 수 있는 체험관도 있다. 외부에는 해양관과 테마공원 등이 있어 또 다른 즐길 거리를 갖추고 있다. 전시물에 대한 해설을 듣고 싶으면 별도 신청을 해야 한다.

03 포스코역사관

포스코 기업의 역사와 비전 등을 담은 기록관이다. 외국으로부터 차관을 얻으려다 실패한 에피소드, 대일청구권 자금으로 제철소를 건설한 과정, 일본으로부터 기술을 전수 받는 과정 등 제철소를 짓기 위해 겪었던 사건과 함께 미래의 제철산업 구상까지 한눈에 볼 수 있다. 평일 오전 9시부터 오후 6시까지 운영하며 관람하는 데 걸리는 시간은 1시간에서 1시간 30분 정도. 여러 명의 해설자가 늘 머물러 있어 어느 시간에 가더라도 쉽게 해설을 들을 수 있다.

★엄마,아빠 필독★
아이가 알아야 할 역사 포인트
아이가 질문할 경우 이렇게 대답하세요

Q 연오랑과 세오녀는 누구예요?

A 사실 연오랑과 세오녀에 관해서는, 워낙 오래된 이야기인데 다 자료가 별로 없어 정확한 것은 알기 힘들어 아쉽구나. 어쨌든 신라 초기 아달라왕 시절 진한 12소국이 있었고, 그중 근기국이라는 나라가 있었어. 역사학자들은 연오랑과 세오녀를 이 근기국의 사람으로 추정한단다. 아달라왕은 주변 나라들에 대한 정복 사업을 벌였는데, 이 과정에서 근기국의 지배 세력이었던 연오랑과 세오녀가 일본으로 건너간 것으로 보고 있지.

Q 연오랑과 세오녀는 무엇을 타고 일본으로 갔나요?

A 설화에 따르면 연오랑은 해조류를 채취하러 바다로 나갔다가 바위(혹은 물고기)의 등을 타고 일본으로 건너가 그곳의 왕이 되었다고 해. 세오녀는 사라진 남편 연오랑을 찾아 나섰다 바다에서 그가 벗어 놓은 신발을 발견하곤 바위에 올라타 일본으로 건너갔다고 해. 그런데 아마 실제로는 배를 타고 건너가지 않았을까 싶어.

Q 왜 구룡포라는 지명이 붙었나요? 구룡포는 무슨 뜻이에요?

A 구룡포는 말 그대로 아홉 마리의 용이 하늘로 승천한 포구라는 뜻이야. 신라 진흥왕 때 어떤 관리가 고을을 순찰하던 중 갑자기 하늘에서 천둥이 치고 폭풍우가 휘몰아쳐 그는 급히 민가로 대피하게 됐어. 민가로 들어가 밖을 바라봤더니 글쎄, 바다에서 용 열 마리가 승천하다가 그중 한 마리가 떨어져 죽고 바닷물이 붉게 물들면서 폭풍우가 그친 일이 있었대. 이에 아홉 마리의 용이 승천한 포구라 하여 구룡포라 부른단다.

하잇돌펜션

영일만이 한눈에 훤히 보이는 929 지방도로 인근에 전망 좋은 숙박 시설이 많다. 이 펜션도 그중 하나. 포스코도 잘 보이는 위치라 낮에는 에메랄드빛 바다를, 밤에는 포스코의 화려한 야경을 즐길 수 있다. 만약 방에서 일출을 보고자 한다면 호미곶 광장과 근대역사문화거리 사이에 있는 펜션이나 모텔에서 1박을 하면 볼 수 있을 것.

주소 : 포항시 남구 동해면 호미로 2628번길 73 / 전화 : 010-4812-6317 / 홈페이지 : http://cafe.naver.com/hiddol / 요금 : 70,000원~350,000원

베스트웨스턴 포항호텔

포항에서 조금 더 안락한 숙박을 원한다면, 베스트웨스턴 포항호텔을 추천한다. 인근에 영일대 해수욕장과 환호공원이 있어, 여름에는 해수욕을 그외 계절에는 산책을 하기에 알맞은 곳이다. 그외 각종 관광상품과 제휴가 되어 있어 연안크루즈, 요트 등을 할인 요금으로 이용할 수 있다. KTX 포항역과는 차로 15분 거리에 있다.

주소 : 경북 포항시 북구 삼호로 265, 1(두호동 367) / 전화 : 054-230-7000 / 홈페이지 : http://www.hotelpohang.co.kr / 요금 : 주중요금 10만원, 주말요금 12만원(스탠다드 4인 기준)

기타 추천 숙박

호미곶정보화마을직영펜션
주소 : 포항시 남구 호미곶면 해맞이로 163-6
전화 : 054-284-9994

삼경해물탕

포항시 남구 맛집 Best 10에 선정될 정도로 동네 사람들의 입맛을 사로잡은 집이다. 포항 시내에 위치하고 있어 대중교통편으로도 가기 편한 곳. 아구탕이 일품으로 예약을 하고 가는 것이 좋다. 아구탕은 1인분 12,000원.

★ 추천 메뉴 : 아구탕
주소 : 포항시 남구 동해안로 5876번길 3 / 전화 : 054-286-3637

부산박달대게

구룡포는 울진과 함께 전국에서 대게가 유명한 지역으로 손꼽힌다. 과메기 또한 구룡포의 상징. 대게요리를 하는 식당에 가면 맛보기로 과메기가 한 접시 나온다. 부산박달대게는 근대문화역사거리 입구 옆에 있다. 구룡포의 한가운데 있는 이곳에서 식사를 한 후 구룡포 근대문화거리를 둘러본다면 포식으로 부른 배를 소화시키기 안성맞춤이다. 대게탕(大) 70,000원, (中) 50,000원

★ 추천 메뉴 : 대게
주소 : 포항시 남구 구룡포읍 호미로 279-2
전화 : 054-276-3937, 010-3547-2268

기타 추천 맛집

동해장식당
주메뉴 : 돌장어구이
주소 : 포항시 남구 동해면 일월로 81번길 19
전화 : 054-284-6262

함흥복식당
주메뉴 : 복어요리
주소 : 포항시 남구 구룡포읍 구룡포리 963-47
전화 : 054-276-2348

호미곶 해맞이 광장에 있는 호미곶 호랑이상

3_ 하나로 된 통일왕국, 다시 삼국

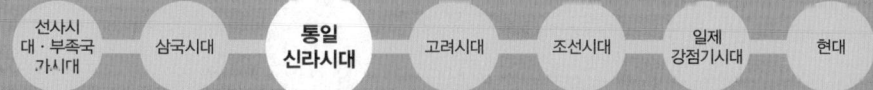

선사시대·부족국가시대 — 삼국시대 — **통일신라시대** — 고려시대 — 조선시대 — 일제강점기시대 — 현대

통일신라시대

완도,
해상왕 장보고의 꿈이
열린 곳

하늘이 내린 요새 장도에 서서 장보고의 발자취와 마주하다

완도(莞島), 빙그레 웃을 완(莞), 섬 도(島), 빙그레 웃는 섬 따뜻한 고향이 이곳에 있다. 우리는 장보고로 인해 또 한 번 자랑스러운 미소를 지을 수 있다. 완도는 동해와 서해를 잇는 해상 교류의 거점지로서, 통일신라의 위인이자 심지어 타국인 당나라와 일본의 역사에까지 해상 무역의 국제적 인물로 기록된 장보고를 탄생시켰다. 해상왕 장보고의 원대한 꿈이 완도의 작은 섬, 장도에서 시작되었다.

알고 가면 더 유익한 역사여행

여행 키포인트

완도는 다도해 해상국립공원과 16개의 섬을 품고 있는 귀중하고도 중요한 지역이다. 이곳의 작은 섬 장도에 장보고의 청해진 활동 본부의 자취가 그대로 남아 있다. 완도는 고흥 강진과 해남 진도 해역을 연결하는 길목에 위치해 있는 해상 요충지였다. 일본의 문물이 한반도 남해로부터 서해를 지나 대륙 중국으로 연결되는 천혜의 지역이었다. 최적의 지리적 여건에서 뛰어난 해상 리더가 국제 교역을 쥐고 흔들었다. 그 위대한 선각자의 뒤를 좇아가 보자.

어린이 여행 학습 정보 ▶▶ MUST SEE 청해포구

과거 방영된 드라마 「해신」의 촬영장 청해포구가 이곳 완도에 있다. 작은 만으로 둘러싸인 이곳에서 장보고의 모습을 떠올리며 장보고의 기상을 맘껏 느껴보자. 「해신」의 또 다른 촬영장이었던 신라방 세트장이 완도 장보고기념관 북쪽에 설치되어 운영되었으나 최근 폐쇄되어 볼 수 없는 것이 다소 아쉽다.

교과서

초등학교 5학년 2학기 사회 – 후삼국 통일

자동차 코스

Basic Course

청해포구 촬영장
주소 완도군 완도읍 청해진서로 1161-8
전화 061-555-4500
시간 07:30~19:30(동절기 08:00~18:00)
입장료 어른 5,000원, 청소년 3,000원, 어린이 2,000원
주차 무료
* 연중무휴로 언제든지 방문할 수 있는 곳이다.

어촌민속전시관
주소 완도군 완도읍 화흥포길 149
전화 061-550-6911
시간 09:00~18:00(동절기인 11~2월에는 17:00까지 단축 운영, 신정 및 매주 월요일, 설날과 추석 당일 휴관)
입장료 어른 1,000원, 청소년/군인/어린이 500원

완도수목원
주소 완도군 완도읍 청해진북로 88번길 156
전화 061-552-1544
시간 09:00~18:00(동절기 09:00~17:00)
입장료 어른 2,000원, 청소년 1,500원, 어린이 1,000원
주차 무료 주차장이 수목원 입구에 있다. 수목원 내부 유료 주차장은 소형 3,000원, 경차 1,500원

완도타워
(다도해 일출공원)
주소 완도군 완도읍 장보고대로 330
전화 061-550-6964
시간 (완도타워)09:00~22:00(동절기인 10~5월에는 21:00까지 단축 운영)
입장료 (완도타워, 전망대 내부로 들어가려면 입장료를 내야 한다)어른 2,000원, 청소년/군인 1,500원, 어린이 1,000원
주차 무료

신지도 명사십리해수욕장
주소 완도군 신지면 명사십리길
전화 061-550-6921

장보고공원
주소 완도군 완도읍 청해진로 1380-138
전화 061-550-5411
시간 연중무휴
입장료 무료

장보고기념관
주소 완도군 완도읍 청해진로 1455
전화 061-550-6930
시간 09:00~18:00(동절기인 11~2월에는 17:00까지 단축 운영, 신정 및 매주 월요일, 설날과 추석 당일 휴관)
입장료 어른 1,000원, 청소년/군인 700원, 어린이 500원
* 장보고기념관은 장보고공원 바로 옆에 있다.

청해진유적지
주소 완도군 완도읍 장좌리 809
전화 061-550-6930~6
입장료 무료
* 청해진유적지는 완도의 작은 섬, 장도에 위치해 있다.

완도의 주요 역사 여행지

COURSE 01 장보고기념관

장보고기념관은 해상왕 장보고의 국제적 활약상을 기록해 놓은 주변국 자료와 문헌을 종합하여 그의 업적을 이곳 완도 청해진에 재조명해 놓은 공간이다. 장보고의 해상무역 활동 전생애를 4개 분야로 구분하여 전시하고 있다. 장보고의 삶과 동북아 해상무역 활동, 해양개척 정신을 엿볼 수 있다.

장좌리 마을 앞에 있는 장도 청해진유적지는 장보고가 구축한 중국, 신라, 일본 삼국의 해상무역 벨트요 허브이자 군사요새이다. 장도에 오르면 장보고가 청해진을 이곳에 설치한 연유를 금방 알 수 있다. 장도 안에 우물이 있어 식수 확보가 용이하고, 조수간만의 때를 이용하여 뭍으로 왕래가 가능하며, 섬의 지형 자체가 성을 쌓기에 적합한 천혜의 요새이기 때문이다.

장도 중앙의 당집을 중심으로 방어를 위한 목책과 토성 등이 남아 있으며 고대와 중문, 남문 등이 복원되어 있다. 지금은 장좌리 마을 해변에서 장도를 연결하는 다리가 놓여져 장도 토성길을 따라 산책하며 당시의 분위기를 느낄 수 있도록 산뜻하게 조성되어 있다.

⚠️ **여행 TIP**

매년 열리는 해상왕 리더십아카데미 교육이 4월에서 11월 기간 중 운영된다. 문의는 061-550-6935로 전화하면 된다. 매월 마지막 주 수요일은 문화가 있는 날을 운영하며 무료로 개방된다.

장보고기념관

장도의 풍경

장보고 동상

COURSE 02 장보고공원

장보고공원은 청해진유적지 입구에 위치해 있다. 드넓은 공원에는 자연석과 식물 등이 보기 좋게 조성되어 있으며, 완도의 많은 섬에서 수집된 수석 200여 점 또한 볼 수 있다. 완도관광정보센터를 지나 도보로 10분쯤 완도 군청 방향 도로를 타고 올라가면 왼편으로 장보고 동상이 보인다. 높이 약 30m에 이르는 큰 동상이다. 중국과 일본을 오가는 해상 무역권을 장악하고 활약한 장보고의 개척 정신을 표현하고자 한 것. 손에 쥐고 있는 칼과 교역물품 도록은 군인이자 상인이었던 장보고 대사를 나타낸 것이다. 거대한 동상이 보는 이를 압도한다.

> ⚠ **여행 TIP**
> 장보고공원 주변 해안은 장좌마을 공동양식어장이 있어 수산물의 채취가 엄격히 금지되어 있다.

1. 장보고공원 2. 장보고공원 내 위치한 장보고 대사의 사당, 청해사
3. 청해진 장보고 흉상 4. 장보고 동상

COURSE 03 청해포구 촬영장

⚠️ 여행 TIP

드라마 「해신」 세트장은 두 곳이 있었다. 완도군에서 운영하였던 불목리 신라방 세트장은 현재 문을 닫아 아쉽다.

최인호 작가의 장보고 역사소설을 드라마화한 「해신」은 한국과 중국 현지에서 촬영된 50부작 드라마로 2004년 말 국내에서 방영되어 주목받은 사극이다. 이 드라마의 촬영 세트장을 체험 공원으로 조성한 것이 바로 청해포구촬영장이다. 청해포구촬영장에는 청해진 본부를 비롯해 각종 저잣거리와 해적 본거지, 해상 활동무대 등 60여 동이 조성되어 있다. 이곳에서 「태왕사신기」, 「명량」 등의 역사 드라마와 영화 40여 편을 촬영했다. 자신이 장보고가 되어 당시의 해상무역을 총지휘해보자. 저절로 힘이나지 않을까? 장보고의 활동상을 더듬어 보면서 당시 역사 현장의 생동감을 맛볼 수도 있다.

이곳도 추천해요!

01 완도타워

완도 동망산 정상 부근에 조성된 다도해 일출공원에 높이 76m 로 세운 타워다. 완도타워는 남해 다도해의 일출과 일몰은 물론 이고 완도항과 신지대교 등의 주·야경을 연중 감상할 수 있다. 청산도와 보길도, 노화도 등 인근의 섬들이 다도해상에서 한눈 에 들어온다. 날씨가 좋은 날엔 제주도까지 볼 수 있다고 한다. 여행시 여유가 있다면 타워 바로 옆 봉수대에서 동망산까지 걸 어보는 것도 좋다.
타워 1층에는 완도 소개 영상물을 상영하고 홍보자료를 전시하 고 있다. 전망 층에는 다도해를 촬영한 영상 모니터와 전망 쌍 안경이 있다. 야간에는 완도타워의 경관 조명이 켜져 멋진 볼거 리를 제공한다.

02 어촌민속전시관

국내 최초의 어촌민속전시관이다. 완도군의 군민들이 기증하거나, 군에서 직접 수집한 어업 관련 물품을 전시하 였다. 주로 어촌 생활, 수산 양식, 선박의 발달과 관련된 물품들이 전시되어 있다. 특히 희귀 어류 등이 박제되어 있고, 산호류와 인근 바다에서 서식하는 어류 또한 다양하게 만나볼 수 있다. 어촌 생활을 체험할 수 있는 공간도 마련되어 있다. 장보고 대사의 무역선 축소모형도 전시중이다.

03 완도수목원

완도수목원은 우리나라 최남단에 위치해 있어 이곳에서는 연중 녹음이 우거진 난대림을 볼 수 있다. 게다가 다도해의 아름다운 경관까지 어우러지는, 천혜의 자연조건을 간직한 곳이다. 동백나무, 붉가시나무 등 750여 종의 희귀 난대 식물이 분포하며 1년 내내 삼림욕이 가능하다. 수목원 산책로는 기본추천코스로 3가지가 있는데 1시간에서 2시간 내외의 코스로 다양하게 되어 있어 잘 살펴보고 힐링 산책시간으로 활용하면 좋겠다. 최근 일반인에게 확대된 목공예체험프로그램이 특히 인기있다.

04 신지도 명사십리해수욕장

다도해 해상국립공원의 중심에 위치한 해수욕장이다. 넓은 백사장은 경사가 완만하고 수심이 얕아 가족들에게 특히 인기가 많다. 이곳의 뜨겁고 부드러운 모래로 하는 찜질 또한 유명하다. 명사십리를 방문하거든 해수욕이 아니더라도 신발을 벗고 맨발로 거닐어 보자. 발바닥에 전해오는 감촉을 전신으로 느끼며 즐기기에 제격인 곳이다.

신지도 해안 주변은 바다낚시를 하는 사람들이 즐겨 찾는데, 주로 농어와 도미가 잘 잡힌다. 모래사장, 해수욕과 겸해 인기 있는 휴양 레저 장소이다. 인근 고금도, 보길도 등의 섬도 많이 있으니 여유 있는 일정으로 찾으면 완도의 다도 해상왕국을 만끽할 수 있어 좋다.

★ 엄마,아빠 필독 ★
아이가 알아야 할 역사 포인트
아이가 질문할 경우 이렇게 대답하세요

Q 청해진이 무엇인가요?

A 청해진은 1000여 년 전 동아시아의 해상권을 장악하고 해상 교역을 전개했던 장보고 대사의 본거지란다. 완도 장좌리 앞 바다에 있는 장도는 1991년부터 발굴 조사를 하기 시작했는데, 섬 둘레에 처진 울타리와 통일신라시대의 문양이 새겨진 기와, 중국 자기 등이 발견되었다고 해. 지금은 장좌리에서 장도까지 밀물 때나 썰물 때 상관없이 오갈 수 있게 다리를 갖추어 놓았어. 장도를 보면 청해진 본부 구조가 그대로 드러나. 우물이 있어 집단생활이 가능했고, 비록 육지는 아니지만 썰물 때면 오가기가 용이했지. 또 섬의 지형 자체가 성을 쌓기 좋은 지형이란다. 장보고는 이곳에 청해진을 설치하여 주변의 해적들을 물리치고 동아시아 해상교통과 물류를 장악하여 해상왕이 된 거야.

Q 해상왕 장보고가 누구인가요?

A 장보고는 완도 출신으로 당나라로 건너가 30살에 무령군 군중소장이 되었으며, 산동성적산법화원(사찰)을 세우고 중국 각지의 신라방을 유기적 경제 공동체로 조성하여 해상 무역을 확대했단다. 828년(흥덕왕 3년) 완도에 청해진을 설치하여 해상권을 장악하고 새로운 교역로를 개척하여 일본, 중국과 멀리 아랍 상인과도 교역하는 등 한민족 최초로 해양 상업제국을 건설한 국제적인 무역왕이 되었지. 동아시아의 중심에 위치한 청해진의 지리적인 이점을 활용하여 국제 무역 활동을 활발하게 전개함은 물론, 정치·문화적으로도 큰 발자취를 남긴, 해양 개척사의 영웅이란다.

Q 중국 등 해외에 건설한 신라방은 무엇인가요?

A 신라방이란 중국 당나라(618~907년) 때 산동반도, 항주만 등 해안가에 생겨났던 신라인들의 주거촌을 말해. 신라방은 당나라가 이민족 정책을 폭넓게 수용한데다가 인접국가인 신라와 문물교류가 활성화되어 양국간 우호적 관계가 유지되면서 자연스럽게 생겨난거지. 바다 근처에 위치한 신라방에 거주하는 신라인들은 해상무역과 상업에 종사하면서 생계를 꾸려나갔단다. 당나라의 관리가 된 신라인도 다수 확인되었어.

전라남도 ▶ 완도 **163**

🏠 완도수목원 펜션

완도의 숙박 시설은 대부분 주로 완도군 읍내에 위치해 있다. 완도수목원 휴양림 숙소는 현재 운영되고 있지 않으며, 주로 해안가 부근의 펜션이 최근 많이 생겨났다.

주소 : 완도군 군외면 대문리 5-8 / **전화** : 010-6629-9003, 061-6629-9003 / **홈페이지** : wandopension.com / **요금** : 패밀리(4인) 89,000~159,000원

🏠 기타 추천 숙박

솔비치펜션
주소 : 완도군 신지면 신리 1150-1
전화 : 010-8715-6843

하늘정원펜션
주소 : 완도군 완도읍 군내리 565-5
전화 : 061-555-0400

🍴 빙그레식당

입소문을 타고 커졌나보다. 2호점까지 문을 열어 영업중이다. 우선 푸짐하다. 미역국을 식탁위에 놓고 다시 끓여 먹는다. 시원하다. 반찬도 깔끔하다. 주메뉴인 생선구이는 우럭, 도미류인가 보다. 식당 직원이 먹기 좋게 발라준다. 적당히 간이되어 있고 먹음직 스럽다. 생선구이 1인분 13,000원, 생선갈비정식 1인분 20,000원(생선구이+양념등갈비)

★ **추천 메뉴** : 생선구이
주소 : 완도군 완도읍 개포로 62번길 17-9, 완도군 완도읍 개포로 114번길 38 / **전화** : 061-554-1144, 061-554-1145

🍴 일억조식당

해조류박람회 건물이 있는 해변공원 맞은편에 위치해 있다. 간판을 보는 순간 전복의 진미를 맛본다는 기대감과 함께 일억조가 주는 부자 이미지로 유별나게 흐뭇하다. 눈딱감고 전복 코스 요리를 시켜 맛을 보자. 1인분 5만원이 다소 부담스럽게 와닿지만 이내 전복의 맛과 다양한 요리를 접하면서 만족감에 취해 버린다. 가족동반시 전복버터구이와 전복죽등 다양한 요리를 기호에 맞게 주문해도 좋다.

★ **추천 메뉴** : 전복 코스 요리
주소 : 전남 완도군 완도읍 해변공원로 45 / **전화** : 061-552-1457

🍴 기타 추천 맛집

황금식당
주메뉴 : 전복비빔밥
주소 : 완도군 완도읍 장보고대로 195
전화 : 061-554-6886

완도전복마을
주메뉴 : 전복요리
주소 : 완도군 완도읍 해변공원로 113
전화 : 061-554-4567

명품해물탕
주메뉴 : 해물탕
주소 : 완도군 완도읍 가용리 1032-10
전화 : 061-554-4900

장도

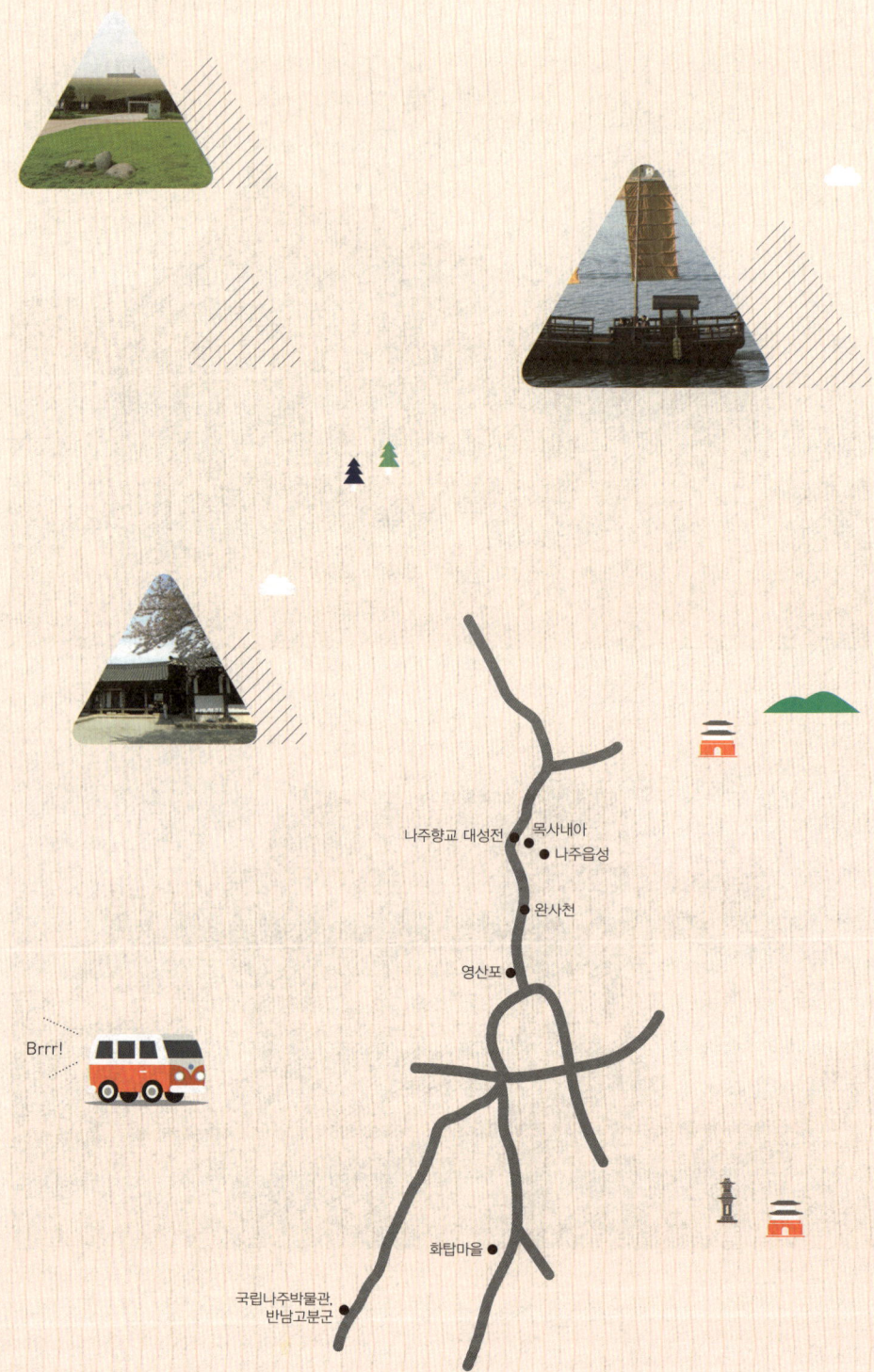

통일신라시대

나주, 천년고도 목사고을의 옛 자취를 더듬다

나주읍성에서 영산포나루까지 천 년 전의 이야기

나주는 천년고도(千年古都)라 불린다. 과거 나주목(羅州牧)이 있었다. 목(牧)은 고려, 조선시대 지방 행정 단위를 뜻한다. 고려 성종 2년(983년)에 설치된 나주목은 조선 말 나주관찰부가 생길 때까지 무려 천 년 가까이 유지되었다. 전통은 계속해서 흐른다. 멋과 맛이 진하게 배어 있는 풍요의 땅 나주, 그 화려했던 시절로 되돌아가보자.

알고 가면 더 유익한 역사여행

여행 키포인트

오래된 도시 나주에서는 과거 여행을 떠나보자. 타임머신을 타고 시간을 거슬러 과거로 간다면 무얼 보고 느끼고 있을까? 나주목의 저잣거리를 활보해 보자. 그 실마리를 찾아나가는 여행이 되면 좋으리라. 전라도의 천년수도라고 불리고 있는 나주목의 고풍스러움을 밀어내고 지금은 금성관 앞 골목골목 나주곰탕 거리가 즐비하다. 또 영산포에서 황포돛배를 타고 과거로 가보자. 과거의 이야기들이 현재의 시간과 만난다.

어린이 여행 학습 정보 ▶▶ MUST SEE 완사천

나주를 자동차로 이동할 경우 그냥 지나칠 수 있는 곳이 완사천이다. 큰 길의 사거리 바로 옆에 위치해 있기 때문이다. 일정에 여유를 두고 찾아가 보자. 3천여 평의 공간에 말을 탄 장군과 그에게 물을 건네는 예쁜 처녀의 모습을 동상으로 재현해 놓았다.

교과서

초등학교 5학년 2학기 사회 - 후삼국 통일

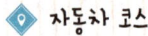

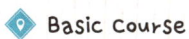
Basic Course

금성관
주소 나주시 금성관길 8
전화 061-339-8613
입장료 · 주차 무료

나주읍성(서성문)
주소 나주시 서내동 118
전화 061-331-6941
입장료 무료

나주향교 대성전
주소 나주시 향교길 38
전화 061-334-2369
입장료 무료

완사천
주소 나주시 송월동 1096-7
전화 061-330-8107

**영산포
(황포돛배 선착장)**
주소 나주시 등대길 80
전화 (황포돛배 나루터)061-332-1755

* 황포돛배 탑승을 원할 경우 미리 예약을 해야 한다. 영산
포 선착장에서 화진까지 거리는 왕복 10km, 시간은 약
50분 정도 소요된다.
10~17시 사이 하루 7번 운행한다(12시 제외). 단, 월요일
은 정기 휴무일. 승선 요금은 어른 8,000원, 청소년 6,000
원, 어린이 4,000원이며 만 6세 이하는 무료이다.
(동절기는 16시까지만 운항)

화탑마을
주소 나주시 세지면 송제리 화탑길 61
전화 061-337-2800

국립나주박물관
주소 나주시 반남면 고분로 747
전화 061-330-7800
시간 화~금요일 09:00~18:00,
토, 일, 공휴일 09:00~19:00,
문화가 있는 날(매월 마지막 주 수요일) 09:00~19:00
(신정 및 매주 월요일 휴관)
입장료 무료(기획 전시는 경우에 따라 유료)

덕산리 고분군
주소 나주시 반남면 덕산리 473-1
전화 061-336-1151

* 덕산리 고분군은 국립나주박물관 건너편에 위치해 있다.

나주의 주요 역사 여행지

COURSE 01 나주읍성(서성문)

천년 도읍지의 지킴이, 나주읍성이다. 나주읍성은 고려시대에 축조한 후 조선 세조 3년인 1457년에 읍성을 확장했고, 임진왜란 후에는 대대적인 보수공사를 했다.

나주읍성은 국내 읍성 중에서도 가장 큰 규모를 자랑한다. 서울 도성과 같은 4대문과 객사, 동헌, 내아 등을 두루 갖춘 전라도의 대표적인 석성(石城)이다. 읍성 네문의 바깥 길이가 3.7km에 성 내부가 97만여m²나 되는 규모다. 조선의 수도 한양이 동서남북으로 성벽을 설치했듯이 나주읍성 또한 네문 중 동점문, 서성문, 남고문의 세문이 복원되어 있다. 이중 서성문은 2012년에 복원한 읍성으로, 전통적 성문인 문루와 성문을 보호하는 옹성을 복원한 상태이다. 구한말 나주성을 공격했던 동학농민군도 함락하지 못했다는 그 서성문이다.

2016년 현재 나주읍성 4대문을 완전 복원하는 사업이 한창이다. 지금은 마지막 북망문이 남아있는데 2016년 10월 완공되면 4대문 복원이 완료된다. 서성문 주변에 목사내아, 금성관이 있으니 같이 둘러봐도 좋다.

 **여행 TIP**

남도의 고도 나주목은 신라시대 금성군에서 나주라는 이름으로 나주목이 되어 1986년 전남도청이 광주로 이동할 때까지 이지역의 중심지였다. 천년고도라 불리우게 된 유래이다. 서성문에서 남고문을 거쳐 동점문 읍성 코스를 거닐며 나주 역사의 숨결을 느껴보자.

나주읍성 서성문

황포돛배

COURSE 02 영산포

영산포는 영산강 남안에 있었던 하항으로, 물자를 실어 날랐던 항구로서 옛 영화를 간직한 곳이다. 고대에서부터 조선시대를 거쳐 1977년 영산강 하구둑이 생기기 전에는 이곳에 배가 문전성시를 이루었다. 이곳에는 우리나라에서 하나밖에 없는 내륙 등대가 세워져 있다. 해마다 강물이 넘치는 것을 막고 영산강 수위를 미리 측정하거나 뱃길을 밝혀주기 위해 1915년 등대를 세웠다.

등대 바로 옆의 선착장에서 영산포 관광과 홍보를 목적으로 운영중인 황포돛배를 탈 수 있다. 황포돛배는 황토로 물들인 돛을 단 배다. 과거에는 영산강을 오가며 홍어, 곡물 등의 특산품과 농수산물, 생필품 등을 운반하였지만 지금은 육상 운송의 발달과 함께 모습을 감추었다. 뱃길이 끊긴 지 거의 사십여년이 지난 지금은 관광객들을 싣고 옛 정취를 자아내며 유유히 떠다니고 있다. 황포돛배는 오전 10시부터 매시간 정각에 출발한다.

 **여행 TIP**
영산포를 둘러보고 난 후 홍어 거리 왼편 언덕 방향으로 옛골목길을 거닐어 보는 것도 추천한다.

영산포에 세워진 등대

COURSE 03 국립나주박물관과 반남고분군

박물관 내부

마한의 숨결이 살아 숨 쉬는 곳, 국립나주박물관과 반남고분군이다. 국립나주박물관은 나주 시내에서 영암 방면으로 차로 20여분 정도의 거리에 있는 반남고분군 터에 자리하고 있다. 사적 제513호인 신촌리고분군, 대안리고분군, 덕산리고분군이 이를 둘러싸고 있다.

국립나주박물관의 내부를 둘러보자. 마한의 형성, 고분문화 등을 볼 수 있는데, 특히 지하1층에 있는 보이는 수장고(박물관의 유물이 보관되는 장소)는 꼭 살펴보자. 관람객들은 개방된 창을 통해 수장고의 내부를 볼수 있다. 이곳은 박물관의 유물이 보관되는 장소인 수장고를 대중에게 개방했다는 점에서 주목할 만 하다. 박물관을 관람한 뒤에는 옥상도 들러보자. 그곳에 옥상 정원을 꾸며 놨는데, 이곳에서 주변 고분군을 한눈에 둘러볼 수 있다.

박물관 길 건너편으로 반남고분군(덕산리 고분군)이 조성되어 있다. 이 고분들을 통해 영산강 유역에서 큰독을 관으로 사용한 옹관 고분 문화권의 중심지가 나주였다는 것을 알 수 있다.

⚠️ **여행 TIP**

시내에 위치한 고급 갤러리 느낌이 확 다가온다. 도심에서 벗어나 전원에 자리잡은 역사문화 복합 기능을 자랑한다. 여유있는 체험, 휴식형 관람을 위해 하루전 박물관 홈페이지 사전예약제를 이용하길 권한다.

국립나주박물관 외부

반남고분군

이곳도 추천해요!

01 목사내아

나주읍성에서 고택의 운치를 직접 느끼고 싶다면 목사내아에 가보자. 나주 지방관인 목사(고려시대 행정단위의 하나인 목에 파견되었던 지방관)들의 사저로 사용했던 목사내아에 들어서니 왠지 편안한 느낌이 든다. 이곳은 일제강점기에 많이 훼손되었으나 해체와 복원을 거쳐 말끔히 단장하고 지난 2009년부터 손님을 맞고 있다.
목사내아의 숙소 관리에 섬세한 손길이 가서 그런지 쾌적한 휴식공간을 조성하고 있다고 정평이 나 있다. 이런 후한 점수가 알음알음 알려졌는지 많은 사람들이 목사내아를 즐겨 찾는다. 지방관으로 고을을 잘 다스린 유석중 목사와 김성일 목사의 이름을 명명한 숙소는 특히 인기가 많아 한달 전에 예약을 해야 투숙이 가능하다.

02 금성관

금성관은 나주목의 객사이다. 객사는 고려·조선시대 각 고을에 설치했던 것으로 관사 또는 객관이라고도 한다. 외국 사신이 방문하면 객사에 머물면서 관에서 마련하는 연회에 참석하기도 했다. 조선시대에는 객사에 위폐를 모시고 초하루와 보름이 되면 궁궐에 예식을 올리는 장소로도 사용했다. 임진왜란 때 의병장 김천일이 의병 출병을 했을 때도, 명성황후 시해 후 관을 모셔 항일정신을 드높였을 때도 이곳 금성관에서 의식행사를 했다. 당시의 시대상과 역사가 고스란히 배어 있는 장소이다.
현재의 금성관은 조선 성종때 나주 복사 이유인에 의해 지어진 것인데, 일제강점기에 청사로 사용하던 것을 1976년 복원해 현재에 이르고 있다. 금성관 내부는 수년째 복원작업이 진행 중인데 현재는 사마교비, 금성토평비 등 비문을 모아 놓은 금성관 동쪽부분이 진행중이다. 이곳에 있었던 대형연못과 정자터 복원작업을 진행중이라 다소 어수선하다. 금성관 바로 앞에 나주곰탕 골목이 늘어서 있는 것도 특색 있다.

03 나주향교 대성전

향교는 천자문을 배우고 예의범절을 익히는 곳뿐만 아니라 여기에 성현을 모시는 제사기능이 있는데 대성전이 바로 그런 곳이다. 나주향교 대성전은 나주시 교동에 있는 조선 중기의 향교 건축물이다. 이곳은 서울 문묘, 장수, 강릉 향교의 대성전과 함께 가장 규모가 큰 향교 건물이다. 공자를 비롯한 중국의 5대 성현(聖賢)과 우리나라 선현(先賢) 18분의 위패를 모신 곳이다. 내부에는 계성사라는 사당이 있는데 이곳에 공자의 위패를 모시고 있다.

대부분의 향교는 배움 공간을 앞에 두고 제사 공간은 뒤로 했는데, 유독 나주향교는 제사지내는 계성사를 배움 공간 보다 앞에 두는 형태로 조성한 특징이 있다. 매월 첫째 주말 오후에 지역주민과 관광객들을 대상으로 '향교랑 놀자' 체험학습을 10월까지 진행한다.

04 완사천

후고구려 왕 궁예의 명령으로 나주 지역에 출정한 왕건이 이곳의 버들낭자와 만난 러브스토리의 현장, 완사천이다. 10세기 초 왕건과 후백제 견훤과의 금성산 전투가 벌어진다. 당시 왕건은 전투를 마치고 목이 말라 우연히 나주 완사천에 들렀다가 버들낭자에게서 버들잎을 띄운 물을 얻어 마신 것이 인연이 되어 두 사람은 로맨스를 갖게 된다. 이 이야기에 나오는 버들낭자가 바로 고려 2대왕, 혜종의 어머니 장화왕후이다.

아름다운 내력의 이야기를 토대로 고증하여 나주시 송월동 나주시청 정문 앞 인근에 작은 공원으로 조성하였다.

완사천 샘터

버들낭자와 왕건

05 화탑마을

화탑마을은 나주의 대표 농촌체험마을 중의 하나다. 이곳은 나주시 남부 지역인 영암군 신북면, 나주시 왕곡면과 경계하여 있다. 1969년부터 새마을운동의 일환인 취락개선사업이 실시되고, 나주의 화산과 탑동 사이에 여러 주택을 세웠는데 화산과 탑동의 지명을 따와 화탑마을이라 불리게 되었다.

농가소득 증대 사업이 진행되면서 마을이 본격적으로 발전하게 되었다. 2008년에 화탑영농조합법인을 설립해 운영하면서 성공한 농촌마을로 자리매김하였다. 화탑마을은 2010년 녹색농촌체험마을로 선정되기도 했다. 화탑마을의 한우직판장에서 현지 생산 한우 고기를 직접 골라 맛보거나, 다양한 농촌체험 프로그램에 참여할 수 있다.

🔺 **화탑마을 외 나주 농촌체험마을**
이슬촌(노안면 이슬촌길 105, 062-335-0123)
홍련마을(산포면 화지길 28-7, 070-8802-4639)
영산나루마을(공산면 덕음로 534, 061-335-3882)

엄마, 아빠 필독
아이가 알아야 할 역사 포인트
아이가 질문할 경우 이렇게 대답하세요

Q 왕건이 누구인가요?

A 고려의 태조(한 왕조를 세운 첫 번째 임금)란다. 출생지는 송악(개성)이야. 그때 우리나라는 신라와 후고구려, 후백제로 갈라져 영토분쟁중이었는데, 궁예가 철원에 도읍을 정하고, 왕건은 궁예의 부하가 되었지. 왕건은 전쟁 때마다 큰 공을 세워 신임을 받고 중책을 맡게 된다. 그러나 궁예 왕은 갈수록 난폭한 행동을 보여, 홍유 등의 장군들이 918년에 궁예를 내쫓고 왕건을 새로운 왕으로 추대하였지.
태조 왕건은 고구려 계승의 의미를 담아 나라를 '고려'라 칭하고 개성에 도읍을 세운 후 서북방 국경선 지역을 차지하고자 여진족과 전쟁을 지속해 고구려의 옛 영토를 되찾고자 전력을 다했어. 고려 태조 왕건은 뛰어난 지도력을 발휘한 성군으로 평가되고 있어.

Q 금성관과 목사내아는 무엇을 하는 건물인가요?

A 금성관은 외국 사신이나 중앙에서 내려오는 관리들의 숙소로 사용하던 객사였단다. 목사가 일을 보는 동헌보다 격이 높고, 관리는 이곳에 머물며 교지(임금의 명)를 전하기도 했지. 지금의 금성관은 조선 성종 6~10년에 나주목사 이유인이 지은 거야. 일제강점기에 청사로 사용되던 금성관을 1976년 복원하여 지금까지 이어오고 있지. 이곳은 인근 지역에서도 보기 드문 객사 중 하나로, 그 규모가 웅장하고 나주목의 전통과 기상을 대변하는 명소이자 건물로 사랑받고 있어.
목사내아는 조선시대 나주목사의 동헌에 딸린 내아야. 나주목사가 살던 관저, 즉 살림집이야. 일제강점기 이후 군수용 관사로 사용되면서 많이 훼손되었으나 객사, 내아 등이 남아 있어 옛 관아 건물을 연구하는 중요 자료로 활용되고 있어.

Q 영산포 등대는 왜 강가에 있나요?

A 영산포 등대는 국내 유일의 내륙 등대란다. 일제시대 영산강의 수위 측정과 등대의 기능을 겸하기 위해 강가에 만든 것이지. 영산포 부두는 1960년대까지 각종 선박이 왕래하면서 많은 농수산물들이 유통된 곳이기도 해. 특히 흑산 홍어와 추자 멸치젓배가 왕래해 지금도 부둣가에는 어물을 취급하던 가게들이 남아 있어 그 옛날의 정취를 느낄 수 있지.

목사내아

나주의 숙박 시설이라 하면, 대표적으로 목사내아를 떠올릴 수 있다. 과거 나주목사들이 거쳐 갔던 관사로 옛 정취와 기운을 느낄 수 있는 최적의 장소다. 투숙객을 위한 서비스도 만족할 정도로 정갈하다. 계절을 느낄 수 있는 뜰과 수목도 눈요깃감이다. 좋은 추억거리를 만들 수 있다.

주소 : 나주시 금성관길 13-8 / 전화 : 061-332-6565 / 홈페이지 : moksanaea.naju.go.kr / 요금 : 50,000원~150,000원

기타 추천 숙박

이슬촌(농촌체험마을)
주소 : 나주시 노안면 이슬촌길 105
전화 : 062-335-0123

화탑마을(농촌체험마을)
주소 : 나주시 세지면 송제리 화탑길 61
전화 : 061-337-2800

이외에도 홍련마을, 영산나루마을, 동산마을, 선동마을이 있으며 이곳의 숙박 요금은 거의 30,000~50,000원 정도로 저렴한 편.

하얀집

4대째 1세기를 이어오는 전통의 나주곰탕집 하얀집. 나주 금성관 곰탕골목 초입에 위치해 있다. 12시부터 1시까지 점심시간 때는 줄을 서서 기다리는 것이 다반사이므로 피하는 것이 좋다. 먼저 국물부터 맛을 보자. 일반 곰탕과는 다른 깊고 진한 맛이 있다. 많다고 다 좋은 것은 아니리라. 바로 나주곰탕의 메뉴가 참 단출하다. 곰탕과 수육곰탕, 수육이 전부다. 나주산 암소한우 고기를 끓이고 끓여 우려낸 진국에 김치와 깍두기를 곁들여 먹으면 더 이상 부러울 것이 없다. 말그대로 전통의 전국구 맛집이다.

★ 추천 메뉴 : 나주 곰탕
주소 : 나주시 금성관길 6-1 / 전화 : 061-333-4292

화탑마을 한우직판장

시골스럽고 정겹게 집에서 고기 구워 먹는 기분으로 먹고 싶다. 그러면 화탑마을 직판장을 찾아가 봐라. 나주시 새지면에 있는 화탑마을 한우직판장에서는 인근에서 생산되는 1등급 이상의 암소고기만을 엄선하여 부위별로 다양하게 판매하고, 직접 원하는 부위의 고기를 골라 바로 옆에 있는 식당에서 구워 먹는다. 최근 소고기값이 많이 올랐지만 고기만큼은 질로 승부하고 있어 믿어 달란다. 한우고기와 같이 곁들여지는 파절이와 기름소금, 상추 등이 투박하지만 푸짐하여 정겹다. 농촌체험 프로그램도 운영되고 있다.

★ 추천 메뉴 : 한우 고기
주소 : 나주시 새지면 화탑길 61 / 전화 : 061-337-2800(체험관), 061-337-2800(직판장)

기타 추천 맛집

사랑채
주메뉴 : 한정식
주소 : 나주시 금남길 61
전화 : 061-333-0116

송현불고기
주메뉴 : 불고기
주소 : 나주시 건재로 193
전화 : 061-332-6497

함양, 어진 이의 지혜를 기억하는 지리산 고을

이토록 아름다운 천년 숲

지혜로운 숲에 닿고자 지리산 마을에 들렀다. 가던 길 계곡 아래로 옛 이들이 마음을 쉬곤 했다는 정자가 많기도 하다. 산을 타고 내려온 물이 여전히 차가운 화림동 계곡에는 달을 희롱했다는 바위도 있고, 어떤 것은 태양을 덮었다고도 한다. 물을 다스리기 위해 물 옆에 만들었다는 천년 숲, 상림. 저 먼 신라부터 대를 이어온 울창한 이 숲의 주인은 소나무, 측백나무, 노간주나무, 밤나무, 신갈나무, 갈참나무, 떡갈나무, 회화나무, 고로쇠나무, 벚나무, 감나무, 물푸레나무, 오동나무, 동백나무, 산딸나무……. 이걸 어쩌나, 다 적을 수도 없는, 어쩌면 다 알아볼 수도 없이 많은 나무들이다. 그것들은 줄지어 꽃 피우고 잎을 내다 가을로 물들어 겨울나기를 천 번쯤 했을 것이다. 시간을 압도하는 숲길엔 가을마다 도토리와 딱따구리가 한꺼번에 '딱, 떽, 딱'하고 소리를 내고 있다.

알고 가면 더 유익한 역사여행

여행 키포인트

함양은 지리산 자락에 있는 작은 도시지만, 그 산 때문에 더욱 아름답고 이야기가 많은 곳이다. 특히 홍수를 막기 위해 조성한 우리나라 최초의 인공림인 상림과 화림동 계곡은 역사와 풍광이 함께 깃든 곳이다. 계곡이 많고 깨끗해서 아이들과 가볍게 걷다가 숲 그늘에 쉬고 맑은 물가에 머무르며 역사 이야기를 나누기 좋다.

어린이 여행 학습 정보 ▶▶ MUST SEE 상림

함양은 신라의 대표적 문인이었던 고운 최치원과 조선 후기 실학자인 연암 박지원의 지혜가 남은 고장이다. 우리나라 최초의 인공림인 상림과 물레방아가 그것이다. 홍수를 막아내는 숲의 원리와 지방 백성을 돌보는 위치에 있던 관리들의 덕목과 제도는 무엇이었는지 알아보자.

교과서

초등학교 5학년 2학기 사회 - 후삼국 통일

travel information

자동차 코스

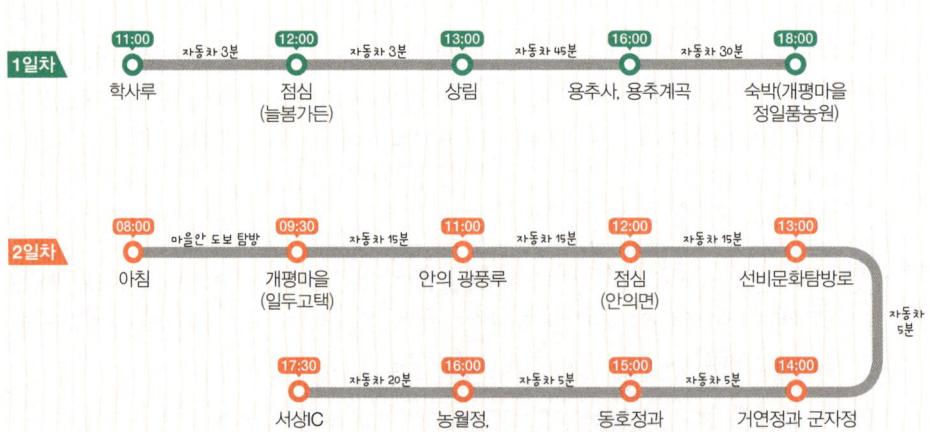

◆ Basic Course

학사루
주소 함양군 함양읍 학사루길
(함양군청 앞 - 함양읍 고운로 35)
전화 055-960-4276
시간 09:00~18:00

상림공원(상림숲)
주소 함양군 함양읍 교산리 1047-1
전화 055-960-5756

용추사(장수사지) 일주문
용추계곡
주소 함양군 안의면 용추계곡로 623
전화 055-962-4638
시간 09:00~18:00

개평마을
주소 함양군 지곡면 개평길 50-23
전화 055-960-4276
시간 숙박자는 이른 아침부터 가능
통상 09:00~19:00

일두고택
주소 함양군 지곡면 개평길 50-13
전화 055-964-5800
시간 개평마을과 동일

화림동 계곡
함양선비문화탐방로
주소 경남 함양군 서하면 봉전길에서 안의면 일대
전화 055-960-5163

안의 광풍루
주소 함양군 안의면 강변로 303
전화 055-960-5163

* 함양관광안내소에서 오전 10시에서 오후 5시까지 관광 안내 및 홍보물 제공을 하고 있다.
현재(2016년 2월 기준) 함양 소재 관광지 및 유적 등에서 입장료를 받는 곳은 없다.

함양의 주요 역사 여행지

COURSE 01 학사루

옛 누각, 학사루

여행 TIP

현재 학사루는 관공서가 있는 읍 사거리에 여타의 맥락도 없이, 덩그러니 놓여 있다. 적당한 곳에 차를 세우고 잠깐 보거나 상림을 관람한 후 걸어와서 둘러봐야 한다. 학사루 건너 군청에는 아름드리느티나무 몇 그루가 보인다. 이 나무들은 대부분 보호수로 지정된 것들이고 그 내력이 깊다. 군청 옆 함양초등학교의 개방된 정원도 학교의 오랜 역사만큼이나 아름답다.

학사루(學士樓)는 최치원이 함양태수를 지낼 때 이곳에 올라 시를 지었다고 전해진다. 현재의 학사루는 임진왜란 때 불탄 것을 숙종 18년(1692)에 중건했으며 옛 동헌 자리였던 함양초등학교 뒤뜰에 있던 것을 1979년 군청 앞으로 이전시키는 과정에서 기록이 발견되었다. 꽤 큰 규모의 누각으로 일대에선 당시 존재감이 컸을 것으로 짐작된다.

학사루는 조선시대 사화 중 '무오사화'와 관련이 깊은 곳이다. 영남 사림파의 대학자로 명성이 높았던 김종직이 함양 군수로 있을 때였다. 남원 사람인 유자광이 함양에 놀러왔다가 학사루에 현판을 써 걸었는데, 이에 김종직은 "어찌 서자 따위가 여기에 시를 걸 수 있는가."라고 호통을 치며 현판을 떼어 불태웠다. 당시 유자광은 분을 삭일 수밖에 없는 처지였으나 후일 출세 가도를 달리며 기세가 등등해졌다. 유자광은 춘추관의 사관이었던 김종직의 제자 김일손이 세조의 왕위 찬탈을 기록한 일 등으로 연산군 때에 그 일파의 많은 사람을 죽였고, 이미 죽은 김종직을 부관참시(죽은 뒤 죄가 드러난 사람을 극형에 처하던 일)하기까지 이른다. 결국 학사루 현판 사건은 1498년 발생한 무오사화를 일으킨 유자광에게 보복심을 심어준 계기가 되었던 것이다.

수해방지용 숲, 상림

COURSE 02 상림

산책하기 좋은 상림

함양의 상림은 사람이 만든 숲이다. 신라 진성여왕(887~896년) 때 함양 태수를 지낸 고운 최치원 선생이 홍수로 인한 범람으로 제방이 무너지는 것을 막기 위해 만들었다. 천년이 넘는 역사를 가진 우리나라에서 가장 오래된 인공 숲이다. 당시 함양을 가로질러 흐르던 위천은 백운산 계곡과 지리산 구룡천이 만나 이뤄진 강줄기로 여름이면 많은 비에 일대 계곡이 범람하면서 물난리를 겪었다고 한다. 최치원은 이를 예방하기 위해 위천의 물줄기를 함양 외곽으로 돌려놓고 둑을 쌓은 다음, 그 강둑이 물에 무너지지 않게 숲을 만든 것이다. 인공림을 만든 후에는 함양에 홍수로 인한 큰 물난리가 없었다고 한다.

1. 인물공원의 풍경
2. 사운정
3. 최치원 흉상

⚠️ **여행 TIP**

9월 말에서 10월 초 물레방아골 축제가 상림에서 열린다. 나무의 종류가 워낙 다양해서 계절마다 각기 다른 아름다움을 보이지만 축제가 맞물린 이 기간엔 아직 푸른 나무들 아래로 피어난 빨간 꽃 군락이 아름다운 광경을 선보인다.

이곳은 원래 훨씬 더 큰 규모의 숲이었다. 그러나 나무 식생의 변화와 숲 중간에 마을이 생기면서 상림과 하림으로 나뉘게 되었고, 지금은 상림만이 남아 있다. 120여 종 2만여 그루의 나무와 초본이 분포하고 있으며 온대수종과 난대수종이 섞인 낙엽활엽수림이다. 숲은 천 년 전에 만들어졌지만, 천 년을 넘게 사는 나무가 이 숲에는 없어서 여러 번 세대교체를 거듭해 지금의 모습이 된 것이다. 상림의 산책로를 걷다보면 나무의 세대교체를 실감할 수 있다.

상림 입구에 서 있는 '함화루'는 원래 함양읍성의 남문이었다. 멀리 지리산이 보인다 하여 '망악루'로 불렸다. 이는 일제강점기 도시 계획으로 철거될 위기에 처했으나 노덕영이라는 이가 사비를 들여 문을 상림으로 옮겼다. 이후 함화루라 부르게 된 것이다.

숲 중간에는 1906년에 세운 '사운정'과 이 숲을 조성한 최치원을 기리는 '문창후(최치원의 시호) 선생 신도비'가 있다. 사운정에는 지금도 가끔 함양 사람들이 올라와 옛 가락을 연주하거나 쉬어가는 곳으로 숲 가운데 작은 터를 둔 운치 있는 공간이다. 사운정 바로 옆에 있는 문창후 선생 신도비는 경주 최씨 문중에서 세운 것이다. 최치원은 신라 말기의 문인으로, 그 능력이 특별했으나 6두품 신분이라는 골품제의 한계로 신라 안에서 그 뜻을 펼치기가 어려웠다. 그는 어린 나이에 당나라로 유학을 떠나 과거에 급제하여 당나라에서 관직을 받고 고국에 귀국했다. 그러나 결국 현실의 정치에 실망을 느끼고 창창한 나이에 지방직으로 물러나게 되었다.

상림 안에는 역사 인물공원도 새로이 조성되어 있다. 함양을 대표하는 역사적 인물 11명의 흉상이 세워졌는데 최치원의 상은 그들 중 가장 윗자리에 위치해 있다. 현실의 벽에 막혀 이상을 피우지 못한 천재를 기억하듯, 상림 곁에는 고운광장도 조성되어 있다.

COURSE 03 용추사

장수사는 신라 소지왕 때 각연조사에 의해 세워졌으며 지리산과 덕유산에 있던 많은 사찰들을 말사(작은 절)로 둔 큰 사찰이었다. 기록에 의하면 이 절에 기거하는 승려만 해도 200명이 넘었고, 규모도 해인사에 버금갔다고 하나 큰 화재로 소실되어 복원한 것을 6.25 때 주변 암자까지 다시 잃게 되는 아픔을 겪었다. 현재는 일주문만 남아 있다. 문화재 지정을 하면서 '용추사 일주문'이라고 명명했으나, 일주문 현판에는 '덕유산 장수사 조계문'이라고 쓰여 있다.

⚠ **여행 TIP**

용추사 뒤편 용추계곡 상류에는 기백산군립공원과 용추자연휴양림이 있고 서북쪽 산 정상에는 정유재란 때 왜구와의 혈전이 벌어졌던 황석산성(사적 제322호)이 있다.

과거의 장수사는 사라졌지만, 지금은 장수사의 흔적을 간직한 용추사가 있다. 용추사는 장수사의 작은 암자였던 용추암을 복원한 것이다. 신라시대 원효와 의상대사를 비롯해 무학대사, 서산대사, 사명대사 등 여러 고승이 수도한 사찰이었으나 복원 된 지 얼마 되지 않은 용추사에서 옛 정취를 찾기는 쉽지 않다.

호방하고 장엄한 일주문 위로 용추산 자연휴양림이 있고, 주차장 부근에서 부도(승려의 사리나 유골을 안치한 묘탑)군 등을 찾아볼 수 있다. 용추사에 이르면 폭포 소리가 계곡을 울린다. 용추폭포다. 용추계곡의 깊은 곳에서 모여든 물이 햇빛을 받아 환한 용호로 떨어지는 모습을 그늘진 숲 안에서 바라보게 된다.

용추폭포

옛 장수사의 작은 암사였던 용추암을 복원한 용추사

COURSE 04 개평마을과 일두고택

조선 초, 경주 김씨와 하동 정씨가 이주하면서 만들어진 개평마을은 현재 풍천 노씨와 하동 정씨가 많이 산다. 다른 전통마을보다 관광지 같지 않고 실제 생활 풍경으로 들어선 느낌을 준다. 걷다보면 큰 길로 경운기가 지나고 밭에 가는 이와 눈인사도 나누게 된다. 500년 넘는 마을엔 문화재로 지정된 여러 고택들이 있다.

여행 TIP

일두고택을 비롯해 개평마을에는 머물다 갈 수 있는 고택과 한옥이 몇 채 있다. 조용한 전통마을에서의 하룻밤은 마을을 제대로 느끼는 데 더 없이 좋은 방법이 될 것이다.

개평마을이 알려진 것은 이곳이 영남의 대표 사림인 성리학자 일두(一蠹) 정여창(鄭汝昌)의 고향이기 때문이다. 함양은 안동과 더불어 영남 사림을 대표하는 선비와 문인의 고장으로 명성이 높았다. 학문과 문벌을 평할 때 '좌안동 우함양'이라는 말이 나올 정도였는데 여기서 '우함양'의 대표적인 사람이 바로 정여창이다. 김굉필, 조광조, 이언적, 이황과 함께 동방오현(東方五賢)으로 칭송되는 인물인 것이다. 일두고택(一蠹古宅, 중요민속자료 제 186호)은 1570년 정여창의 생가 자리에 지어진 이후 후손들에 의해 중건 되었다. 올곧고 단정하면서도 묵직한 기품이 느껴지는 집이다.

COURSE 05 함양선비문화탐방로 - 화림동 계곡

함양 북쪽 서하면에 있는 화림동 계곡은 영남 사람들이 덕유산 육십령 넘어 한양 가던 길목이다. 너럭바위 계곡 군데군데 서 있는 정자 풍경이 기다란 수묵화 같다. 벗과 함께 술을 가져와 물소리 듣던 선비가 있었다. 더러는 학문을 이야기 했고 대금 소리 함께 해가 졌다. 한양 길에 잠시 머물러 주먹밥 먹던 이가 계곡 물에 뜨거운 발을 씻었다. 꾸불꾸불 계곡 따라 너럭바위를 차지하고 앉은 정자는 셀 수도 없었다 한다. 달이 뜨면 높은데 계곡엔 달빛이 환하게 흐르기도 했다. 그 시절은 이미 흘러갔고 이젠 전혀 다른 물이 같은 자리를 흘러간다.

거연정과 군자정, 동호정 지나 농월정 터까지 6km 정도 되는 탐방로가 있어서 계곡을 내려다보며 걸을 수 있다. 이 계곡에 서 있던 수많은 정자들을 기억해 그 이름을 '선비문화탐방로'로 했다. 정자들은 세워진 사연과 함께 때마다 다양한 표정을 지녔다. 긴 구간을 전부 걸어 볼 수 없다면 거연정을 둘러보고 농월정 터 근처에서 월연암을 바라보며 물에 발 담그는 것도 방법이다. 아마 생각보다 오래 머물게 될 것이다. 아이들은 물놀이에 옷이 젖을 수 있으니 여벌의 옷을 준비하는 것이 좋다.

가을의 거연정 풍경

거연정

정자는 계곡 물줄기를 둘로 쪼갠 커다란 바위 위에 올라섰다. 해질 무렵의 풍경은 그늘진 바위밭과 산으로 사뭇 장엄하다. 거연정은 맨 처음 조선 광해군 때 서산서원 옆에 억새로 지은 정자였다고 전한다. 조선말 서원 철폐령으로 서원이 문을 닫은 후 퇴락한 정자를 후손이 보수하면서 기와도 올렸다. 최근 보수 공사를 끝냈는데 두 해전 그것에 비해 자연스런 운치는 덜하다. 새로 칠을 한 까닭이다. 그러나 주변 풍광과 큰 바위에 새겨진 글들을 읽는 맛은 여전하다. 나의문화유산답사기를 쓴 유홍준님이 거연정을 일컬어 '풍경을 바라보는 자리가 아니라 풍경 안으로 들어가 있다'고 한 것이 오래 회자 되었었다. 그 말대로 봉전교 건너 멀찍이서 거연정을 바라보면 완벽한 구도의 한 폭 그림을 발견할 수 있다.

동호정의 너럭바위

군자정

군자정

군자정은 거연정에서 봉전교를 사이에 두고 가까이에 있다. 세워진 시기는 거연정보다 많이 앞선다. 인근 개평마을에 고택이 남아 있는, 조선 성종 때의 성리학자 일두 정여창을 기리기 위해 지어졌다. 정여창의 처가가 이곳 봉전마을에 있었다고 한다. 아담하고 단정한 정자이다.

동호정

탐방로에서 보면 계곡 건너편에 선 동호정은 2층 누각으로 보인다. 광장 같은 바위를 앞에 두고 있다. 이 바위는 '해를 덮을 만큼 큰 바위'라는 뜻의 차일암(遮日岩)이라 부른다. 잠시 데크 길에서 나와 징검다리를 건너 마당 같은 바위에 닿으면 시간이 만들어낸 바위 구멍을 여럿 볼 수 있다. 거센 물이 흐르다 소용돌이치며 돌에 낸 상처다. 봄에는 노란 송화 가루가 그 물에 떠 있고, 가을엔 고운 낙엽도 떠 있다. 곁에서 보면 종종 하늘의 구름도 담긴다. 옛 사람들이 분명 시 한수, 노래 한 곡조 하였음직한 풍경이다. 실제 이곳으로 여행 온 날에도 동호정에서 어린 학생들이 피리를 불며 옛 춤을 추는 것을 볼 수 있었다. 고즈넉한 풍경 뒤로 들리는 빠르게 내달리는 차 소리가 낯설지만, 통나무를 찍어 만든 나무 계단이며, 정자를 안정감 있게 떠받든 기둥하며, 모두 정겨운 광경이다.

농월정과 월연암

거연정에서 시작해 계곡물을 따라 내려온 탐방로의 마지막 지점은 바위 크기가 아기자기하고 머물기도 아늑하다. 바위들은 좀 더 드라마틱하게 펼쳐진다. 양옆 짙은 숲 사이로 하늘을 받는 물길. 아마 저녁 달빛도 이 물길로만 내렸을 것이다. 그 밤, 물에 뜬 채 흘러가던 달은 얼마나 아름다웠을까? 농월정은 2003년 방화로 추정되는 화재로 불 타 없어졌던 것을 최근 보수작업을 해 새로 세웠다. 그 바로 앞에 '달이 비치는 바위 못'이란 뜻의 월연암(月淵岩)이 남아 있다.

농월정은 조선 광해군 때 지족당(知足堂) 박명부가 지은 것이다. 영창대군의 죽음과 인목대비의 유배에 대한 부당함을 지목하다 고향 함양으로 유배 왔던 기간이다. 농월정 가까운 곳에 '지족당(知足堂) 박명부가 지팡이를 짚고 놀던 곳'이라고 새겨진 바위를 볼 수 있다.

> **여행 TIP**
>
> 화림동 계곡 위편 도로는 차를 멈추거나 세우기가 수월치 않다. 농월정 주차장이나 거연정 방면에 주차를 하고 도보 탐방을 해야 한다. 화재로 소실된 농월정은 2015년 초부터 복원 공사를 시작했다. 농월정 인근 구조가 공사로 인해 조금 변화된 상태이다.

오랜 세월이 만들어낸 너럭바위의 포트홀

월연암

이곳도 추천해요!

01 안의 광풍루

광풍루는 안의면 진입로가 되는 금호강변에 서 있는 2층 누각이다. 한눈에 봐도 규모가 꽤 큰 것임을 알 수 있다. 조선 태종 12년(1412)에 처음 짓고 선화루라 이름 지었던 것을 세종 7년(1425)에 지금의 자리에 옮겨 짓고, 이를 또 다시 성종 25년(1494)에 정여창이 다시 지으며 광풍루(光風樓)로 이름을 바꾸었다. 오랜 세월동안 많이 퇴락한 것을 1980년에 정비하였다. 지금은 작은 면 소재지에 불과하지만, 과거엔 드높았던 안의면의 옛 위상을 느낄 수 있으며 앞면 5칸, 옆면 2칸의 규모에 팔작지붕으로 이루어져 위엄이 느껴진다.

02 남계서원

남계서원은 조선 명종 7년(1552) 정여창의 학문과 덕행을 추모하기 위해 창건된 서원이다. 1566년에 '남계(灆溪)'라는 이름을 명종이 내렸다. 남계란, 서원 곁에 흐르는 시내 이름으로 서원은 선조 30년(1597) 정유재란 때 소실된 뒤 1612년에 옛터인 현재의 위치에 다시 옮겨 중건되었다. 남계서원은 풍기 소수서원, 해주 문헌서원에 이어 우리나라 초기 서원 가운데 하나이며 흥선대원군의 서원철폐령 때도 없어지지 않고 존속한 서원 중의 하나이다. 이곳에 정여창을 모시는 사당이 있다.

03 물레방아공원

공원 내 박지원 동상

용추계곡에서 안의면 쪽으로 내려가다 보면 연암 박지원의 동상이 세워져 있는 물레방아공원을 만나게 된다. 이곳에는 지름이 10m, 폭이 2m나 되는 거대한 목재 물레방아를 볼 수 있다. 조선 말 실학자이자 안의 현감을 지냈던 연암 박지원 선생이 청나라 문물을 둘러보고 온 후 함양에 국내 최초로 물레방아를 들여온 것이다. 안의면에는 최초로 물레방아를 설치하고 가동했던 마을이 있고, 현재는 그 마을을 '물레방아떡마을'이라 부른다. 마을 주민 대부분이 농사를 짓고 있는 전형적인 농촌 마을로, 인근 용추계곡의 물길을 이용하여 물레방아를 돌리고 농사에 활용했다. 과거 사용했던 물레방아도 복원되어 있다. 매년 10월에는 함양에서 물레방아축제가 열린다.

물레방아공원

엄마, 아빠 필독
아이가 알아야 할 역사 포인트
아이가 질문할 경우 이렇게 대답하세요

Q 상림에는 개미와 뱀이 없다는데 그게 사실인가요?

A 상림을 만든 최치원은 함양 땅에서 특별히 추앙을 받고 있단다. 상림에는 최치원과 관련해서 내려오는 이야기가 몇 있는데, 그중 하나를 들려줄게.

~

어느 날 최치원의 어머니가 혼자서 상림으로 산책을 나갔다 와서는, 뱀을 보고 깜짝 놀랐노라 말했다. 이에 최치원은 상림으로 달려가 숲을 향해 "뱀이나 개미 같은 모든 해충은 전부 없어져라. 그리고 다시는 이 숲에 들지 말라."고 주문을 외쳤다고 한다. 그 후로는 모든 해충이 사라졌다고 한다. 그리고 최치원이 함양을 떠나면서는, "상림에 뱀이나 개미가 나타나고 숲속에 설죽(대나무의 일종)이 침범하면, 내가 죽은 줄 알라."고 했다 한다.

~

아직까지 상림에 뱀은 나타나지 않지만, 개미나 설죽은 보인다고 해. 죽어서 신선이 되었다는 최치원은, 이제야 하늘로 올라간 것이 아닐까? 상림이 있는 한, 최치원은 함양에서 오래오래 기억될 거야. 이 이야기도 아마 그를 오래 기억하고 싶었던, 함양 사람들의 애틋한 마음이 만들어낸 것이 아닐까 싶어.

Q 고운 최치원에 대해 좀 더 알고 싶어요.

A 고운 최치원은 신라 말기의 문인으로 그 능력이 특별했으나 그 당시 강력한 신분제도, 골품제가 중심이 되는 신라에서 6두품 출신으로서의 한계를 크게 느낄 수밖에 없었지. 결국 그는 경문왕 9년(869) 당나라 유학길에 올라 874년에 급제하여 당나라에서 관직을 받았어. 885년 신라로 귀국했으나, 현실 정치에 실망을 느끼고 894년 정책 시무 10조를 진성여왕

에게 바치고는 지방직으로 물러났지. 시무 10조의 구체적인 내용은 전해지지 않지만, 추측하기로는 신분제를 벗어난 능력 중심의 정치를 지향한 내용이었으리라고 봐. 당시 신라에서는 받아들여지지 않았으나, 이러한 정치 이념은 후대에 꾸준히 영향을 미쳐 고려시대 과거제가 실시되는 기반이 되었다고 해.

함양 태수 이후 관직을 정리한 그는 40여 세 한창 나이에 방랑과 은거 생활을 시작해 가야산 해인사에서 생을 마감했다고 전해져. 사후 인품과 학문이 높게 평가되면서 조선시대에 와서는 전국의 모든 향교와 경주의 서악서원, 정읍의 무성서원, 함양의 백원서원 등에서 그의 제사를 지내게 되었지. 정말 안타깝지 않니? 신분제의 벽을 넘지 못한 천재의 서글픈 마음이 시에 나타나기도 했어. 추야우중이라는 그의 시를 한번 살펴보자.

秋夜雨中(추야우중)
– 최치원

秋風惟苦吟(추풍유고음) 가을바람에 괴로이 읊조리나니
世路少知音(세로소지음) 세상에 나를 알아줄 이가 없구나
窓外三更雨(창외삼경우) 창 밖에 밤비는 내리는데
燈前萬里心(등전만리심) 등불 앞에 내 마음은 만 리를 달리네.

Q 연암 박지원과 함양의 물레방아는 어떤 관계가 있나요?

A 조선 후기 대문장가요, 북학 실학자인 연암 박지원은 자연 과학에도 조예가 깊어 천문학을 비롯한 지동설을 터득했단다. 개혁 사상가로서 경제 문제에도 많은 관심을 가졌지. 1780년 청나라에서의 4년을 기록한 『열하일기』는 우리나라에 큰 영향을 미쳤어. 박지원은 의금부 도사, 한성부판관을 거쳐 안의 현감으로 부임하는 동안 실학 사상을 활용해 선정을 베풀었단다. 특히 디딜방아를 사용하여 곡식을 찧던 것을 물레방아를 이용하게 함으로써 백성들의 편리와 생산 증대에 획기적인 발전을 가져오게 되었지. 학자로서 저술가로서 또한 행정가로서, 많은 업적을 남긴 그를 기념하는 비가 안의초등학교 안에 세워져 있어.

숙박

🏠 개평마을 일두고택(고택·한옥 체험 숙박)

함양군 지곡면의 개평마을에서 한옥 숙박 체험을 할 수 있다. 일종의 고택 체험으로, 과거의 문화와 정신을 생생히 느낄 수 있는 곳이다. 함양 읍내에 모텔 등이 있는 것을 제외하고 대개의 숙박 시설은 지리산 관광과 연계된 펜션 및 민박 형태다. 정일품 농원의 경우 아침식사가 제공되므로 마을 숙박 시 참고하면 좋다. 지곡면의 개평마을 외에도 용추자연휴양림, 서상면과 병곡면의 자연휴양림이 있다. 휴천면에는 지리산 리조트가 있다. 선비문화탐방로에 인접한 다볕자연학교에서도 숙박이 가능하며 인근에 봉전 문화관광 시범마을도 운영 중이다.

주소 : 함양군 지곡면 개평길 50-13 / 전화 : 055-962-7077 / 홈페이지 : www.ildugotaek.kr / 요금 : 4인 기준 200,000~300,000원

🏠 기타 추천 숙박

용추산자연휴양림
주소 : 함양군 안의면 용추휴양림길 260
전화 : 055-963-8702

다볕자연학교
주소 : 함양군 서하면 봉전길 62
전화 : 055-964-3773

★ 함양의 음식 ★

함양은 산골 동네답게 예로부터 약초와 나물, 잡곡을 이용한 음식이 많은 편이다. 상림 주변에는 연잎밥이나 오곡찐밥과 나물 등 전통적인 상차림을 가진 식당들이 많다. 닭백숙이나 육류 요리도 유명한데, 특히 안의면은 갈비찜이 많이 알려져 있다. 약초시장이 열리는 안의면에서는 순댓국에도 약초를 넣어 먹는다. 함안은 영남 지방에 속하면서도 남원 등의 전라도와도 가까이 위치해 있어 요리 방식이나 반찬 구성이 다양하다는 특성이 있다.

맛집

🍴 늘봄가든

늘봄가든에서는 오곡찐밥에 신선한 야채와 묵은 나물 등을 올려 다양한 맛을 가득 즐길 수 있는 오곡정식이 훌륭하다. 상림과 가까이 있고 함양을 찾는 관광객들에게 많이 알려진 편으로 항상 사람이 많다. 오곡정식 10,000원, 갈비찜까지 나오는 특 오곡정식은 15,000원.

★ 추천 메뉴 : 오곡정식
주소 : 함양군 함양읍 필봉산길 65 / 전화 : 055-962-6996

오곡찐밥　　　　　오곡찐밥 정식

🍴 안의원조갈비집

안의면에는 갈비집이 여럿 있다. 모두 안의갈비의 특성을 잘 가지고 있다. 양파가 많이 올라간 갈비찜은 전혀 자극적이지 않고 담백한 맛을 가졌다. 갈비탕 10,000원, 갈비찜(소)은 45,000원.

★ 추천 메뉴 : 갈비찜
주소 : 함양군 안의면 광풍로 127-2 / 전화 : 055-962-0666

🍴 기타 추천 맛집

옥연가
주메뉴 : 함양연밥
주소 : 함양군 함양읍 상림3길 10 / 전화 : 055-963-0107

나무달쉼터
주메뉴 : 산채정식, 비빔밥
주소 : 함양군 함양읍 대실길 225 / 전화 : 055-963-6585

4_ 계속된 외침에도 꺾이지 않은 기상, 그 속에서 피어난 문화

선사시대·부족국가시대 — 삼국시대 — 통일신라시대 — **고려시대** — 조선시대 — 일제강점기시대 — 현대

고려시대

외침에 저항한 뿌리 깊은 자주의 도시, 안성

몽골, 홍건적, 일본 등 끊임없는 외적의 침입에도 굴복하지 않은 저항 정신의 발원지
1200년대, 전 세계를 휩쓸고 지나간 몽골은 한반도의 작은 나라 고려도 가만두지 않았다. 말을 잘 타고 활을 잘 쏘는 몽골의 기마병은 고려 천지를 암흑으로 몰아넣었고, 백성들은 공포에 떨어야만 했다. 이때 안성에서 한 장수가 나타나 느센 몽골 기마병의 진격을 막았다. 죽주산성 전투의 영웅, 송문주 장군이다. 장군은 군관민을 설득하여 장장 15일이나 몽골군의 진격을 막음으로써 풍전등화의 위기에 빠진 나라를 구했다. 몽골군은 중국 대륙, 서역을 정복하고 멀리 유럽까지 진출했지만 작은 반도국가, 고려의 안성은 함락시키지 못하고 쓸쓸히 퇴각해야만 했다.

알고 가면 더 유익한 역사여행

여행 키포인트

부모와 자녀가 여행 가기 전에 고려시대 몽골의 침입, 일제강점기 3.1 운동에 대한 기본 정보를 알고 가면 좋다.

어린이 여행 학습 정보 ▶▶ MUST SEE 칠장사

안성 여행에서는 칠장사를 꼭 보고 가자. 칠장사는 후삼국시대부터 조선 후기까지 광범위한 시간 동안에 궁예, 혜소국사, 임꺽정, 인목대비, 박문수 등 많은 인물들의 이야기가 녹아 있는 장소다.

교과서

초등학교 5학년 2학기 사회 – 북방민족의 침입과 극복

자동차 코스

◆ Basic Course

안성 3.1운동 기념관
주소 안성시 원곡면 만세로 868
전화 031-678-2476~7
시간 09:00~18:00(신정 및 매주 월요일, 설날과 추석 당일 휴관)
입장료 · 주차 무료

안성맞춤박물관
주소 안성시 대덕면 서동대로 4726-15
전화 031-676-4352
시간 09:00~18:00(신정 및 매주 월요일, 설날과 추석 당일 휴관)
입장료 · 주차 무료

극적루
주소 안성시 봉산동(봉산로터리)
전화 031-678-2512
시간 제한없음

안성맞춤랜드
주소 안성시 보개면 남사당로 196-31
전화 031-678-2672
시간 10:00~17:00
입장료 안성맞춤랜드 내 천문과학관과 사계절 썰매장 이용시간과 요금은 홈페이지 참고(asmcland,or,kr)

청룡사
주소 안성시 서운면 청룡길 140
전화 031-672-9103
시간 제한없음
입장료 무료

칠장사
주소 안성시 죽산면 칠장로 399-18
전화 031-673-0776
시간 제한없음
입장료 무료

죽주산성
주소 안성시 죽산면 매산리
전화 031-678-2502
시간 제한없음
입장료 무료

안성의 주요 역사 여행지

COURSE 01 죽주산성

죽주산성이 역사에 등장하는 시기는 통일신라 말기다. 당시 안성에서는 기훤이라는 호족이 큰 세력을 떨치고 있었는데, 청년이 된 궁예가 새 나라를 건설할 큰 뜻을 품고 맨 처음 찾아간 곳이 바로 기훤이 지키고 있던 죽주산성이다.

죽주산성이 유명해진 것은 고려시대 송문주 장군이 몽골의 3차 침입을 격퇴하면서다. 몽골의 1차 침입 때 귀주성 전투에서 몽골을 물리친 경험이 있는 그는 몽골군이 안성까지 침입하자 군관민을 성안에 들게 하고 몽골군과 대치하였다. 적이 대포로 공격하면 성안에서도 대포로 반격하고, 적이 화공으로 치고 올라오면 성문을 일제히 열고 나가 적을 살해하는 등 많은 공을 세웠다. 몽골군은 여러 방법으로 성을 공격하였으나 끝내 함락하지 못하고 많은 전사자를 남긴 채 보름 만에 물러간다. 세계 최강 군을 격퇴한 죽주산성 전투는 『고려사』에 3대 대첩의 하나로 기록되어 있으며, 당시 사람들은 몽고군의 공격법을 미리 알고 대비한 송문주 장군을 귀신이라 불렀다고 한다.

일죽TG에서 안성 방면으로 가면 차로 약 15분이면 죽주산성에 다다른다. 산성 입구에는 자그마한 주차장이 있어 잠시 차를 세우고 직접 올라가보면 좋다. 주차장 입구에서 약 10분 정도 걸으면 산성에 다다른다. 산성 전체를 둘러보는 데도 30분이면 충분하다. 성안에는 송문주 장군 사당이 있으며, 지금도 매년 음력 9월 9일 장군의 공을 기리는 제향을 지내고 있다.

여행 TIP
죽주산성은 크지 않아 돌아보는 데 오래 걸리지 않고 편하게 관람할 수 있다.

1,2. 죽주산성의 풍경
3. 죽주산성에 있는 송문주 장군의 사당, 충의사

COURSE 02 칠장사

1. 칠장사 2. 혜소국사비
3. 칠장사에 있는 궁예 벽화
4. 칠장사 당간지주

칠장사는 역사 속 많은 이야기가 묻어 있는 유구한 사찰이다. 칠현산을 배경으로 아늑하게 들어앉은 칠장사는 신라 선덕여왕 때 자장율사가 창건한 것으로 알려져 있다. 이후 쇠락하다 고려시대 혜소국사가 크게 중창하였다. 칠장사는 다양한 이야기를 품고 있다. 대표적인 것이 궁예의 이야기다. 젖먹이 때 아버지 헌안왕이 자신을 죽이려 하자 유모에 의해 목숨을 부지한 궁예는 10세 때까지 이곳에 숨어 살았다. 활쏘기를 하며 어린 시절을 보내던 중 자신의 본래 신분을 알게 되자 그는 유모에게 작별 인사를 하고 인근 죽주산성으로 떠났다.

고려시대 명승 혜소국사, 조선시대 암행어사 박문수와 관련된 이야기도 전해진다. 이곳은 고려 문종 시절 혜소국사가 산적 노릇을 하던 7인의 악인을 교화시켜 현인으로 만든 절이기도 하다. 훗날 어사 박문수는 과거시험 준비를 위해 이곳에서 기거하는데, 정성껏 기도를 드리자 그의 꿈에 혜소국사가 나타나 시제를 알려주어 박문수는 그 해 진사과에 장원급제 하였다고 한다. 이 사실이 알려지면서 지금도 수능시험 때가 되면 많은 학부모들이 이곳에 와서 기도를 하곤 한다.

절 안에는 혜소국사의 입적을 기념한 비석이 있다. 혜소국사의 비석과 관련하여 다음과 같은 전설이 전해진다. 임진왜란 때 가토 기요마사가 칠장사에 오자 한 노승이 그의 잘못을 꾸짖는데, 화가 난 가토가 노승을 베니 노승은 사라지고 비석이 갈라져 있어 가토가 놀라 도망갔다는 이야기다.

이외에도 어린 아들 영창대군을 먼저 떠나보낸 인목대비가 이곳에서 제를 올리기도 했다. 칠장사의 입구 왼편에는 어사 박문수 길이 있다. 경사가 완만하여 조선시대 과거 시험을 보러 가기 위한 선비들을 상상하며 걷기에 좋은 길이다.

⚠️ **여행 TIP**

많은 역사를 품은 칠장사는 볼거리보다 들을 거리가 많아 문화유산해설사의 해설 신청을 하여 설명을 들으면서 관람하는 것이 좋다.

COURSE 03 청룡사

청룡사는 고려 원종(1265년)시대 명본국사가 세운 절이다. 청룡사라는 이름의 유래에 대해서는 다음과 같은 이야기가 전해진다. 고려 말 공민왕 때 나옹선사가 불도를 일으킬 절터를 찾아다니다 하루는 청룡사 옆의 서운산을 지나는데, 해가 빛나고 구름에서 광채가 나니 이곳에 신비한 징조가 있을 것이라 생각하고 하루를 묵었다. 마침 신기하게도 꽃비가 내리고 용이 오르는 것을 본 나옹선사는 작은 암자에 불과했던 절을 다시 짓고 청룡사라는 이름을 지었다고 한다.

> ⚠️ **여행 TIP**
> 청룡사 입구에서 500m 정도 되는 거리에 바우덕이 사당이 있다. 그곳도 꼭 들러보고 가자.

청룡사는 안성 남사당패의 근거지로도 유명하다. 남사당패는 조선시대의 서민층에서 자연 발생적으로 생겨난 유랑 예술인 집단이다. 전국의 남사당패 중 가장 유명한 집단은 안성 남사당패로 알려져 있는데, 이들은 청룡사 인근 불당골에서 겨울을 지낸 뒤 봄부터 가을까지 안성 장터를 비롯해 경기, 충청도 등 전국을 돌아다니면서 기예를 뽐내고 공연을 하며 생활했다.

인근 500m 거리에는 안성 남사당패를 대표할 수 있는 인물인 바우덕이(조선 후기 인물, 우리나라 역사상 최초로 남사당패를 이끌던 여자 예인) 사당이 있고, 차로 10분 정도 가면 바우덕이 묘도 나온다. 청룡사 인근에는 청룡저수지가 있어 가족과 함께 산책하기에 좋다. 여름에는 오리배를 탈 수 있는 레저 시설도 준비되어 있어 가족들과 청룡사를 둘러본 후 탁 트인 호수를 보며 휴식을 취해보자.

이곳도 추천해요!

01 안성 3.1운동 기념관

이곳은 2001년 개관한 기념관으로 안성의 원곡·양성 만세운동을 기리기 위해 세웠다. 안에는 우리나라 전역에서 벌어진 독립운동 자료가 다수 있고, 2008년에는 항쟁을 별도로 체험할 수 있는 체험관을 개관하였다. 3.1운동 당시 습격했던 일본 주재소, 우편소 등의 모형과 조각품들이 전시되어 있어 3.1운동 당시의 모습을 생생하게 볼 수 있다.

02 극적루

극적루는 안성시 봉안 로터리에 있다. 고려 공민왕 시기인 1361년, 홍건적의 2차 침입 때 경기도의 30여 고을은 소문만 듣고 항복하였다. 하지만 안성 사람들은 거짓으로 항복한 후 연회를 베풀어 적군이 취한 틈을 타 적의 목을 베고 물리쳤다. 홍건적은 이 일을 겪은 후 더 이상 남하하지 못했고 고려군의 반격으로 패하여 물러갔다. 극적루는 안성시를 대표할 수 있는 국난극복의 상징물인 것이다.

03 안성맞춤박물관

우리가 흔히 쓰는 '안성맞춤'이란 표현 속 '안성'은 실제 경기도 안성을 말한다. 안성은 교통의 요지로 경상도, 충청도, 전라도 등지에서 올라온 물품들이 서울로 가기 전 모이는 길목이라 이곳의 시장에는 없는 물건이 없다. 안성맞춤박물관은 2002년 개관하여 안성시장에서 거래되었던 각종 안성 유기를 전시하고 있으며, 유기를 제작하는 방법 등을 모형을 통해 보여주고 있다. 그 외 병아리역사교실, 꿈다락토요문화학교를 운영하고 각종 체험 행사를 진행하고 있어 다양한 경험을 하기에 좋다.

사진제공 – 안성맞춤박물관

04 안성맞춤랜드

안성맞춤랜드는 전통 공연도 보고, 체험 학습도 할 수 있는 곳이다. 안성을 대표하는 안성남사당 바우덕이 풍물단의 남사당공연장에서 흥겨운 공연과 다양한 전통 체험을 즐길 수 있으며 우리꽃 체험장, 소원대박터널, 천년의 포도, 수변공원 등 다양하고 재미있는 볼거리와 즐길 거리가 가득하다. 내부에는 천문과학관이 있어 어린이와 가족을 위한 다채로운 별자리 탐사 프로그램이 준비되어 있다.

천문대 내부

남사당공연장

엄마,아빠 필독
아이가 알아야 할 역사 포인트
아이가 질문할 경우 이렇게 대답하세요

Q 남사당이란 무엇인가요?

A 남사당은 조선 후기 유랑 예술가들이 모여 자연 발생적으로 생겨난 집단인데, 학자들은 우리나라 최초의 대중 연예 집단으로 보고 있어. 현재까지 풍물, 어름(줄타기), 살판(땅재주, 광대가 땅에서 재주를 부리는 것) 등 10여 가지의 세부 기술이 쭉 계승되어 지금의 우리들도 볼 수 있는 거란다. 또 남사당은 천민들로 이루어져 있었어.

Q 어사 박문수는 어떤 사람인가요?

A 조선 영조시대에 유명했던 암행어사야. 암행어사는 임금의 명으로 몰래 지방관을 감찰하고, 지방관이 잘못하면 그들에게 벌을 내리는 관원을 말해. 조선시대에 많은 암행어사가 있었다고 하는데 그중에서도 박문수가 워낙 유명해 암행어사의 대명사인 것처럼 전해지고 있지.

Q 홍건적이 무엇인가요?

A 중국 원나라(몽골족이 세운 나라) 말기에 일어난 도적 집단이야. 머리에 붉은 두건을 둘렀다고 해서 사람들은 '홍건적'이라는 이름을 붙였지. 이들은 원나라에 대항해 반란을 일으켰다가 원나라 정부군으로부터 추격을 당하자 그들의 일부는 고려에도 침입했단다. 한때 그 세력이 강성해서 고려 공민왕은 수도 개성을 떠나 안동으로 피난을 간 적도 있었어.

Q 고려시대 몽골은 고려를 몇 번이나 침입했나요?

A 몽골은 1231년부터 1259년까지 29년 동안 6번에 걸쳐 고려를 침입하였단다. 이때 경주에 있는 황룡사 구층목탑이 불타는 등 전 국토가 유린되었고 고려 백성들은 굉장히 큰 고통을 겪어야만 했어.

Q 바우덕이는 어떤 사람인가요?

A 조선 후기 인물인 바우덕이는 우리나라 역사상 최초로 남사당패를 이끌던 여자 예인으로, 그녀는 안성 남사당패 중에서도 으뜸이었다고 할 수 있단다. 조선 말 흥선대원군 집권 당시 경복궁 중건 사업이 있었는데, 이때 그녀가 가진 탁월한 능력이 경복궁 중건에 동원된 인부들을 신나게 만들었다고 해. 그래서 경복궁 중건 사업이 잘 마무리 되었다고도 하지.

숙박

◉ 호텔수

안성에는 호수가 많고, 호수 주변에는 호수를 조망할 수 있는 깔끔한 숙박 시설도 많은 편이다. 특히 금광호수를 배경으로 하고 있는 호텔수를 추천한다. 안성시에서도 모범 숙박업소로 지정될 만큼 내부가 깔끔하며 가격도 저렴한 편이다.

주소 : 안성시 금광면 삼홍로 104 / 전화 : 031-671-0147 / 홈페이지 : www.hotelsoo.net / 요금 : 프리미엄 50,000원, 스위트 70,000원

◉ 기타 추천 숙박

솔향기흙내음 펜션
주소 : 안성시 삼죽면 텃골길 31
전화 : 031-673-0321

맛집

◉ 기와집

금광호수에 위치한 곳으로, 호텔수 건물 바로 옆에 있다. 장어구이 외에도 새우, 메기, 참게 등 각종 매운탕 메뉴가 다양하게 있다. 창밖으로 금광호수가 보여 전망이 매우 좋다. 장어구이 69,000원.

★ 추천 메뉴 : 장어구이
주소 : 안성시 금광면 삼홍로 95 / 전화 : 031-674-3553

◉ 안성풍물기행

맛있는 식사 외에도 볼거리가 가득한 식당이다. 안성을 대표하는 민속 토기 놀이나 물레방아, 연꽃, 그네 그리고 토끼 등도 키우고 있어 식후에 아이들과 함께 둘러볼 곳이 많다. 매주 월요일은 쉰다. 보리밥정식은 13,000원.

★ 추천 메뉴 : 보리밥 정식
주소 : 안성시 서운면 청룡길 101 / 전화 : 031-677-5288

◉ 기타 추천 맛집

안성개성토종순대
주메뉴 : 순대국
주소 : 안성시 죽산면 미륵당길 28 / 전화 : 031-675-7796

동경일식
주메뉴 : 우럭탕
주소 : 안성시 안성맞춤대로 1193 / 전화 : 031-671-9500

고려시대

안성을 대표하는 바우덕이 동상(바우덕이 사당 내에 있음)

고려시대

직지의 고향,
교육과 문화의 중심 청주

흥덕사에서 탄생시킨 세계 최초의 금속활자본 『백운화상초록불조직지심체요절』

직지(直指)는 현존하는 세계 최고의 금속활자본으로, 인쇄문화사에 지대한 영향을 끼친 가치를 인정받아 2001년 9월 4일 유네스코 세계기록유산에 등재되었다. 이날을 기념하여 '유네스코 직지상'이 제정되어 2005년부터 2년마다 격년으로 청주시나 파리에서 시상식이 개최되고 있다. 『백운화상초록불조직지심체요절』(이하 『직지심체요절』) 금속활자의 위대한 발명은 지난 천년간의 인류사에서 가장 위대한 사건으로 평가된다. 직지의 탄생지인 청주 흥덕사 터를 시작으로 직지와의 여행을 떠나본다.

알고 가면 더 유익한 역사여행

여행 키포인트

청주는 교육·문화의 도시로 알려져 있다. 도시 규모에 비해 학교 및 관련 기관이 여럿 있어 그렇게 불리는 것일 게다. 한편으로는 14세기 후반 제작된 『직지심체요절』의 발견이 우리에게 던져주는 메시지를 가볍게 볼 수는 없다고 본다. 청주는 지리적 특성상 내륙의 요새화가 가능해 고을 관리를 안정적으로 할 수 있었고, 고려 말의 자주적 외교 정책과 불교의 융성 등이 맞물려 문화의 르네상스가 자연스럽게 전개되지 않았나 싶다. 결국 청주의 교육·문화 발달에는 필연적인 역사적 사유와 지리적 특성이 맞물린 결과인 것이다.

어린이 여행 학습 정보 ▶▶ **MUST SEE 용화사**

청주 시내 무심천 서쪽 기슭에 자리 잡은 절, 용화사에는 이례적으로 불상 일곱 구가 모여 있다. 용화사의 일곱 석불은 한꺼번에 조성된 것이 아니고 주변에 흩어져 있던 흥덕사 등 옛 절터에 남아 있던 석불을 한데 모은 것으로 보인다. 우리 문화재는 본래의 지역에서 옮겨져 다시 세워지는 사례가 빈번하다. 어쩌면 이야기가 있는 역사라 재미있다.

교과서

초등학교 5학년 2학기 사회 – 다양한 문화를 꽃피운 고려

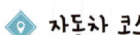 travel information

자동차 코스

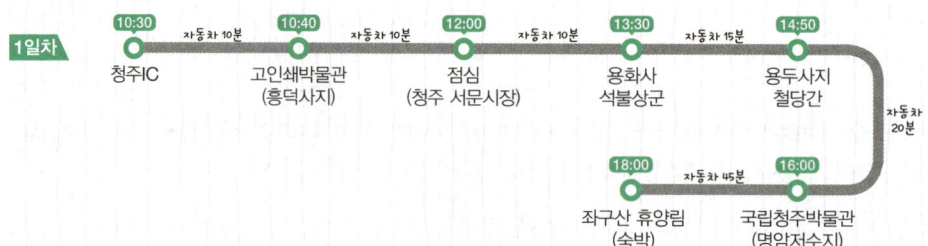

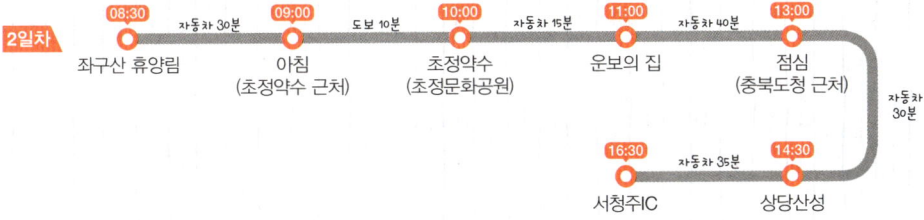

Basic Course

고인쇄박물관
(흥덕사지)
주소 청주시 흥덕구 직지대로 713
전화 043-201-4266
시간 09:00~18:00(신정 및 매주 월요일, 설날과 추석 당일 휴관)
입장료 무료

* 금속활자 주조 전수관(충북 청주시 흥덕구 흥덕로 96, 043-260-2501) 그리고 근현대 인쇄전시관(충북 청주시 흥덕구 흥덕로 104, 043-201-4285)도 둘러보면 좋다.

용화사 석불상군
주소 청주시 서원구 무심서로 565
전화 043-274-2159

* 석불상군은 우리나라 보물 제985호로 지정되어 있다.

용두사지 철당간
주소 청주시 상당구 상당로 55
전화 043-201-2023

* 연중무휴로 언제든지 방문할 수 있는 곳이다. 입장료 또한 무료.

국립청주박물관
(명암저수지)
주소 청주시 상당구 명암로 143
전화 043-229-6300
시간 09:00~18:00(신정 및 매주 월요일 휴관, 4~10월간 토요일에는 21:00까지, 1~3월과 11~12월간 토요일이나 일요일 및 공휴일에는 19:00까지 연장 운영한다)
입장료 · 주차 무료

초정약수
(초정문화공원)
주소 청주시 청원구 내수읍 초정리

운보의 집
주소 청주시 청원구 내수읍 형동2길 92-41
전화 043-213-0570
시간 09:30~17:30(매주 월요일 휴관)
입장료 어른 4,000원, 청소년 3,000원(65세 이상 포함), 어린이 2,000원(5세 미만 무료)

상당산성
주소 청주시 상당구 성내로 124번길 14
전화 043-201-0202
입장료 · 주차 무료

청주의 주요 역사 여행지

COURSE 01 고인쇄박물관(흥덕사지)

이곳에서는 세계에서 가장 오래된 금속활자로 만든 '직지심체요절'의 발견부터 인쇄문화의 흐름까지 인쇄 역사의 전부를 볼 수 있다. 고인쇄박물관은 1377년 '직지심체요절'을 만들었던 흥덕사 터 옆에 세워져 있다. 박물관의 전시실은 직지와 흥덕사실, 직지금속활자공방, 인쇄문화실과 기획전시실 등으로 이루어져 있다. 인쇄문화실은 세계 인쇄문화의 발달사, 목판과 금속활자 제작 및 인쇄 과정 모형, 인쇄책 전시, 책의 장정 변천사 코너로 이루어져 우리나라 인쇄문화의 역사를 자세히 살펴볼 수 있다.

'직지심체요절'이 인쇄된 청주목 교외의 흥덕사가 정확히 어디인지 오랫동안 알 수 없었는데, 1984년 청주시 운천동에서 택지 조성공사를 하던 중 절터 하나가 발견되었다. 여기서 '서원부 흥덕사'라 새겨진 금구와 청동그릇 뚜껑이 발굴되어 이곳이 과거 흥덕사 자리였음이 밝혀졌다.

현재 흥덕사지에는 1985년 발굴당시 주춧돌만 남아있던 금당을 세우고 3층 석탑과 함께 복원되어 있다. 금당자리에서는 고려시대의 치미(고대의 목조건축에서 용마루의 양 끝에 부착하던 장식기와) 한 쌍도 출토되었다.

흥덕사지에 복원된 삼층석탑

⚠️ **여행 TIP**

고인쇄박물관 건너편에는 금속활자 주조 전수관과 근현대 인쇄전시관이 운영 중이다. 금속활자 보존 전승을 위한 공간인 전수관에서는 매주 금요일 금속활자 주조 과정 정기 시연이 열린다. 근현대 인쇄전시관에서는 사전 예약 하에 납활자 인쇄 체험을 할 수 있다 (5~20명의 인원 예약 가능).

고인쇄박물관

흥덕사지

212 아이와 함께하는 역사여행

COURSE 02 용두사지 철당간

청주 시내 중심가에 자리한 용두사지 철당간

청주시내 번화가인 남문로 2가에 국보 제41호인 용두사지철당간이 있다. 고려 광종 때 창건된 용두사는 조선 중기 때 없어진 것으로 알려져 있는데 용케 철당간은 남아 있다. 기도나 법회 등 의식행사가 있을 때 당(幢, 절의 문 앞에 세우는 깃발)을 메어 두는 기둥이 바로 당간이다.

절 앞에 세웠던 것으로 알려진 20개의 철당간 중 아래에서부터 세 번째에 위치한 명문이 새겨진 철통은 국내에서 유일한 것이다. '준풍'이라는 고려 독자 연호 등을 확인할 수 있어 역사 연구의 귀중한 자료로 쓰이고 있다. 원래는 철통 서른 개가 중첩되어 있었는데, 흥선대원군 시절 경복궁 중건에 당을 쓰느라 열 개를 헐어갔다는 말이 전해진다.

현재 시내 중심가에 위치한 용두사지철당간은 사방으로 현대식 고층건물에 둘려 싸여 묘한 부조화를 연출하고 있다.

⚠️ **여행 TIP**

용두사지 철당간은 철통의 원형 당간 20개를 연결해 만든 것으로 총 길이는 12.7m이다. 시내 번화가에 위치하여 관람할 때 다소 어수선함이 느껴진다. 높게 솟은 철당간 전체를 사진으로 담기에 공간이 협소한 편이다.

COURSE 03 상당산성

청주시 상당구 산성동과 청원군 낭성면에 걸쳐 쌓은 산성이다. 상당산성(上黨山城)은 석성으로 둘레 4.2km, 면적 22만평의 제법 큰 규모를 자랑하고 있다. 백제시대부터 이곳 상당현(청주의 옛 이름)에 성이 처음 생기기 시작했으며 당시에는 토성이었을 것으로 추정된다. 조선시대에 이르러 임진왜란 당시 충청병사로 있던 원균이 보수하였고, 영조 집권 시기 이인좌의 난이 끝난 후 대대적인 보수 공사가 있었다.

산성의 부속 건물로는 공남문, 진동문, 미호문 등의 출입문 3곳과 남암문, 동암문 등의 암문(적의 눈에 띄지 않게 만든 작은 문) 2곳, 서장대, 동장대, 관아 등이 있다. 주차장에서 초원지대 언덕 위로 보이는 것이 바로 공남문이다. 공남문을 지나 직접 걸어서 성내를 둘러보거나, 동장대 방면 성벽 사이에 나 있는 도로를 경유하여 자동차로 성안 마을까지 진입하여 둘러볼 수도 있다.

1. 동장대 방면 성곽길
2. 상당산성 김시습시비

여행 TIP

남문으로 올라가기 전 잔디 언덕 입구에 생육신 중 한 사람인 조선 전기 학자 매월당 김시습 시비가 놓여 있다. 상당산성을 유람하고 지은 '유산성'이란 한시가 새겨져 있다. 살펴볼수록 풍류와 멋이 진하게 느껴진다.

유산성

꽃다운 풀 향기 신발에 스며들고
활짝 갠 풍광 싱그럽기도 하여라
들꽃마다 벌이 와 꽃술 다 묻혔고
살진 고사리 비갠 뒤라 더욱 향긋해
웅장도 하여라 아득히 펼쳐진 산하
의기도 드높구나 산성마루 높이 오르니
날이 저문들 대수랴 보고 또 본다네
내일이면 곧 남방의 나그네일터이니

성안으로 들어가면 넓은 저수지가 보인다. 이 저수지는 1943년에 만든 것으로 본래 정자가 있던 전통 연못이었다. 일제강점기에 민족 문화 말살정책의 일환으로 전통 연못을 파괴하여 관계수로용 저수지로 형태를 바꾸어버린 것이다. 문화재 발굴 조사를 통해 이 사실이 밝혀진 후 일각에서는 연못과 정자를 복원하자는 주장이 제기되고 있다.

현재 저수지 오른편에는 한옥마을과 향토음식점이 즐비하여 이곳에서 가볍게 요기하기에 좋다. 성곽을 한 바퀴 돌아보는 데는 대략 1시간 40분가량 소요되며, 공남문에서 시계방향으로 돌거나 저수지 오른편 골목으로 올라 반대방향으로 도는 방법도 있다.

이곳도 추천해요!

01 용화사 석불상군

청주 시내 무심천변에 용화사가 있다. 사찰은 주로 산중에 위치하는 데 용화사는 장소부터 특이하다. 압권은 석불상군이다. 일곱 구의 불상이 한 사찰에 모여있다. 모두 고려시대의 불상이며 일곱 구의 불상 중 좌상 한 구만 작고 나머지 여섯구는 5m가 넘는 거상들이다. '칠존석불'로 불려지고 있는 석불상군은 한꺼번에 조성된 것이 아니라 주변에 흩어져 있던 흥덕사 등 옛 절터에 남아 있던 석불을 한데 모은 것이라고 한다. 용화사에 모셔진 일곱 불상은 조성양식이나 수법에서 고려 조각사 연구에 귀한 사료로 받아들이고 있다.

흥덕사 터와 고인쇄박물관에서 증평 방향으로 가다가 흥덕교 앞 사거리에서 오른쪽으로 난 무심천 둑길을 따라 쭉 가다보면 길 오른쪽에 용화사가 나온다.

02 국립청주박물관

국립청주박물관은 1987년 10월 개관하였다. 우암산 기슭에 자리 잡아 맑고 깨끗한 자연경관과 어우러진 휴식 공간이자 문화체험공간으로 손색이 없다. 총 4개의 상설전시실과 기획전시실, 어린이박물관, 청련관(기증전시관)으로 이루어져 있다. 상설전시실은 시대별 자료 및 유물를 전시하고 있다. 또 고려문화실은 고려시대 충북의 불교문화를, 조선문화실은 조선시대 생활문화와 더불어 신숙주, 권상하 등 충청도 출신의 위인들의 삶을 느낄 수 있는 자료들을 전시하고 있다. 월별로 청소년·어린이 토요 박물관 교육 강좌를 운영하고 있으며, 매월 둘째, 넷째주 토요일에는 야외 무대에서 문화산책 공연이 열린다.

03 초정약수

'초정'이라는 지명은 후추처럼 톡 쏘는 물이 나오는 우물이라는 뜻에서 유래하였다고 한다. 청주시에서 동쪽 방향으로 약 10여km 지점에 위치한 초정약수터에서는 라듐 성분이 다량 함유된 천연탄산수 초정약수가 나온다. 세종대왕이 이곳 초정약수터에 머물며 눈병을 고쳤다고 전해지며, 세조도 이곳 약수로 심한 피부병을 치료하였다고 한다. 청원군 부강약수와 함께 국내 제일의 약수로 꼽힌다. 초정약수는 세계광천학에서 인정하는 세계 최고 광천수중 하나이다. 초정약수터 입구 쪽에서 왼편으로 초정문화공원이 조성되어 있다. 매년 5월말에 '세종대왕과 초정약수 축제'가 열리며 풍성한 볼거리를 제공한다.

04 운보의 집

故 운보 김기창 화백이 부인과 사별한 후 어머니의 고향에 집을 짓고 살았던 곳이 바로 이 '운보의 집'이다. 낮은 산들이 감싸 안은 듯한 8만여 평의 대지에 운보의 집 한옥 안채가 있다. 솟을대문과 정원, 중문을 차례로 지나면 아늑한 한옥 안채가 나온다. 이외에도 운보미술관, 조각공원, 도자기공방, 연못과 정원, 운보의 묘 등이 아담하게 조화를 이루고 있다. 운보미술관에는 김기창 화백의 대표작 50여점과 도자기, 판화, 유품 등과 부인 박래현의 작품 그리고 북한에 있는 동생 김기만 화백의 작품도 전시되어 있다.
이곳은 몇해 전, 인기리에 방영되었던 드라마 '제빵왕 김탁구'의 촬영지로 찾아오는 방문객도 많아졌다고 한다. 전통한옥이 조경과 잘 어우러진 문화 예술 공간을 천천히 거닐며 감상해 보기를 권한다.

엄마, 아빠 필독
아이가 알아야 할 역사 포인트
아이가 질문할 경우 이렇게 대답하세요

Q 직지심체요절? 직지심경? 직지심경이 무엇인가요?

A 둘은 같은 말이야. 다만 『직지심경』은 『직지심체요절』의 잘못된 표현이란다. 『직지심체요절』은 '백운화상 초록 불조직지심체요절'을 줄여서 부르는 책 이름이지. 백운화상(고려 말의 승려)이 부처와 자신보다 먼저 세상을 떠난 승려들의 이야기나 기록 등을 정리한 책이란다. 『직지심체요절』은 상, 하 두 권으로 만들었으나 현재는 하권만 프랑스 국립도서관에서 보관하고 있어. 1377년 펴낸 책으로 지금까지 전해지는 금속활자본 중 가장 오래된 책으로 의미가 있지.
이 책은 조선 말 주한 프랑스 공사 콜랭 드 플랑시가 수집하였고, 1911년 앙리 베베르가 간직하였다가 1952년 프랑스 국립도서관에 기증하였어. 1972년 유네스코 '세계도서의 해' 기념 책 전시회에 출품되어 세계적인 주목을 받기도 했지. 『직지심체요절』은 인쇄 문화사 발전에 큰 전기를 마련한 가치를 인정받아 2001년 9월 4일 유네스코 세계기록유산에 등재되었단다.

Q 유네스코 직지상은 어떤 상인가요?

A 유네스코 직지상은 『직지심체요절』의 세계기록유산 등재를 기념하면서, 세계기록유산의 보존에 공이 큰 단체 또는 개인에게 주기 위해 만든 상이란다. 수상 후보는 유네스코 본부에서 회원국으로부터 후보자를 신청 받아 세계기록유산 국제자문위원회에서 심의 및 선정을 담당하고 있어. 2005년부터 2년마다 9월 4일 직지의 날에 청주시나 프랑스 파리에서 개최되고, 상금은 약 3만 불 정도야.

고려시대

Q '용두사지 철당간'에서 당간은 무엇인가요?

A 당간(幢竿)은 사찰에서 기도나 법회 의식이 있을 때 당(幢)을 달아 두는 기둥을 뜻해. 당은 법회 등 행사가 있을 때 절의 문 앞에 세우는 기를 말한단다. 용두사지 철당간의 경우는 밑에서 세 번째 철통 바깥에 왜 철당간을 세웠는지에 대한 설명이 새겨져 있어. 이것을 명문(금석, 등에 새겨 놓은 글)이라고 해. 명문에 의하면 철당간이 고려 광종 13년(962)에 건립되었으며, 30개의 철통으로 이루어져 있다고 밝히고 있어. 우리나라의 철당간을 찾아볼까? 보물 제256호인 공주 갑사(甲寺) 철당간, 경기유형문화재 제39호인 칠장사 당간, 청주의 용두사지 철당간 등 3개만 남아 있단다.

Q 상당산성 내 저수지가 일제에 의해 파괴되고 본래의 모습을 잃었다는 말이 사실인가요?

A 「상당산성지표조사보고서」(충북대 중원문화연구소, 1999)에 의하면 '일제치하에 연못을 저수지로 만들어 관개 시설로 되면서 옛 모습이 완전히 사라졌'고 해. 이 조사 자료를 근거로 조선 영조 40년(1764) 당시 충청병사였던 이태상이 그린 상당산성 지도를 정밀 조사한 결과 다각형 모양의 전통 연못과 연못 섬 중앙에 육각 혹은 팔각 모양의 정자가 있었으며, 각각 연당(蓮堂)과 소요정(逍遙亭)이라는 고유 명칭도 지녔던 것으로 확인되었어. 전통 연못이었던 본래의 모습으로 다시 만드는 복원작업이 필요하다는 의견들이 많아지고 있어.

Q 상당산성 안에는 왜 절이 많았을까요?

A 사실 상당산성은 둘레 4.2km, 내부 22만 평의 규모로, 그렇게 큰 성은 아냐. 그럼에도 불구하고 조선시대 이곳에는 남악사 등 세 개의 절이 있었다고 해. 지금도 절터 흔적이 뚜렷이 남아 있지. 이것말고도 1900년대 초까지만 해도 '보국사'가 사찰의 명맥을 이어왔던 것으로 전해져. 임진왜란이 일어나자 승려들은 호국불교(불교 신앙으로 국가를 보호한다는 이념) 기치를 내걸고 전쟁에서 크게 공을 세우자 절 중창 허가라는 혜택을 받게 되었지. 이에 전국의 유생들이 불교에 특혜를 준다며 반발하자, 조정에서 성곽 관리를 승려에게 맡기는 기막힌 방안을 내놓지. 승려는 면역 혜택을 받는 대신 성을 관리, 보수하고 국가는 별도의 인력 동원 없이 성을 유지할 수 있는 호혜관계가 성립된 거지. 상당산성 안의 3개 사찰은 이 같은 이유로 만들어진거야.

좌구산자연휴양림

머물러 쉴 곳은 참 많다. 접근성, 편의성 등 나름대로 취향을 쫓아 숙박지를 찾는다. 허나 때론 맑은 공기와 숲의 신선함이 살아 숨쉬는 곳 휴양림에서 건강과 휴식, 마음의 안정을 누린다. 가족단위 여행은 더욱 그러하다. 청주와 증평권역 인근에 좌구산자연휴양림이 있다. 율리삼거리 좌구산제일문을 통과하면 삼기저수지, 율리휴양촌이 이어 보이고 조금만 더 올라가면 자연휴양림에 도착한다. 휴양림을 중심으로 수변산책로와 등산로, MTB코스 등 다양하게 조성되어 있다. 좌구산천문대가 자리잡고 있어 과학체험으로도 좋다. 숙박시설은 별자리(4,8,12인용), 야생화마을(15인용) 독채와 별무리하우스 콘도형이 있다.

주소 : 청주시 증평군 증평읍 솟점말길 107 / **전화** : 043-855-3871~2 / **홈페이지** : jwagu.jp.go.kr / **요금** : 별자리(숲속의 집)마을(4인기준) 성수기 70,000원, 비수기 50,000원, 별무리하우스(4인기준 복층) 성수기 60,000원, 비수기 40,000원

기타 추천 숙박

라마다프라자
주소 : 청주시 청원구 충청대로 114
전화 : 043-290-1000

상당산성 휴양림
주소 : 청주시 청원구 내수읍 덕암 2길 162
전화 : 043-216-0052

함지락 생삼겹살

청주 서문시장의 삼겹살거리가 유명하다. 전통시장을 특화거리로 조성한 이곳에 삼겹살 식당이 즐비하다. 연탄불 석쇠 위에 고기를 얹어 놓고 왕소금을 뿌려 굽는 방법, 삼겹살을 간장에 찍어 불판에 구워먹는 방법이 별미다. 녹차 달인 간장에 항암쌈채 등 건강식으로 식단을 꾸몄다. 산뜻한 내부 장식으로 사람들의 발길이 더 분주하다.

★ **추천 메뉴** : 삼겹살
주소 : 청주시 상당구 무심동로 372번길 34 / **전화** : 043-223-2379

미래지

청주 중앙공원 후문에 위치해 접근성이 편리하고 맛도 있으며 가격도 적당하다. 메뉴는 미래지한정식에서 수라정식까지 대여섯가지로 되어 기호에 맞게 선택할 수 있다. 건강식이자 퓨전한정식 스타일이면서도 계절별로 정통의 맛을 그대로 살리고 있다. 실내가 밝고 산뜻한 느낌으로 가족단위 식사로 제격이다.

★ **추천 메뉴** : 한정식
주소 : 청주시 상당구 상당로 59번길 45-3
전화 : 043-256-2040

기타 추천 맛집

리골레토시카고피자
주메뉴 : 헤리 콤비네이션 피자, 케이준 치킨 샐러드
주소 : 청주시 상당구 북문로2가 55-1 / 전화 : 043-221-4715

청주 대추나무집
주메뉴 : 짜글이찌개
주소 : 청주시 청원구 사천로 18번길 5
전화 : 043-217-8866

고려시대

상당산성

울돌목해상무대

용장성

운림삼별초공원
왕온의 묘 · · 운림산방

궁녀둠벙

Brrr!

남도진성 배중손 장군 사당

고려시대

삼별초 최후의 격전지를 따라 걷다

대몽 자주 항쟁의 상징 용장성, 남도진성

진도는 고대로부터 해상 문물 교류의 동로이자 동서 진영 세력 충돌의 길목에 서 있었다. 그 중심이 진도의 명량, 울돌목이다. 우리는 이곳 진도에서 여·몽 연합군에 맞서 장열하게 최후를 맞이한 배중손 장군과 삼별초 세력을 보게 된다. 몽고의 무력에 맞서 자주적 지위를 지키려는 모습이 처연하게 다가온다. 비굴한 조정에 반기를 들었다 하여 반란으로 몰아붙이니, 그것이 과연 이 나라를 위한 고육지책이었을까? 역사는 반복된다. 지금의 우리는 어떤 모습일까. 진도의 벽파진에 입성해서 남도진성까지, 삼별초가 걸어갔던 길을 다시 밟아본다.

🚌 알고 가면 더 유익한 역사여행

여행 키포인트

삼별초군의 역사를 미리 알고 가자. 고려시대 몽골의 침략과 고려 조정의 강화 천도 이후, 배중손 휘하의 삼별초는 환도를 거부했고 결국 진도 항전으로 이어졌다. 혹 사전에 기본 정보를 챙기지 못했다면 삼별초 공원에 들르면 된다. 삼별초의 동선을 따라가 보자.

어린이 여행 학습 정보 ▶▶

진도여행에서는 운림삼별초공원과 배중손 장군 사당은 꼭 보고 가자. 운림삼별초공원은 삼별초의 활약상과 역사적 의의, 용장성 왕궁 발굴 유물 전시, 3D 영상관 등으로 구성되어 삼별초의 역사를 흥미 있게 배울 수 있다. 삼별초 항쟁의 간접 체험을 위한 궁녀둠벙 미니어처와 진도진성 미니어처도 전시되어 있다. 여몽연합군에게 밀려 남도진성에서 최후를 맞은 배중손 장군이 모셔진 사당의 공덕비 또한 반드시 읽어보자.

교과서

초등학교 5학년 2학기 사회 - 북방민족의 침입과 극복

🚌 travel information

📍 자동차 코스

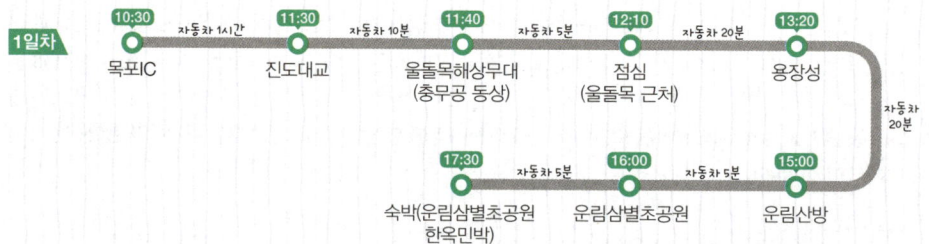

Basic Course

울돌목해상무대(충무공 동상)
주소 진도군 군내면 진도대로 8439-19
* 충무공 동상이 위치한 곳이 울돌목해상무대이다.

용장성
주소 진도군 군내면 용장산성길 92
전화 061-540-3426

운림삼별초공원
주소 진도군 의신면 의신사천길 15-21
전화 061-543-2002
시간 09:00~18:00(동절기인 11~2월에는 17:00까지 단축 운영, 매주 월요일, 설날과 추석 당일 휴관)
입장료 무료

운림산방
주소 진도군 의신면 운림산방로 315
전화 061-540-6286
시간 09:00~18:00(동절기인 11~2월에는 17:00까지 단축 운영, 매주 월요일, 설날과 추석 당일 휴관)
입장료 성인 2,000원, 청소년 1,000원, 어린이 800원
주차 무료

왕온의 묘
주소 진도군 의신면 침계리 산45

궁녀둠벙
주소 진도군 의신면 돈지리 1029-12

배중손 장군 사당
주소 진도군 임회면 진도대로 4212
전화 061-540-3224

남도진성(남도석성)
주소 진도군 임회면 남도길 8-8
전화 061-540-3084

진도향토문화회관
주소 진도군 진도읍 진도대로 7197
전화 061-540-6253

진도의 주요 역사 여행지

COURSE 01 용장성

1. 용장사 2. 용장성 3. 용장사 터

용장성은 진도군 용장리에 있는 고려시대의 산성이다. 고려 조정이 몽골에 굴복하고 개경으로 환도하자 삼별초는 이에 반발하여 강화도에서 진도로 이동해 용장성을 지었다. 삼별초는 강화도에서 승화후 온(承化侯 溫, 고려시대 왕족)을 왕으로 추대하여 독자적인 정부를 세웠고, 그 뒤 이곳을 새로운 본거지로 삼아 몽골에 대항하였다. 용장성이 삼별초의 항몽 유적지가 된 것이다.

최근까지도 이곳에서는 여러 차례 발굴 조사가 계속되었다. 그 결과 삼별초의 진도 이동이 고려 왕실의 강화 천도에 이은, 또 다른 천도였음이 밝혀졌다. 삼별초는 개경에서 수도를 옮길 장소로 강화와 진도를 후보에 두었고, 결국 진도로의 수도 이전은 실행되지 못했으나 진도 궁궐 설계 및 일부 조성 작업 등이 추진되었던 것으로 보인다.

용장사는 고려시대에 지어진 절이었는데, 삼별초가 절을 허물고 행궁을 지어 용장사 터라 부른다. 이 용장사 터, 용장사지 가까이에 근래 복원한 용장사가 있다. 용장사 내부 약사전에는 고려시대에 만들어진 약사삼존불상, 용장사 석불좌상이 모셔져 있다.

용장성에 왔다면, 용장성홍보관을 먼저 보고 난 후 용장사와 용장성 터를 둘러보면 좋다. 삼별초 정부의 독자적 자주성이, 시간을 달리하여 초라한 모습으로 다가오는 것이 안타깝기만 하다.

> ⚠️ **여행 TIP**
>
> 용장성은 용장사 터와 용장사 중심으로 살펴보면 된다. 상상의 나래를 펼쳐보자. 과거 이곳은 유럽까지 두려움에 떨게 했던 몽골의 무력에 저항한, 남녀노소 모든 백성이 힘을 모아 마지막까지 싸운 항쟁의 터였다.

삼별초공원

COURSE 02 운림삼별초공원

궁녀둠벙 미니어처

운림삼별초공원은 대몽항쟁의 상징인 삼별초를 주제로 한 역사 체험 공원이다. 이곳의 삼별초홍보관에서는 전시된 당시의 유물과 자료를 통해 삼별초의 활약상을 살펴 볼 수 있다. 삼별초항쟁 기념광장은 운림 삼별초공원의 대광장으로, 각종 행사 및 촬영장소로 활용되고 있다. 공원 주변에는 남도진성과 궁녀둠벙 미니어처가 설치되어 있어 산책 겸 당시의 삼별초 활동상을 간접적으로 체험해 볼 수 있다. 대광장 옆으로 전통 한옥 숙박 시설이 함께 갖춰져 있어 편리하다.

 **여행 TIP**

운림삼별초공원에서 첨찰산 자락 안쪽 지근거리에 있는 운림산방을 둘러보는 것도 좋다. 여유 있게 진도의 풍경을 느껴볼 수 있는 공간이다.

COURSE 03 남도진성

용장성에서 여몽연합군과 최후의 격전을 벌이다 패배한 삼별초의 배중손장군이 마지막 항쟁지로 택한 곳이 남도진성이다. 여몽연합군과 용장성 전투에서 패퇴한 삼별초는 두갈래로 나눠 후퇴한다. 배중손은 남도진(남도진성)으로, 왕온과 김통정 일행은 금갑진(접도)으로 향한다. 결국 배중손장군은 남도진성 전투에서 크게 패하고 굴포해안 쪽으로 후퇴하다 생을 마감한다.

남도진성은 삼국시대 때 쌓은 성으로 추정된다. 고려시대 고종 이후 왜구의 노략질로 영암으로 거처를 옮겨 비워두었다가 조선조 세종 20년 만호부의 설치와 함께 왜로부터의 방어를 위해 성을 쌓았다.
수군 만호들의 선정을 기리기 위해 세운 만호비 6기는 석성 바깥쪽의 서문 입구 우측으로 옮겨 함께 조성해 놓았다. 남도진성 남문 앞에는 예쁜 무지개 다리 2개가 있다. 남문 바로 앞의 단운교와 조금 떨어져 있는 쌍운교. 자연석을 사용해 만들었는데 흔치 않은 아담한 모양을 띄고 있다.

남도진성 안에는 남동마을이 있는데 현재는 성내 공터 발굴작업과 성안 마을의 주택 철거를 동시에 진행중이다.

> ⚠ **여행 TIP**
>
> 남도진성 길 건너 남도포 해안 방파제까지 해안산책로가 있다. 해안가 갯벌과 풍광이 인상적이다. 입구에 옛 군사들의 훈련장인 활 터와 군용 배 건조장 터가 남아 있다.

남도진성

아담하고 귀여운 쌍운교 다리

이곳도 추천해요!

01 배중손장군 사당

대몽항쟁에 과감히 맞서 전사한 삼별초의 배중손장군을 모신 사당. 배중손장군은 용장성에서 패퇴한 이후 남하하여 남도진성을 근거지로 하여 몽골군에게 대항하다 대패하고 굴포로 쫓겨 후퇴하던 중 최후를 마친 것으로 전해진다. 예전부터 당집을 지어 배중손장군과 삼별초군 제를 올리다가 1959년 처음 건립한 이후 1999년 10월 16일 배씨대종회 성금모금으로 재건축하였다. 고려 조정에서 배제되고 '고려사 반역자 열전'에 장군이 포함되어 있는 한 줄의 기록이 전부인 배중손 장군. 현재는 배씨대종회에서 1999년 8월 동상과 공덕비를 세우고 사당을 정성껏 다듬어 놓았다. 자주국 고려를 원했던 배중손장군의 뜻을 기리려는 모습이 애틋하다.

02 왕온의 묘

동백숲으로 둘러싸인 돌계단 언덕길을 오르면 왕온묘가 보인다. 용장성에서 퇴각한 삼별초군은 둘로 나뉘어 여몽연합군을 분산시키려 했는데 승화후 온 무리는 금갑진으로 향했고, 배중손장군 일행은 남도진으로 방향을 잡았다. 승화후 온과 삼별초군은 의신면 침계리 부근에 있는 고개에서 여몽연합군과 치열한 전투를 벌이는데 이곳에서 승화후 온과 아들 항이 전사하였다. 사람들은 이곳에 '왕온묘'가 자리하고 있어 이 고개를 '왕무덤재'라고 불렀다. 승화후 온은 아들 항과 같이 묻히지 못했다고 전한다. 대신 그의 말 무덤이 그와 함께하고 있어 더 애틋하다. 마지막까지 외적에 굽히지 않고 위기의 나라를 구하고자 하는 마음이 선명하게 와 닿는다.

03 궁녀둠벙

둠벙은 진도의 사투리로 연못(물웅덩이)을 말한다. 승화후 왕온은 '왕무덤재'에서 붙잡혀 '논수골'에서 전사한다. 피난중에 왕온의 죽음을 접한 궁녀들은 몽골군에 잡힐 것이 뻔한 만길재 넘는 것을 포기하고 죽음으로 순결을 지키고자 지금의 둠벙에 몸을 던져 자결한다. 과거 궁녀둠벙은 크고 깊었으나 현재는 농지 정리를 하면서 차츰 메꾸어 작은 터로 남게 되었다. 진도읍에서 남쪽 금갑 방향으로 가다가 왕무덤재를 지나 만길재 개천이 흐르는 다리에서 개천길 둑을 따라 언덕 밑으로 가면 된다. 궁녀둠벙 주변 농지정리를 하면서 좁아지고 관리가 소홀해졌는지 안내 이정표가 부실하다. 물어물어 가야하는 불편함이 있다.

궁녀들이 몸을 던진 연못, 궁녀둠벙

04 울돌목해상무대

울돌목해협 위를 가로지르는 진도대교는 해남군 전라우수영과 진도 녹진리를 연결하고 있다. 2005년 건설된 제2 진도대교와 함께 쌍둥이다리로 2015년 기존 진도대교를 보수하여 왕복차선으로 개통되었다. 대교를 밝히는 야경이 특히 아름답다. 진도군 녹진지역 진도대교 옆에 세워진 명량해전 전승공원 내에는 이충무공동상, 울돌목 판옥선, 울돌목 해상무대, 해양에너지파크가 조성되어 있다.

울돌목이란 '소리를 내어 우는 바다길목'이란 순 우리말로 한자어로는 명량해협이라 불리운다. 294m의 폭에 물살과 소용돌이가 급하고 드세서 물흐르는 소리가 해협 주변을 뒤흔들 정도라고 한다. 울돌목해협과 진도대교 그리고 멀리는 해남땅 전라우수영까지 조망하고 싶다면 진도대교 휴게소 윗부분에 조성된 진도타워에 올라가면 된다.

울돌목해상무대에서 바라본 진도대교

05 운림산방

운림산방(雲林山房), 구름과 숲이 어우러진 첨찰산자락의 화방이라고 볼 수도 있겠지만 연유를 알아보니 아침 저녁으로 생기는 안개가 구름처럼 자욱했다 해서 불려졌다고 한다. 진도하면 진돗개지만, 진도아리랑과 더불어 운림산방 또한 기억에 남는 남도 문화 관광 명소 중 하나다.

운림산방은 추사 김정희의 제자로 진도 출신인 허련이 고향으로 내려와 그림에 몰두한 곳이다. 지금의 운림산방은 남종화의 맥을 이어 3대째 이어온 손자 허건이 다시 복원하여 지금에 이르고 있다. 전시관에는 허련과 그의 손자인 허건까지 3대의 작품이 전시되어 있으며, 진도역사관이 옆에 있어 진도의 내력을 이해할 수 있는 기회도 제공하고 있다. 매주 토요일 오전 11시에 운림산방에서 지역 작가 작품으로 토요경매를 진행한다.

06 진도향토문화회관

진도의 삼절 시서화(詩書畵)와 더불어 우리의 소리인 국악 또한 진도여행에서 빠뜨려서는 안되는 여행의 백미이다. 진도향토문화회관 대강당에서 열리는 토요민속여행에 우선 주목하자. 4월에서 11월까지 매주 토요일 오후 2시에 진도의 멋과 정취를 만끽할 수 있는 전통 민속공연이 연중 실시된다. 또한 남도국악원 진악당에서는 금요국악공감을 통해 매주 금요일 저녁 7시에 우리의 선통 국악을 소개한다. 이밖에도 진도민속문화예술단에서는 매주 일요일 오후 2시 일요상설공연으로 진도민속공연이 열려 민속 체험과 볼거리를 제공한다.

진도에는 씻김굿, 강강술래, 남도들노래, 다시래기 네 가지가 무형문화재로 지정되어 있으며, 진도북놀이, 진도만가, 남도잡가 등 도지정무형문화재 세 종류가 지정되어 있다. 진도사람들은 누구나 노래로 한가닥 한다고 할 만큼 옛부터 삶의 질곡을 구성지게 표현하는 소리로 유명한 진도다.

엄마, 아빠 필독
아이가 알아야 할 역사 포인트
아이가 질문할 경우 이렇게 대답하세요

Q 삼별초란 무엇인가요?

A 고려 무신정권의 특수군대(좌·우별초 및 신의군)를 말해. 몽골의 잦은 침략에 맞선 전투에서 고려의 정규군보다 더 강한 전투력으로 활약하였지. 전라도·경상도 해안 지방은 물론 제주도에 이르는 해상왕국을 건설했으나 1273년 여몽 연합군에 패함으로써 3년간의 대몽 항쟁도 막을 내리게 되었어.

Q 진도의 지리적인 특수성은 무엇인가요?

A 진도는 반도의 서남쪽 모서리에 위치하여 작게는 서남해 도서 지역 간 뱃길 통로 역할을, 크게는 동북아 물류의 교차지이자 요충지 역할을 하였단다. 명량해협을 무대로 한 고대부터의 역사적 흔적들이 이를 증명하고 있어. 왕건과 견훤 간의 해상 패권전쟁, 강화에서 진도로 본거지를 옮기며 싸웠던 고려시대의 삼별초항쟁은 물론 정유재란에서도 진도와 울돌목은 해상 길목에서 전쟁의 중심지로 부각된 것만 보아도 잘 알 수 있지.

Q 둠벙은 무슨 뜻인가요?

A 둠벙은 진도의 사투리로 연못(물웅덩이)를 말한단다. 진도의 궁녀둠벙은 여몽연합군의 공격을 피해 최후의 수단으로 궁녀들이 둠벙에 몸을 던져 자결한 곳이야. 나당연합군에 의해 백제가 망할 당시 3천 궁녀가 부여 낙화암에서 몸을 던져 목숨을 끊었다는 내용과도 매우 흡사한 사건이지. 삼별초항쟁사의 한부분으로 궁녀둠벙 역시 잘 보존되었으면 해.

Q 용장성 전투에서 퇴각한 삼별초군의 행보는 어떻게 되나요?

A 배중손 장군은 남도진으로, 왕온과 김통정은 금갑진으로 퇴각하여 각각 항전하다가 패퇴했지. 이후 김통정은 제주도 항파두리로 삼별초 진영을 구축하고 이곳에서 대몽항전의 최후를 맞는다.

* 항파두리 : 제주 애월읍에 항파두리 항몽유적지가 조성되어 있다. 원나라 침략에 맞서 마지막까지 항거한 삼별초군의 마지막 보루이다. 진도 용장성을 근거로 대몽항쟁을 전개했던 삼별초군의 패퇴로 김통정장군이 잔여부대를 이끌고 제주 항파두리에 토성을 쌓고 계속 항전하였으나 1273년 여·몽연합군에게 함락된다.

Q 울돌목의 의미는?

A 울돌목은 한자로는 명량(鳴梁)이라고 쓰는 해로야. '바다가 운다'는 뜻에서 유래되었어. 임진왜란 당시의 이름으로는 돌맥이야. 우수영과 진도 사이에 있으며, 거센 물살과 험한 파도가 좁은 해협으로 흘러 들어오면서 엄청난 소리를 내며 격하게 울부짖는 소리가 들린다고 해. 충무공 이순신이 왜적을 유인하여 이곳에 이르러서 물길을 이용해 해전사에 길이 남을 '명량대첩'에서 승전보를 울렸지.

◉ 금갑리 팔도한옥펜션

진도한옥펜션이라고도 한다. 금갑해변을 바라보면서 언덕위에 지어져 유려한 남해의 풍경이 눈에 듬뿍 들어온다. 구석구석 주인의 손길이 닿아 세운 곳이라 그런지 전통 한옥의 품격이 그대로 살아있다. 한국관광공사가 선정한 우수 숙박시설 굿스테이다. 숙소 앞에 위치한 접도 웰빙등산로가 산책로로 유명하다.

* 임회면 헌복동에서 서망까지 6개 코스의 진도미르길이 트레킹코스로 조성되어 있다.

주소 : 진도군 의신면 진도대로 3146-3 / 전화 : 061-544-7316 / 홈페이지 : www.paldohanok.com / 요금 : 70,000원~350,000원

◉ 기타 추천 숙박

운림펜션
주소 : 진도군 의신면 운림산방로 366-12
전화 : 061-544-7758

운림삼별초공원 한옥민박
주소 : 진도군 의신면 의신사천길 15-21
전화 : 061-543-2002

◉ 통나무집

울둘목을 가로질러 진도대교를 건너면 진도읍으로 새로난 직진 도로로 진입하지 않고 바로 우측방향으로 옛 도로로 접어들면 조금지나 통나무집이 눈에 들어온다. 진도해역에서 나는 신선한 해산물과 함께 섬세하고 정갈한 반찬류 음식이 스무여가지나 되어 푸짐하다. 자연산회는 사시사철 때에 맞춰 식단을 꾸며주며, 해물탕과 게장백반이 맛깔스럽다.

★ 추천 메뉴 : 꽃게장, 회코스
주소 : 진도군 군내면 진도대로 8459-18 / 전화 : 061-542-6464

◉ 작은 갤러리

겨울철엔 푸짐하게 나오는 굴 구이를 추천한다. 죽림어촌체험마을(061-544-6645)에서 석화체험장을 운영하고 있다. 색다른 경험이 될 수 있다. 해물 수제비 7,000원, 파전 11,000원.

★ 추천 메뉴 : 해물 수제비
주소 : 진도군 임회면 죽림리 300 / 전화 : 061-544-0071

◉ 기타 추천 맛집

뜰안에
주메뉴 : 아구찜, 아구탕
주소 : 진도읍 군내면 녹진대로 8444 / 전화 : 061-542-3457

문화횟집
주메뉴 : 모듬회
주소 : 진도읍 남동1길 38 / 전화 : 061-544-6007

고려시대

울돌목 해상무대

해인사의 보물

합천 해인사와 창녕 우포늪

번뇌는 바다의 거친 파도와도 같다. 거친 파도는 바로 번뇌와 망상이다. 한없이 깊고 넓은 바다에서 반복된 일상의 고민에 빠져 있다. 번뇌와 망상이 멈출 때, 거친 파도도 비로소 삼삼해진다. 삼삼해진 파도 속에 우주의 갖가지 참된 모습이 비치는 경지에 이르기 위한 곳. 그곳이 바로 해인사(海印寺)이다. 종교를 떠나 절의 웅장한 모습과 주변 경관이 어우러진 경이로운 이곳에서 잠시 머물러 보자.

일상을 돌아보고 산사의 고즈넉한 향기와 수려한 풍경에 취하면, 거친 파도와 싸울 필요를 느끼지 못한다. 해인사가 품은 보물을 찾아 나섰다가 내 안에 숨은 보석도 찾아낸다면 좋으련만. 보물찾기에 서툴러도 좋다. 깨달음의 산, 가야산 해인사에 안겼다 돌아오자.

알고 가면 더 유익한 역사여행

여행 키포인트

팔만대장경이 만들어진 배경과 의미를 살펴보면서 해인사를 두루 둘러보자.
또한 창녕 우포늪의 동식물에는 어떤 것들이 있으며, 나아가 늪이 우리 생태계에 미치는 영향에 대해서도 미리 알고 관람하면 좋겠다.

어린이 여행 학습 정보 ▶▶ MUST SEE 합천 해인사 & 창녕 우포늪

해인사는 우리나라의 삼보사찰 중 하나이다. 삼보사찰이란, 불교에서 귀히 여기는 3가지 보물을 갖고 있는 사찰이란 뜻이다. 국내의 대표적인 삼보사찰은 불보사찰(부처님)인 통도사, 승보사찰(부처님의 제자, 스님) 송광사 그리고 법보사찰(부처님의 교법) 해인사이다.
창녕 우포늪은 우리나라 최대의 자연습지로 현재 생태계보전지역으로 지정되어 관리되고 있다. 람사르 협약에 의해 국제적으로 중요한 물새 서식지로 지정되어 있기도 하다.

교과서

초등학교 5학년 2학기 사회 – 고려문화의 발전

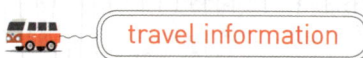

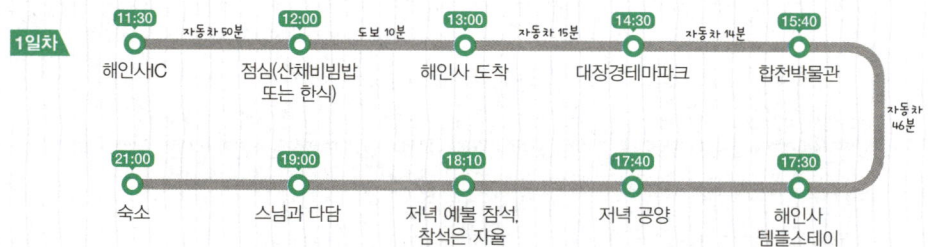

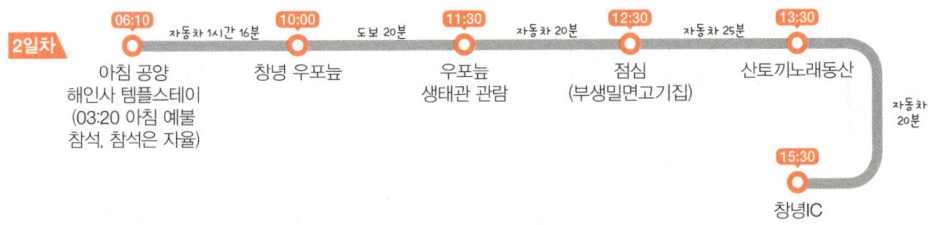

Basic Course

해인사
주소 합천군 가야면 해인사길 122
전화 055-934-3000
시간 08:30~18:00(동절기에는 17:00까지 단축 운영)
입장료 어른 3,000원, 청소년 1,500원, 어린이 700원
주차 대형 6,000원, 소형 4,000원

* 해인사에서는 템플스테이를 운영 중이다.
  템플스테이 참가 비용(평일)은 50,000원(초등학생, 13세 이하는 40,000원)
  주말 비용은(매주 토요일, 1박 2일) 60,000원(초등학생, 13세 이하는 50,000원)이다.

합천박물관
주소 합천군 쌍책면 황강옥전로 1558
전화 055-930-4882
시간 09:00~18:00(신정 및 매주 월요일, 설날과 추석 당일 휴관)
입장료 · 주차 무료

대장경테마파크
주소 합천군 가양면 가야산로 1160
전화 055-930-4801
시간 09:00~18:00(동절기인 11~2월에는 17:00까지 단축 운영, 신정 및 매주 월요일 휴관)
입장료 어른 3,000원, 청소년 2,000원, 어린이 1,500원(만 6세 이하 무료)

* 신분증을 제시할 경우 합천 군민은 무료로 입장이 가능하다.

창녕 우포늪
주소 창녕군 유어면 우포늪길 220
전화 055-530-1553~6
시간 (우포늪생태관) 09:00~18:00(신정 및 매주 월요일 휴관)
입장료 (우포늪생태관) 어른 2,000원, 청소년/군인 1,500원, 어린이 1,000원

산토끼노래동산
주소 창녕군 이방면 이방로 623
전화 055-533-1400
시간 09:00~18:00(입장마감 17:00), 매주 월요일은 휴관일(월요일이 공휴일인 경우는 그 다음날 휴관), 신정 및 설날, 추석 휴관
입장료 어른 2,000원, 청소년/군인 1,500원, 어린이 1,000원

합천의 주요 역사 여행지

COURSE 01 해인사

가야산은 뾰족뾰족한 산봉우리가 마치 병풍을 친 듯한 풍경을 자아낸다. 해인사 입구까지 차를 타고 갈 수 있지만, 해인사까지 이어지는 홍류동 계곡 주변으로 직접 걸어 올라가는 것을 추천한다. 울창한 활엽수가 우거져 있어 마음의 안정을 가져다준다. 살아가며 다친 상처들이 씻겨나가는 듯하다.

해인사는 신라시대 화엄종(화엄경이 근본이 되는 종파)의 정신적 기반으로, 세계문화유산 및 국보, 보물 등 70여 점의 유물을 소장하고 있다. 해인사라는 이름도 화엄종의 근본 경전인 화엄경의 '해인삼매(海印三昧)'라는 구절에서 비롯되었다고. 이는 우주에 있는 모든 것이 도장 찍히듯 그대로 바닷물에 비쳐 보인다는 뜻으로, 모든 번뇌가 사라진 부처의 마음과도 같은 곳이라 한다. 생각의 소용돌이를 끊어 낼 수 있다면 좋으련만, 끊어내도 새로운 번뇌는 계속해서 생겨난다.

조선 태조 때 고려대장경판이 해인사에 봉안되었다. 임진왜란 때도 전화(戰禍)를 면했으나, 그 후 여러 차례 화재를 입었다. 그래도 팔만대장경판을 봉안한 판전 건물에는 피해가 없었다고 한다. 이 말을 들으니 해인사만큼은 지켜내야 된다는 사명감이 새삼 솟아난다.

여행 TIP

해인사의 입장료는 현금 결제만 가능하다. (입장료 : 성인 3,000원, 청소년 1,500원, 어린이 700원)

합천에는 계절에 따른 다양한 축제도 개최되고 있다. 4월 첫째 주에는 합천벚꽃마라톤대회, 5월 1일 황매산철쭉제, 7월 말 황강레포츠축제, 7월에서 8월 말 합천예술제가 열린다.

해인사입구

팔만대장경 장경판전

해인사장경판전고 　　　　　수다라장창살

해인사에서 비교적 오래된 건물은 대적광전, 응진전, 퇴설당, 구광루, 해탈문 등이며 대장경판전 외에는 모두 조선 순조 17년(1817) 직후의 건물이고, 나머지 건물은 훨씬 후에 지어진 것이다. 또한 해인사 내에 성보박물관이 있다. 이곳에서는 잘 보존된 여러 문화재를 볼 수 있다.

세계기록유산에 지정된 세계 최고의 팔만대장경

해인사대장경판(海印寺大藏經板)은 국보 제32호이다. 장경판이 8만 장에 이른다 하여 팔만대장경(八萬大藏經)이라고도 부른다. 고려가 몽골의 침입을 불력(佛力)으로 막아내고자 고종 23년(1236), 강화군에서 조판에 착수하여 무려 15년 만에 완성한 고려의 대장경이다.

대장경을 만든 시기의 고려 왕조는 잦은 오랑캐의 침략 때문에 어려운 시국을 맞이하고 있었다. 이러한 시대적 상황 속에 왕과 백성들이 나라를 구하겠다는 한 마음으로 합심하여 만든 것이다. 대장경을 만드는 데 들인 정성을 알 수 있는 것이, 틀린 글자가 단 한 글자도 없다고 한다. 게다가 한 자씩 쓸 때마다 절을 한 번 하였다고 하니, 임하는 자세와 그 정확성은 상상할 수 없는 노력의 산물인 것이다. 서른 명 남짓한 사람들이 쓴 글자임에도 불구하고 마치 한 사람이 쓴 것처럼 획이나 모양이 일정하다고 한다. 그 글자들이 너무 아름다워 중국 최고의 대장경인 만력판이나 일본의 신수대장경 등 세상의 어떤 대장경도 따라올 수 없을 만큼 독보적이고 뛰어나다. 현존하는 세계의 대장경 가운데 가장 오래된 것일 뿐만 아니라 체제와 내용도 가장 완벽한 것으로 평가되어 2001년 유네스코 세계기록유산에 지정되었다.

> ⚠ **여행 TIP**
>
> 판전 건물 일곽은 길쭉한 마당과 그 둘레에 배치된 여러 건물들로 구성되어 있다. 마당에서 볼 때 바깥쪽에 해당하는 앞 건물은 하전, 수다라장이고, 뒤에 있는 안쪽 건물이 상전인 법보전이다.

해인사장경판전 내부

경상남도 ▶ 합천 · 창녕　**241**

COURSE 02 대장경테마파크

해인사에서 팔만대장경을 관람한 다음 대장경에 대해 더 자세한 내용을 알고 싶다면 대장경테마파크를 추천한다. 해인사에서 자동차로 14분 정도의 거리에 위치해 있다. 가야산로를 타고 내려오다 보면 제월당과 홍류동 계곡을 지난다.

2011년 팔만대장경 간행 천 년을 맞이하여 대장경테마파크를 조성하였고, 팔만대장경의 우수성과 역사성을 알리고 있다. 천 년을 이어 온 대장경의 역사적, 문명적 의미를 느낄 수 있을 것이다. 대장경 조판 이전부터 경전의 제작 과정, 오랜 시간 동안 보존할 수 있었던 비밀 등을 알 수 있다. 아이와 함께 5D 체험관에서 천 년을 이어온 장경판전에 대한 이야기를 생생히 감상할 수도 있다.

> ⚠️ **여행 TIP**
>
> 휴관일은 매년 1월 1일, 매주 월요일(월요일이 공휴일인 경우는 그 다음날)이다.
>
> 5D 입체영화는 대장경 빛소리관에서 볼 수 있으며, 상영시간은 1회가 10:30분에 시작하며 마지막 7회차는 17:00이다. 매 시간마다 상영하지만, 관람관을 둘러보기 전에 상영시간을 확인하여 둘러보면 시간을 절약할 수 있다.

대장경테마파크

대장경테마파크 천년관

1. 합천박물관 입구 2. 합천박물관 전경 3. 옥전고분분입구 다라국의 뜰

COURSE 03 합천박물관

합천박물관은 가야 왕국 중 하나였던 다라국 지배층의 고분군에서 출토된 유물을 전시하여 당시의 생활 모습을 엿볼 수 있다. 문화실에서 다라국의 생활 모형 등 역사적으로 의의가 있는 유물을 전시하고 있다. 또한 향교와 서원, 고건축, 사찰과 절터 등에 대한 자료도 배치되어 있고, 나아가 임진왜란 당시이 의병활동, 구한말 일제시기 저항 운동을 펼쳤던 합천인의 활약상도 볼 수 있다. 그래서 이곳에선 합천을 더 자세히 알 수 있다. 박물관 위로는 실제 고분군이 있으니 관람을 마치고 가보도록 하자. 마치 다라국의 뜰을 걷는 기분이다.

합천박물관에는 엄마와 함께하는 어린이 박물관 학교가 있어 이곳에선 아이들이 전통 문화와 역사를 바로 이해하는 데 도움을 받을 수 있을 것이다. 이외에도 어린이 마당을 통해 민속놀이를 직접 해볼 수 있으며, 다라국 문화를 직접 체험해 볼 수 있는 체험실도 조성되어 있어 다양한 문화 체험이 가능하다.

여행 TIP

합천박물관 뒤로 옥전고분군이 있어 함께 보면 좋다. 대장경테마파크에서 자동차로 약 50분 정도 걸린다.

이곳도 추천해요!

01 우포늪

우포늪은 끝이 보이지 않을 정도로 광활한 규모를 자랑하는 곳이다. 낙동강의 물이 홍수로 범람했을 때 자연 제방에 갇혀 물이 나가지 못하게 되면서 자연습지를 이룬 곳으로 면적이 약 70만 평에 달한다. 수많은 희귀 물풀이 자라고 다양한 새들을 볼 수 있는 국내 최대의 자연 늪으로, 어마어마한 비용을 들여 만든 댐과 맞먹는 수준의 물 저장고 역할을 한다고 한다. 람사르 국제습지보존지역으로 약 1억 년 동안 그대로 간직되었기에 시간을 거슬러 올라간 듯한 원시적인 모습을 그대로 품고 있다. 창포, 부들, 갈대, 줄, 올방개, 붕어마름, 벗풀 가시연꽃 등이 무더기로 자라고 있다. 무분별한 개발 아래 국내의 크고 작은 늪이 사라지고 있는 현실이지만, 우포늪은 아직도 늪의 본 모습을 제대로 보존하고 있는 곳이다. 새벽의 물안개가 정말 장관이다. 우포늪 생태관도 방문하도록 하자. 생태환경을 보다 잘 이해할 수 있을 것이다.

02 산토끼노래동산(이방초등학교)

산토끼노래동산에서 보이는 이방초등학교가 동요 산토끼의 발상지이다.

> 산토끼 토끼야 어디를 가느냐 깡충깡충 뛰면서 어디를 가느냐
> 산 고개 고개를 나 혼자 넘어서 토실토실 알밤을 주워서 올테야
> – 동요 「산토끼」

우리나라 사람이라면 누구나 알고 있는 동요 산토끼의 작곡가가 이방초등학교에서 재직 중이던 이일래(1903~1979) 선생이다. 학교의 정문에는 '대한민국 산토끼 노래학교'라는 입석이 있다. 산토끼노래동산에는 산토끼 동요관, 토끼먹이 체험장, 미로정원 등이 있어 아이들과 함께 즐거운 시간을 보낼 수 있다. 어른들은 어린 시절의 추억을 떠올릴 수 있고, 아이들은 체험 학습을 할 수 있는 곳이다.

엄마,아빠 필독
아이가 알아야 할 역사 포인트
아이가 질문할 경우 이렇게 대답하세요

Q 해인사를 사찰이라고 하는데 사찰이 무엇인가요?

A 불상, 탑 등을 놓고 승려와 신자들이 거처하면서 불도를 닦고 교리를 전파하는 건축물을 말한단다. 우리나라 사찰은 기능별로 평지가람형, 산지가람형, 석굴가람형이 있지.
평지가람형은 수도를 중심으로 넓은 사역(寺域)에 장엄한 건축물을 가지는 것이 보통이야. 산지가람형은 깊은 산골에 자리 잡고 있지. 풍수지리설에 의거하여 수행에 적합하도록 설계하였어. 석굴가람형은 천연 또는 인공의 석굴에 만든 것을 말하지. 주로 기도를 위한 곳이란다.

Q 팔만대장경은 어떻게 오랫동안 잘 보관할 수 있었나요?

A 팔만대장경을 봉안하고 있는 장경판전 건물에는 놀라운 건축 기법이 숨겨져 있어. 첫째, 공기를 순환시키는 서로 다른 크기의 창이 있어 습기를 막고 적정한 온도와 습도를 유지해. 또 바닥에는 깊이 땅을 파서 숯, 찰흙, 모래, 소금, 횟가루를 뿌렸어. 비가 많이 와 습기가 차면 비닥이 습기를 빨아들이고 반대로 가뭄이 들 때는 바닥에 숨어 있던 습기가 올라와 습도 조절을 자동적으로 해주는 역할을 한단다. 두 번째는 굴뚝 효과로 온도와 습도를 유지해주는 경판꽂이(판가)에 있단다. 마지막으로는 단순한 건축기법에 있는데 실내의 구조를 최대한 단순히 해서 보관 기능에만 집중했어.

Q 우포늪에는 왜 다양한 수생식물이 자라는 것일까요?

A 먼저 우포는 우포, 목포, 사지포, 쪽지벌로 이루어진 습지야. 목포와 사지포는 수심이 얕고 (1m 이하) 제방으로 둘러싸여 있어. 쪽지벌은 겨울에는 수위가 매우 낮아져 습지의 일부가 바닥이 드러나는 등 다양한 모습을 보여 주는 곳이란다. 수위 변화가 적고 홍수가 없는 시기에는 부유 식물이 대부분의 습지 표면을 덮기도 하지만 반대로 수심이 깊고 바람에 완전히 노출된 일부에서는 물속에만 수생식물이 자라게 되는 거지.

Q 우포늪이 습지라고 하는데 습지가 뭐에요? 우포늪이 왜 중요한가요?

A 습지는 물기가 있는, 축축한 땅을 말한단다. 우리나라에서 우포늪은 육지에 있는 가장 큰 내륙습지야. 우리나라엔 자연 호수나 늪이 적은 편이라 우포늪과 같이 이런 방대한 면적을 가진 습지는 생태적으로 대단히 중요하지. 수심이 얕고 계절적으로 특히 여름에 홍수로 인해 많은 물이 들어오고 나가면서 땅과 물이 만나는 면적이 넓기 때문에 다양한 생물들이 서식을 할 수 있어서 생물 다양성이 매우 높단다.
특히 람사르 협약에서 정의하는 중요한 습지는, 그 나라에서 생성 원인이 아주 독특하고 또 어떤 특정 철새가 2만 마리 이상 오거나 어떤 어종들이 그 서식처에서 산란을 하거나 해서 보존 가치가 높은 습지들을 말한다. 우포늪은 이 조건들을 거의 충족한단다.

Q 람사르 협약이 뭔데요?

A 물새 서식지, 특히 국제적으로 중요한 습지에 관한 협약이란다. 람사르 협약은 "습지는 경제적, 문화적, 과학적 및 여가면에서도 큰 가치를 가진 자원이며, 이의 손실은 회복될 수 없다"는 인식하에 현재와 미래에 있어서 습지의 훼손과 손실을 막는 것이 목적이란다.

숙박

◉ 해인사 템플스테이

먼 길을 따라 합천 해인사까지 왔다면 사찰을 제대로 경험해 볼 수 있는 템플스테이를 추천한다. 해인사에서 제공하고 있는 템플스테이 프로그램은 주말형과 평일형(휴식형, 자율 스케줄)이 있다. 평일형의 경우 자유롭게 활동하고 기본적으로 아침, 저녁 공양과 예불만 참석하면 된다. 주말 프로그램은 총 40명 내외의 인원으로 구성되어 참가비 60,000원(초등학생, 13세 이하는 50,000원)을 내고 참여할 수 있다. 준비물은 세면도구, 개인 수건, 양말, 편한 운동화 등이다. 템플스테이를 통해 자연 환경과 불교문화가 어우러진 사찰에서 수행자의 일상과 전통문화를 체험해 볼 수 있다. 마음의 휴식까지도 얻어갈 수 있을 것이다.

주소 : 합천군 가야면 해인사길 122 / 전화 : 055-934-3110 / 홈페이지 : haeinsa.or.kr / 요금 : 체험형 템플스테이 因緣(주말) 어른(중고생) 60,000원 휴식형 템플스테이 쉼(주중) 어른(중고생) 50,000원

◉ 해인사관광호텔

해인사관광호텔은 가야산 원시림 속에 자리 잡아 가야산의 웅장한 운치를 느낄 수 있으며 객실에서 울창한 소나무와 전나무 숲을 조망할 수 있다.

주소 : 합천군 가야면 치인 1길 13-45 / 전화 : 055-933-2000 / 홈페이지 : www.해인사관광호텔.com / 요금 : 99,000~275,000원

◉ 기타 추천 숙박

오도산 민박
주소 : 합천군 봉산면 압곡리 오도산휴양로 257
전화 : 070-4131-7127

맛집

◉ 고바우식당

해인사 앞 산채정식 전문점 식당으로 텃밭에서 가꾼 나물 및 더덕으로 요리를 한다. 청국장과 버섯볶음, 나물무침, 더덕전으로 구성된 한정식을 먹을 수 있는 곳이다. 더덕전은 구이와 다른 색다른 향긋한 맛을 느낄 수 있을 것. 연중무휴. 산채한정식 10,000원, 산채비빔밥 8,000원.

★ 추천 메뉴 : 산채비빔밥
주소 : 합천군 가야면 해인사길 122 비로전 / 전화 : 055-931-7311

◉ 부생밀면고기집

이곳에서는 고기를 구워 아이들과 편하게 먹을 수 있다. 석쇠불고기 메뉴는 아이들이 먹기에 좋다. 식사로 밀면이나 된장찌개를 먹을 수 있다. 4인 가족 기준으로, 석쇠불고기 2인분에 밀면과 된장찌개를 먹으면 충분하다. 한우 석쇠불고기(200g) 14,000원.

★ 추천 메뉴 : 석쇠불고기
주소 : 창녕군 창녕읍 군청길 26 / 전화 : 055-533-0392

◉ 기타 추천 맛집

합천명품토종돼지
주메뉴 : 삼겹살
주소 : 합천군 묘산면 묘산로 215 / 전화 : 055-933-1180

감리산장
주메뉴 : 미나리 삼겹살
주소 : 창녕군 고암면 청간길 5 / 전화 : 055-533-8860

가야산 해인사 일주문 앞의 당간지주

5_ 인의예지 仁義禮智 나라의 기틀이 되다

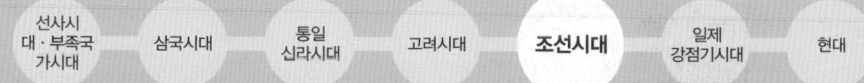

선사시대·부족국가시대 · 삼국시대 · 통일신라시대 · 고려시대 · **조선시대** · 일제강점기시대 · 현대

온 백성을 사랑한 군주,
이곳에 잠들다

세종과 효종이 잠들고, 명성황후가 태어난 도시 여주

우리 역사 속에 백성을 사랑한 왕이 많지만, 그중에서도 으뜸은 세종대왕일 것이다. 세종대왕은 고관대작, 양반, 선비 등 지배층만 사랑한 것이 아니라 상민, 천민 그리고 최하층 신분인 노비까지도 진정으로 사랑하고 지켜준 왕이었다. 그 사랑을 느낄 수 있는 대표적 사례가 바로 한글이다. 세종대왕은 자신이 사랑한 백성들이 글을 몰라 억울한 일을 당한 사연을 듣고 노심초사하며 한글을 만들었다. 창제 연도, 창제 동기와 창제자가 명확히 기록되어 있는 문자는 전세계에서 한글이 유일하다. 이토록 훌륭한 문화유산을 남긴 세종대왕은 경기도 여주에 편안히 잠들어 계신다.

알고 가면 더 유익한 역사여행

여행 키포인트
세종대왕, 효종대왕, 명성황후가 역사적으로 어떤 인물이며, 어떤 업적을 세웠는지 기본 정보를 알고 가면 좋다.

어린이 여행 학습 정보 ▶▶ MUST PLAY 도자기 체험학습
이천에는 도자기를 만드는 체험학습 프로그램이 있다. 도자기를 만들기 위해서는 고도의 집중력과 참을성이 필요하니 아이와 함께 만들기 체험을 꼭 해보고 가자.

교과서
초등학교 5학년 2학기 사회 - 조선의 문화와 과학의 발전

자동차 코스

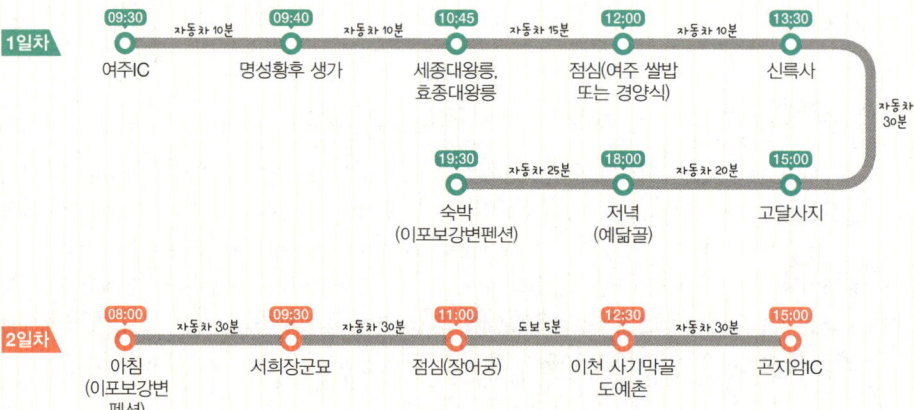

Basic Course

명성황후 생가
주소 여주시 명성로 71 명성황후생가
전화 031-880-4021, 4022
시간 09:00~18:00(동절기인 11~2월에는 17:00까지 단축 운영, 신정 및 매주 월요일 휴관)
입장료 어른 1,000원, 청소년/군인 700원, 어린이 500원(6세 이하 무료)
주차 소형 1,000원, 경차 500원

세종대왕릉 · 효종대왕릉
주소 여주시 능서면 영릉로 269-50
전화 031-885-3123, 3124
시간 09:00~18:00(6~8월은 18:30까지, 동절기인 11~1월에는 17:30까지 단축 운영, 매주 월요일 휴일)
입장료 만25세~만64세 500원
* 매월 마지막 주 수요일은 무료 입장이 가능하다.

신륵사
주소 여주시 신륵사길 73 신륵사
전화 031-885-2505
시간 08:00~18:00
입장료 어른 2,200원, 청소년/군인 1,700원, 어린이 1,000원
주차 무료
* 연중무휴로 언제든지 방문할 수 있는 곳이다.

고달사지
주소 여주시 북내면 상교동 411-1
전화 031-887-3562
시간 제한없음
입장료 · 주차 무료
* 연중무휴로 언제든지 방문할 수 있는 곳이다.

서희장군묘
주소 여주시 산북면 후리 산 53-1
시간 제한없음
입장료 · 주차 무료

이천 사기막골도예촌
주소 이천시 경충대로 2995
전화 (한국도자관)031-634-5100

여주·이천의 주요 역사 여행지

COURSE 01 세종대왕릉(영릉, 英陵)

경기도 여주에는 왕릉이 두 개 있는데, 그중 하나가 세종대왕릉이다. 세종대왕은 조선 건국 이후 4번째 왕으로 1418년부터 1450년까지 32년을 재위하면서 한글 창제, 학문과 과학의 진흥, 음악의 정리, 영토 확장 등 수많은 업적을 남겼다.

세종대왕릉 입구

여주IC에서 37번 국도를 따라 차로 10분 정도 가면 세종대왕릉에 다다른다. 정문에 들어서면 좌측에 세종대왕의 업적을 기리기 위해 건립한 세종전이라는 유물전시관이 있다. 세종전에는 세종대왕의 어진(얼굴이 그려진 그림)과 당시 발명한 과학 기구, 악기 등이 있으며 그 시대에 간행된 책도 있다. 위로 올라가면 2개의 혼유석(왕릉 앞에 놓는 돌)이 나온다. 이를 통해 세종대왕은 부인 소헌왕후와 함께 잠들어 있음을 알 수 있다. 세종대왕릉 정문에서 오른편으로 가면, 또 다른 왕릉으로 가는 오솔길이 나온다. 조선 후기 북벌을 준비한 효종대왕과 그의 부인 인선왕후의 무덤인 영릉이다. 오솔길 중간에 쉼터가 있어 가족 단위 나들이객이 쉬어가기 좋다.

> ⚠️ **여행 TIP**
> 세종대왕릉의 주차장이 훨씬 크기 때문에 세종대왕릉을 보고 난 후, 효종대왕릉을 보는 것이 편하다.

한글날인 10월 9일에는 이곳에서 세종문화큰잔치가 열린다. 또한 매년 5월 15일에도 세종대왕 탄신을 기념하여 한글휘호대회 등 세종대왕숭모제도 열리고 있다.

옛 발명품을 볼 수 있는 세종전

영릉

명성황후 생가 전경

COURSE 02 명성황후 생가

1. 조선시대의 초가를 재현한 거리
2. 소원바위

 여행 TIP

자신이 바라는 소원 거리를 하나 만들어 소원바위 밑에서 빌어보는 것도 멋진 추억이 될 수 있다.

이곳은 명성황후(1851~1895)가 태어나 8세까지 살던 집이다. 명성황후는 여흥부원군 민치록의 딸로 철종 2년(1851)에 태어났다. 16세 때 고종의 비로 책봉되었고, 남편 고종이 흥선대원군의 그늘에서 벗어나는 데 결정적인 역할을 했다. 한 야사에 따르면, 임신한 명성황후가 흥선대원군이 준 산삼을 먹은 후 기형아를 출산했고 그 아기가 일찍 죽자 이에 앙심을 품어 흥선대원군을 정계에서 은퇴시키고자 마음먹었다고 한다.

명성황후는 임오군란으로 한때 이 집에 피신한 적이 있다. 당시 모든 사람들이 죽은 줄로만 알았지만, 명성황후는 기사회생하며 다시 정계에 복귀한다. 명성황후는 약소국인 조선이 강대국 사이에서 살아남기 위해 줄타기 외교로 나라를 지키고자 하였으나, 일본인에 의해 무참히 살해되었다. 이러한 내용은 생가 안에 있는 명성황후 기념관에서 자세히 알 수 있다.

생가 안에는 기념관 외에도 옛 모습을 간직한 집이 많아 아이들은 우리 선조들의 삶을 관람할 수 있다. 조선 숙종의 비, 인형왕후가 장희빈에 의하여 왕비에서 물러나 다시 복원될 때까지 거처한 감고당도 있으며, 조선 초가를 재현한 거리도 있다. 감고당 뒤에는 늦은 나이까지 자식이 없었던 명성황후의 부모가 출산을 기원한 소원바위가 있는데, 이곳에서 작은 소원을 빌어도 좋을 것이다.

COURSE 03 이천 사기막골도예촌

곤지암IC를 지나 20여 분쯤 달리다보면 요(窯), 도자기, 도예전시관이라는 간판을 만날 수 있다. 이곳은 도자기를 만드는 사람들이 모여 사는 도예촌이다.

기원전 5~6천 년경부터 이천 지역에서 토기가 제작되었고, 그 명맥이 현재까지 이어지는 것으로 보고 있다. 구한말과 일제강점기 시절에는 도자기 제작이 잠시 주춤했으나, 1950년 이후 전통 도자기를 되살리려는 도예가들에 의해 다시 활성화되었다.

일부 가게에서는 도자기 체험을 할 수 있는 시설을 비치해두었다. 실습 비용은 가게마다 조금씩 다르지만 1인당 평균 20,000원으로, 손님이 도자기를 만들면 가게에서는 도자기를 가마에 굽는다. 도자기가 완성되는 데 걸리는 시간은 대략 1개월~2개월 정도. 작품이 완성되면 집까지 택배로 도자기를 배달해준다. 택배비는 본인 부담이며 5,000원 내외이다.

사기막골도예촌 가을축제가 2014년에 처음으로 개최되었다. 방문객의 편의를 배려해 주차장 조성 공사와 가로 정비 사업도 완료하였다. 축제 기간에는 이곳에서 제작된 도자기를 20%~80% 정도 저렴한 가격으로 살 수 있는데, 향후에도 축제를 계속할 계획이라고 한다.

여행 TIP

도자기 만들기 체험은 아이들의 집중력과 참을성을 기르는 데 좋다. 두성도예교실(031-632-0130)과 한국도자관(031-634-5100)에서 도자기 만들기 체험을 하고 있는데, 사전에 미리 예약하고 가면 빨리 체험을 끝내고 다른 곳을 돌아볼 여유가 많아진다.

사기막골도예촌

도예촌 입구에 위치한 한국도자관 내부

이곳도 추천해요!

01 신륵사

유유히 흐르는 남한강변을 옆에 끼고 있는 신륵사는 산을 통해 아름다움을 담고 있는 대부분의 사찰과 달리 강변의 아름다움을 머금고 있다. 신라 진평왕 때 원효대사가 창건하였다고 전해지며 고려 말 나옹선사가 이곳에서 입적(승려의 죽음)하였다고 한다. 나옹선사가 입적한 곳으로 알려진 강월헌에 올라서면 남한강변을 한눈에 조망할 수 있다. 인근에는 황포돛배를 탈 수 있는 나루터도 있어 가족 단위로 휴식을 취하며 풍경을 즐기기 좋은 곳이다.

신륵사 강월헌

02 고달사지

여주 혜목산 기슭의 고달사는 통일신라시대 고달이라는 사내가 만든 절로 알려져 있다. 이 절은 고려 초기에 국가가 관장하는 3대 선원 가운데 하나로서 왕실의 보호를 받은 중요한 사찰이었다. 1530년에 간행된 『신증동국여지승람』에 고달사가 기록되어 있으며 당시 절터가 꽤 컸던 것으로 보인다. 조선 초까지는 번창했으나 18세기 이전에 폐사된 것으로 추정한다. 폐사지라 약간의 쓸쓸함은 느껴지지만 절터의 웅장함은 볼만하다.

옛 흔적을 찾아보기는 힘들어도 제법 웅장함이 느껴지는 고달사지

03 서희장군묘

서희는 고려 초 거란의 침입을 칼 대신 말로 물리친 뛰어난 외교가다. 거란의 소손녕이 성종 12년(973)에 80만 명의 대군을 이끌고 압록강을 건너왔고, 이에 서희가 혈혈단신으로 적진에 들어가 고려가 고구려의 후계자임을 내세우며, 송나라와의 관계를 끊고 거란을 적대하지 않겠다는 조건으로 거란군을 철수시켰다. 이때 서희는 강동 6주 지역을 얻어 우리 영토를 압록강까지 넓혔다.

그의 묘는 부인의 묘와 같이 있는 합장묘이다. 333번 지방도로 인근에 있어 대중교통으로 접근하기는 쉽지 않고, 차로 가는 것이 좋다. 입구에 주차장도 따로 있다.

서희장군묘는 부인의 묘와 같이 있는 합장묘

★ 엄마,아빠 필독 ★
아이가 알아야 할 역사 포인트
아이가 질문할 경우 이렇게 대답하세요

Q 세종대왕은 왜 한글을 만들었나요?

A 우리나라는 일찍부터 한자를 문자로 사용해 왔어. 말은 우리말로 하면서, 쓸 때는 중국 글자로 쓴 거지. 예를 들면 입으로는 '어머니', '엄마'라고 하면서 글로는 '母'라 쓰고, '모'라 읽었던 거야. 그런데 한자는 복잡해서 먹고살기 바쁜 백성들이 배우기에는 어려운 글자였어. 양반들만 한자를 사용했던 거지. 이러니 한자를 모르는 일반 백성들이 양반들로부터 억울한 일을 당하기도 했는데, 세종대왕이 이런 이야기를 들은 후 누구나 쉽게 배우고 쓸 수 있는 '훈민정음', 즉 한글을 만드신 거야. 억울한 백성들이 더는 생기지 않게 하려고 우리글을 만드신 것이란다.

Q 왜 일본인은 명성황후를 죽였나요?

A 구한말 우리나라 땅에서 청나라와 일본이 전쟁을 벌였고, 일본이 이겼어. 그 후 일본은 만주까지 침략하려고 했지. 이를 못마땅히 여긴 러시아가 독일과 프랑스를 끌어들여 일본에게 만주를 포기하라고 했어. 이를 삼국간섭(1895)이라고 해. 명성황후는 삼국간섭에 의해 일본이 만주를 반환하는 모습을 보며 러시아와 가까이 지내는 외교 정책을 펼쳤지. 이에 일본은 조선에서 자신들의 영향력이 줄어들까봐 우리나라의 국모인 명성황후를 시해한 거야.

Q 거란족은 왜 고려를 침략하였나요?

A 993년 10월, 거란(요나라)이 80만의 대군을 이끌고 고려로 쳐들어왔어. 거란의 최종 목표는 송나라를 정복하는 거였지만, 송나라와 친하게 지내고 있던 주변 국가들을 굴복시켜야 송나라에 쳐들어갈 수 있다고 생각한 거야. 그래서 고려를 침략한 것이지.

Q 효종대왕이 '북벌'을 주장하였다는데, 북벌이 뭐예요?

A 조선은 1636년 병자호란으로 청나라의 공격을 받고, 청나라에 항복하였단다. 병자호란이 끝난 후 효종대왕은 청나라에 인질로 끌려가 8년 만에 귀국하게 되었지. 왕위에 오른 효종은 즉위 후 병자호란 때의 치욕을 씻기 위해 청나라 정벌 계획을 추진했는데, 이를 북벌이라고 해.

숙박

◎ 이포보강변펜션

남한강 주변의 경관이 뛰어난 곳 인근에 묵을 만한 펜션이 여러 개 있다. 또한 여주는 이포보오토캠핑장(031-881-6384), 여주참숯마을오토캠핑장(031-806-1181) 등 오토캠핑장과 인디안캠핑장 등 사설 캠핑장이 많아 캠핑을 좋아하는 사람이라면 캠핑장에서 머무는 것도 좋다.

주소 : 여주시 대신면 양촌로 196-24 / 전화 : 010-9120-3648 / 홈페이지 : www.이포보강변.com / 요금 : 강변오렌지(2인) 90,000~160,000원

◎ 기타 추천 숙박

청조원펜션
주소 : 여주시 대신면 현남길 111
전화 : 010-4624-2222

맛집

◎ 여주 쌀밥집

명성황후 생가에서 세종대왕릉 가는 길목에 있다. 남한강변을 끼고 있어 주변 경관이 뛰어나고 차량으로 15분 이내 거리에 다수 유적지가 분포되어 있어 식사 후 유적지를 관람하기가 편하다. 명성황후 생가, 세종대왕릉, 신륵사 등이 가까이에 있다. 쌀밥정식 15,000원.

★ 추천 메뉴 : 쌀밥정식
주소 : 여주시 강변로 124-1 / 전화 : 031-885-9544

◎ 장어궁

장어궁은 이천 사기막골도예촌 입구에 자리 잡고 있다. 1층에 한국도자관이 있고 바로 뒤의 건물에 두성도예촌이 있어 혹 도자기 제작 체험을 할 예정이라면, 체험 전후 식사 장소로 안성맞춤인 곳이다. 장어구이 1인분 19,000원.

★ 추천 메뉴 : 장어구이
주소 : 이천시 경충대로 2995
전화 : 031-634-2110

◎ 기타 추천 맛집

예닮골
주메뉴 : 한정식
주소 : 여주시 북내면 여양2로 211
전화 : 031-883-5979

아르노
주메뉴 : 파스타
주소 : 여주시 강변북로 31
전화 : 031-885-7755

전라도종부집
주메뉴 : 곰탕
주소 : 여주시 신륵사길 28
전화 : 031-885-3001

생각만 해도 애잔한 단종의 이야기

영월, 단종의 슬픈 시간을 되짚어 걷다

이것은 삼촌에게 죽임을 당한 열일곱 조카의 이야기다. 사약을 받은 어린 시신이 차가운 겨울 동강을 떠다녔지만 아무도 손댈 수 없었다. 죄인의 시신을 수습하는 자는 가문을 멸한다는 시퍼런 어명이 내려진 것이다. 그러나 어느 매서운 날의 밤, 영월의 호장이었던 엄흥도는 기어이 어린 임금을 모시고 말았다. 조선의 제6대 왕 단종(端宗, 1441~1457)은 그렇게 영월 땅, 백성의 선산에 묻혔다. 멸문을 피한 가문에 시 하나만이 남아, 늙은 신하의 슬픔을 전하고 있다.

알고 가면 더 유익한 역사여행

여행 키포인트

영월은 동강을 중심으로 한 생태 여행 장소이자 박물관의 고장으로도 불릴 만큼 다양한 박물관 등이 많은 곳이나, 대부분 알다시피 단종 유적지로 가장 잘 알려져 있다. 슬픈 역사는 마음을 움직이는 힘이 있다. 단종 유적지는 영월읍의 서로 멀지 않은 거리에 모여 있어 단종의 역사를 순서대로 둘러볼 수 있다.

어린이 여행 학습 정보 ▶▶  MUST STUDY 단종의 이야기

영월은 수양대군(세조)에게 왕위를 빼앗기고 죽임을 당한 단종의 유배지였고, 그의 능이 있는 곳이다. 단종애사에 관한 역사적 이해가 있어야 여행이 생명력을 얻게 될 것이다. 영월에 남은 단종의 이야기엔 조선 전기 역사의 많은 개념들이 포함되어 있다.

교과서

초등학교 5학년 2학기 사회 – 유교의 전통과 생활

travel information

자동차 코스

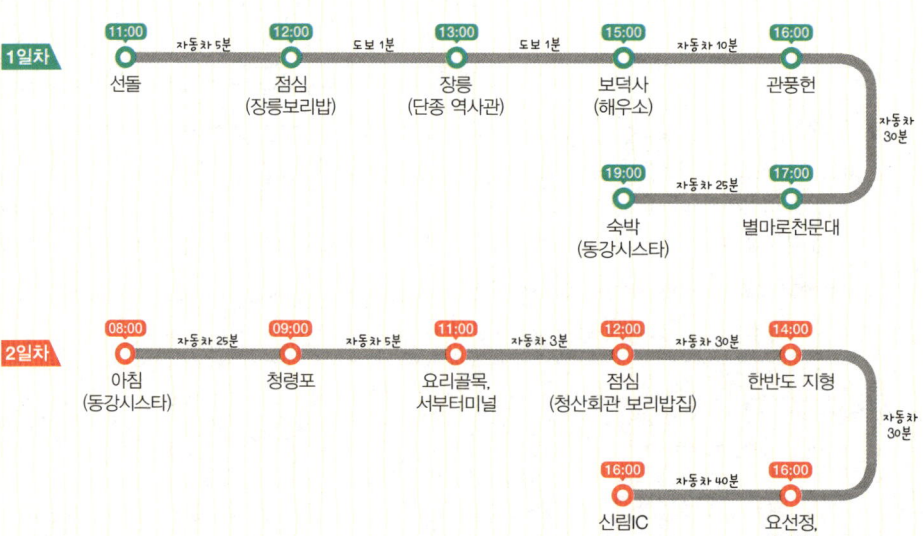

Basic Course

선돌(소나기재)
주소 영월군 영월읍 방절리 산122

청령포
주소 영월군 영월읍 청령포로 133
전화 1577-0545
시간 09:00~18:00
입장료 어른 2,000원, 청소년 1,200원, 어린이 800원
주차 무료

* 연중무휴로 언제든지 방문할 수 있는 곳이다.

장릉
주소 영월군 영월읍 단종로 190 장릉
전화 033-370-2619
시간 09:00~19:00(동절기에는 18:00까지 단축 운영)
입장료 어른 1,400원, 청소년/어린이 1,200원
주차 무료

관풍헌
주소 영월군 영월읍 영흥리 984-3
전화 033-370-2531
입장료 무료

별마로천문대
주소 영월군 영월읍 천문대길 397
전화 033-372-8445
시간 15:00~23:00(동절기인 10~3월에는 14:00~22:00 운영. 매주 월요일 및 공휴일 다음날, 설날과 추석 당일에는 휴무)
입장료 어른 7,000원, 청소년 6,000원, 어린이(7~13세) 5,000원, 경로(65세 이상) 3,500원

* 7세 미만은 천체투영실 관람 시, 자리가 배정되지 않는다. 부모가 안고 관람할 수 있다.

김삿갓 마을
(김삿갓유적지, 문학관)
주소 영월군 김삿갓면 김삿갓로 216-22
전화 033-375-7900
시간 09:00~18:00
입장료 (문학관)어른 2,000원, 청소년 1,500원, 어린이 1,000원

한반도 지형(선암마을)
주소 영월군 한반도면 옹정리 산180
전화 선암마을 1577-0545

영월의 주요 역사 여행지

COURSE 01 선돌(소나기재)

⚠️ 여행 TIP

영월지역에는 단종과 관련된 지명이 많다. 소나기재는 단종이 유배를 올 때 넘었다고 해서 '군등치(君登峙)'라 불리기도 한다. 임금이 오른 고개라는 뜻. 서면 신천리에 있는 고개는 오랫동안 날씨가 흐렸는데, 단종이 고개를 넘으려 하자 날이 맑게 개었다고 한다. 이에 단종이 하늘을 향해 절을 올렸고 그 후로 '배일치(拜日峙)'라 불린다. 서면의 우래실 마을의 지명도 단종의 유배에 울었다고 하는, 울래실에서 유래한 것이다.

영월에 들어서려면 몇몇 높은 고개를 넘어야 하는데, 제천에서 영월로 들어오는 마지막 고개를 '소나기재'라 한다. 갑자기 높아진 산 때문에 구름이 걸려 소나기가 자주 내린다는데, 유배지에 다다른 단종도 이 비를 맞았다고 전해진다. 이 고개에 서서 겹겹으로 이어진 산들을 보면 사뭇 장엄하다.

소나기재 정상에 위치한 주차장에 차를 세우고 몇 분 걸어 들어가면 발아래 까마득히 강이 묵직하게 흐르고, 칼로 쪼갠 듯 길게 갈라진 절벽 두 개가 마주 선 것을 볼 수 있다. 이것이 '선돌'이다. 이름 그대로, 서 있어서 선돌이다. 70m 정도의 바위 절벽이 주는 위엄, 절벽 아래로 내려다봐야 해서 더욱 아찔하다.

단종이 소나기재를 거쳐 청룡포에 오던 날, 쪼개져 서 있는 이 돌을 보았는지에 대한 기록은 남아 있지 않다. 굳이 발아래의 두려운 풍경을 보지 않았기를 바란다. 그는 충분히 위태로웠고, 선돌이 품은 풍경은 겹겹이 가로막혀 막막하였을 테니.

선돌

소나기재

1. 청령포 2. 청령포 관음송

COURSE 02 청령포

청령포 금표비

험한 산으로 뒤가 막혀 있고 앞으로는 깊은 강을 건너야만 들어갈 수 있는 육지 속의 작은 섬, 청령포. 이곳은 독특한 지형을 가지고 있다. 누군가, 어떻게 이런 곳을 찾아냈을까라는 생각이 들게 만든다. 고립된 이 작은 거처에 어린 임금이 있었다 생각하니 마음이 시큰하다.

작은 배에서 내려 그늘 없는 자갈길을 통해 소나무 숲에 이르면, 단종이 머물렀던 옛 집이 보인다. 집 안에 '난묘새본부시유지(端廟在本府時遺地, 단종이 여기 계실 때의 옛터)'라고 쓰인 비가 있다. 그 앞에는 소나무 한 그루가 집 밖에서 집 안으로 담장을 넘어 길게 누워 있는데, 영월 사람들은 이를 엄흥도 소나무라 부른다. 비단 이 나무뿐 아니라 이

1. 단종을 향해 절을 하는 듯한 엄흥도 소나무 2. 소나무가 가득한 청령포숲 3. 단종이 머물렀던 집

금부도사 왕방연이 단종에게 사약을 전하고 비통한 마음을 읊은 시조가 적혀 있다

곳의 소나무는 모두 집을 향해 서 있다. 우거진 소나무 숲엔 우리나라에 있는 소나무 가운데 키가 가장 크다는 관음송(천연기념물 제349호)도 있다. 왕의 울음을 지켜보았다는 이름의 뜻처럼, 600년이나 된 소나무는 단종의 그 날들을 지켜보았을지도 모른다.

단종이 시름을 달랬다는 노산대에 올라보면, 아름다운 강은 처연하고 슬프기까지 하다. 강의 폭은 넓지 않으나 수심은 깊은 듯 물이 검은빛이다. 작고 어두운 옛 왕의 거처에서 인간사의 비정함을 속으로 곱씹어보기도 했다. 혹 해 질 무렵 이곳에 왔다면, 또 다른 느낌의 숲을 볼 수 있을 것이다.

 여행 TIP

청령포 주차장에 철로 만든 단종과 정순왕후 조형물이 있다. 2012년, 단종과 정순왕후의 재회를 희망하는 영월 사람들의 마음을 담아 '500년만의 해후'라는 작품을 세운 것이다. 매표소 앞쪽으로 단종에게 내려진 사약을 가지고 간 의금부도사 왕방연의 비통한 심정을 남긴 시조비가 있다. 함께 둘러보자.

1. 장릉에만 있는, 엄흥도를 기리는 정려각 2. 산등성이에 있는 단종의 능

COURSE 03 장릉

소나기재를 거쳐 영월에 들어서면, 길 전체를 아우르는 홍살문(능, 대궐, 관아 등의 앞에 세우는 붉은 문)이 나타난다. 이곳이 영월 장릉의 시작으로, 능역 밖에서부터 홍살문을 미리 만나는 셈이다. 홍살문의 의미를 안다면, 이 장면의 특별함이 와 닿을 것이다.

2009년 유네스코 세계문화유산 실사 당시 장릉은 사람들의 관심 밖이었다. 외형의 초라함은 물론이고 다른 왕릉들과 형식에도 큰 차이가 있기 때문이었다. 그랬던 장릉이 나중엔 조선 왕릉 가운데 가장 세계문화유산다운 왕릉으로 평가 받았다. 바로 단종의 사연 때문이다.

다른 왕릉과 장릉의 차이점은 이렇다. 우선 임금의 무덤은 국법에 따라 한양 사대문 밖 100리 안에 두어야 했고, 『경국대전』 이전에 조성된 능을 제외하고는 모두 그 규칙을 따랐다. 그러나 장릉만 도성에서 500리나 떨어진 이곳 영월에 있다. 노산군의 신분으로 영월에 묻혔다가 다시 추대된 후에도 영월에 남은 까닭이다.

 **여행 TIP**

이곳에서는 생수 이외의 외부 음식 반입을 금지한다.
매년 4월 마지막 주 주말에 장릉을 중심으로 단종제를 지내며 단종제향(제례악과 일무), 단종 국장 등이 행해진다.

1. 장릉의 정자각, 제사를 위한 장소이다 2. 충신들의 위패가 모셔진 장판옥
3. 신하들의 제사를 지내는 배식단사 4. 장릉 내에있는 단종박물관

그런 이유로 능의 형식도 다른 왕릉과 차이를 보이는데, 장릉은 왕릉이라면 마땅히 있어야 하는 것들이 많이 생략되어 있다. 병풍석(무덤을 보호할 목적으로 무덤 위 둘레에 둘러 세운 넓은 돌)과 난간석도 없고 망주석(무덤 앞에 세우는 돌기둥 한 쌍)에 세호(가늘게 조각한 호랑이 문양)도 없이 초라한 데다 왕릉의 상징인 무인석(갑옷과 무기로 무장한 무관의 형상을 한 석조물)까지 없다. 대신 단종의 시신을 수습한 엄흥도를 기억하기 위해 세운 정려각 그리고 순절한 대신과 내관, 궁녀와 노비 등을 포함한 268인의 위패가 모셔진 장판옥이 있다. 왕과 신하의 위패를 함께 두는 것은 다른 왕릉에선 있을 수 없는 일이나, 장릉만은 예외가 되었다. 장판옥 맞은편의 배식단사에서 이들 충신의 제사도 지낸다.

장릉 경내에는 단종의 유품을 비롯한 사육신과 생육신의 위패 등 각종 사료를 한눈에 볼 수 있는 단종역사관도 자리하고 있다. 단종 역사의 숲과 엄흥도 기념관 등까지 같이 볼 수 있는 것이다.

COURSE 04 영월 읍내

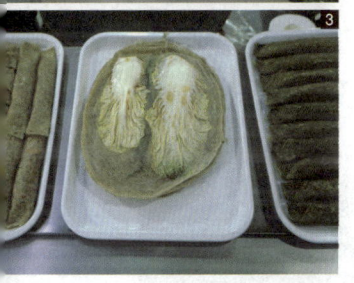

1. 요리골목의 벽화
2. 영월 서부시장
3. 서부시장의 인기 먹거리 메밀전병

관풍헌

단종이 사약을 받고 최후를 맞이한 곳인 관풍헌은 옛 영월의 동헌(관리들이 공사를 보던 곳) 역할을 했던 곳이다. 지금은 높은 건물과 상가들로 에워싸여 초라한 은신처 같이 보이기도 한다. 건물 세 채가 동서로 나란히 잇닿아 있는 붙임집으로, 동쪽에 '자규루(子規樓)'라 불리는 누각이 있다. 어린 단종이 피를 토하며 운다는 자규(소쩍새)의 한을 담은 시를 읊었다 해서 붙여진 이름이다. 관람 공간은 그리 크지 않고 옛 건물의 일부만 남아 있는 상태로 과거를 가늠하기는 쉽지 않으나 동헌 안으로 들어서면 담 바깥의 소음이 잦아드는 것을 느낄 수 있다.

요리골목

영월읍 중앙로에 있는 요리골목. 요리골목은 1960~70년대의 음식점이 많았던 거리이다. 현재도 여전히 음식점이 많다. 이 거리가 유명해진 것은 골목에 공공 미술 형태의 벽화가 생겨나면서부터다. 벽화는 이 골목에 살던 실제 인물, 영월의 광부 등의 그림 및 시가 적혀 있는 등 마을의 스토리를 잘 담아내고 있다. 골목을 둘러보면 구석구석 위트 넘치는 작품과 간판들을 만날 수 있다.

영월 서부시장

맛집들이 즐비한 영월이 서부시장. 지금은 영월의 인구가 많이 줄어 시장이 한가하게 보이지만, 이곳은 강원도 토산 음식과 여러 먹을거리가 많아 여행 중 특별한 한 끼나 주전부리를 사러 들려보는 것도 재밌다. 메밀전병은 서부시장에서 가장 잘 알려진 먹을거리. 등받이 없는 긴 의자에 바싹 붙어 앉아 갓 만들어낸 배추부침개와 올챙묵, 전병 등을 맛볼 수 있다. 특히 가격이 저렴하고 포장하기도 편리하다. 이외에도 영월전통해장국으로 식사를 하거나, 전국 3대 닭강정으로 유명한 일미닭강정을 맛볼 수 있는 등 저렴하고 든든한 맛집이 많다.

여행 TIP

관풍헌에서 요리골목, 서부시장까지의 각 거리는 모두 가까운 편이다. 영월의 일상을 볼 겸, 영월초등학교를 포함해 읍내 걷기를 해보면 어떨까.

COURSE 05 한반도 지형

여행 TIP
한반도 지형 주차장에서 서강길(왕복 2km)이나 샛길(왕복 1.6km)을 걸어야 한반도 지형에 닿는다.

한반도 지형에서 뗏목 체험을 하는 사람들

영월에는 우리가 사는 한반도의 모양을 그대로 축소한 듯 꼭 닮은 지형이 있다. 이곳을 한반도 지형이라 부른다. 하천의 침식과 퇴적작용의 결과로 만들어진 이 지형은 평창강에 있다. 평창강은 곡류가 많고 주천강과 한 데 모이며 크게 휘돌아 동고서저(東高西低, 지형이 동쪽은 높고 서쪽은 낮은 상태) 경사까지 한반도를 닮은 특이한 지형을 만들어냈다. 이제는 일대 마을 이름까지 '한반도 마을'로 바뀌었다. 한반도 지형의 동해에서 서해까지 뗏목 체험을 할 수도 있다.

한반도 지형

이곳도 추천해요!

01 보덕사 해우소

보덕사는 장릉에서 걸어서 5분 정도인 곳에 위치에 있다. 장릉을 둘러보기 전이나 후에 잠시 들러 보자. 보덕사는 통일신라시대 창건된 사찰로, 장릉의 원찰 격이다. 절이라면 으레 있을 법한 사천왕문(절을 지키기 위해 사천왕을 만들어 세운 문)은 없지만, 400년에서 600년의 나이를 가진 웅장한 느티나무들이 입구에서 사천왕문을 대신하고 있다. 보덕사 안에 절의 화장실인 해우소가 있다. 조선 고종 19년(1882)에 세워진 이 해우소는 특히 원형이 잘 유지되어 있어, 오래된 사찰의 해우소로 희소가치를 지니고 있다.

02 김삿갓유적지 민화박물관

조선 후기의 방랑시인 김삿갓, 난고 김병연의 유적이다. 홍경래의 난 때 항복한 평안도 선천 부사였던 조부가 한 일을 모르고 자랐던 그는, 후일 선천의 일을 꾸짖는 내용으로 과거에 급제하였다. 그러나 진실을 알게 된 후, 조상을 욕되게 하였으니 어찌 하늘을 보고 살겠냐며 삿갓으로 얼굴을 가린 채 벼슬을 포기하고 평생 방랑했다. 하여 김삿갓으로 불리게 되었다. 전남 화순 지역에서 생의 마지막 날들을 보냈고 훗날 후손이 그의 묘를 고향 땅, 영월로 이장했다고 한다. 김병연의 묘역과 그의 행적을 기리는 시비 및 문학관이 조성되어 있다. 김삿갓유적지 안에 있는 조선민화박물관에는 소박한 서민들의 애환과 풍자가 담긴 조선시대 민화 500여 점이 전시되어 있다. 또한 주변의 자연도 즐겨보자. 인근 계곡의 물이 맑고 등산로가 잘 정비되어 있어 여행객들에게 인기가 있다.

03 단종대왕유배길

영월에서 주천으로 가는 402번 지방도로에는 왕(단종)이 넘었다 해서 '군등치'라 부르고, 왕이 해를 향해 절을 했다 하여 '배일치'로 부르는, 단종과 연관된 이름을 가진 고개들이 있다. 영월군은 이러한 단종 이야기가 남은 영월 구간(솔치고개 입구~청령포 43km 구간)에 '단종대왕 유배길'을 조성했다. 단종대왕 유배길은 통곡의 길(솔치고개~수전 10.5km 구간)과 충절의 길(주천~배일치 마을 17km 구간), 인륜의 길(배일치 마을~청령포 15.5km 구간) 등 3개 코스로 구성되어 있다.

04 별마로천문대

시민 천문대로 최상의 관측 조건과 시설을 갖추었다. '별마로'라는 이름은 별과 마루(정상), 로(고요할 로)의 합성어이다. '별을 보는 고요한 정상'이라는 뜻이다. 천문대에서 내려다보는 풍경은 영월 10경에 든다. 천문과학교육관은 숙박시설이 완비되어 있고 여러 가지 체험학습이 가능하다. 천문대 관람은 100% 인터넷 예약으로 운영되니 반드시 미리 예약해야 한다.

05 요선암, 요선정

이곳은 왕의 시가 흐르는 계곡이다. 아름다운 자연 속에 깃든 이야기를 찾아보자. 한반도 지형 위쪽으로 법흥계곡과 주천강이 만나는 곳에 요선정과 요선암이 있다. 이곳을 찾는 사람들은 맨 처음 풍경에 반할 것이다. 요선정 앞으로 흐르는 맑은 물이 빠르게 흐르고, 그 거친 물에 돌개구멍(깊고 둥글게 난 구멍)이 난 넓고 큰 바위 계곡은 사뭇 신비롭다. 여기서 어제시(왕이 손수 지은 시) 세 편을 만나게 된다. 숙종은 단종을 선대왕으로 복위시키고 종묘에 모신 다음 능묘를 장릉으로 추봉하는 데 힘썼다. 그가 단종의 영월 유배에 관해 시를 써서 이곳에 내렸는데, 곧 소실됐다. 이에 영조가 숙종의 시를 다시 쓰고 시 하나를 더 지어 요선정에 봉안했다고 한다. 그리고 정조의 시까지 보태진 것이다. 잠시 서서 물의 소리를 듣다 일어선다. 물은 흘러야 했고, 수천 년을 휘돌아 바위에 구멍을 냈다.

★ 엄마,아빠 필독 ★
아이가 알아야 할 역사 포인트
아이가 질문할 경우 이렇게 대답하세요

Q 단종의 능은 다른 곳과 달라요. 왜 그런가요?

A 단종이 영월에서 사약을 받고 죽은 다음 그의 시신은 죄인이라 하여 수습하지 말라는 어명이 내려졌단다. 그러나 엄흥도 일가가 단종을 그의 선산에 모셨어. 후일 단종은 왕으로 지위가 복권되어 능역 또한 조성하게 되지만, 묘는 영월 땅에 그대로 남게 되었지. 그래서 『경국대전』이 정한 '도성 밖 100리의 규칙'도 지킬 수 없었고, 원래 묻힌 자리 그대로 산줄기 높은 곳에 있다 보니 정자각은 그 언덕 아래로 내려가게 되었단다. 원래 왕릉의 봉분은 정자각 뒤에 약간 높게 자리한다는 기본 형식이 있어. 그러니 단종의 능은 기본 형식부터 다른 셈이지. 정자각 위치가 봉분과 직각으로 등지는 형세다 보니, 홍살문에서 정자각으로 가는 길, 참도(參道) 역시 꺾일 수밖에 없었어.

아울러 단종을 위해 목숨을 바친 신하들을 기리는 공간이 많다는 점도 특별한 점 중 하나야. 엄흥도의 충절을 기리기 위한 정려각은 왕릉 입구에 서 있어 방문객을 가장 먼저 맞이해. 신하들의 위패가 있는 장판옥과 그들을 위해 제사를 지내는 배식단사는 다른 왕릉과는 확연히 구분되는 것이지. 이 모든 시설은 결국 단종의 특별하고도 슬픈 역사에서 비롯된 거야.

왕릉의 특징
- 망주석 : 능의 주인 이름을 새긴 긴 형태의 표석 (단종은 그 이름이 없음)
- 정자각 : 능이 바로 보이지 않게 능 바로 앞에 세운 전각
- 참도 : 왕의 혼령이 걷는 길로 원래 조선 왕릉 구도는 홍살문에서 정자각 까지 일직선
- 무인석 : 왕릉의 상징으로 능묘 앞에 세우는 무인 형상의 석물

Q 엄흥도는 어떤 사람인가요?

A 만일 영월에서 죽은 단종의 시신을 거두는 이가 없었다면, 오늘날의 영월은 지금과는 다른 의미였을 거야. 영월이 특별한 데는, 단종의 슬픈 역사 자체보다 목숨 걸고 어린 임금을 지키려 했던 사람들의 이야기가 아름답기 때문이지. 엄흥도는 영월에 집성촌을 이루고 살던 대표적인 영월 지방 세력으로 지방 관리였단다. 관풍헌에서 사사된 단종의 시신을 거두는 자는 멸문지화를 면치 못한다는 걸 알고도 그는 단종의 시신을 수습해 선산에 모시고 일가와 함께 지방으로 피신했어. 현재 단종을 모신 영월의 장릉이 영월 엄씨 집안의 선산이었단다.

한번 영월에 오시더니 환궁치 못하시고
소신으로 하여금 두려움 속에 돌보게 하셨네.
육순의 작은 벼슬아치는 충성을 다한다지만
대왕은 열일곱의 운은 어찌 그리 궁하신지.
높이 뜬 하늘은 밤마다 마음별이 붉고
위태로운 땅은 해마다 눈물비가 붉나이다.
힘없는 벼슬아치 의를 붙들고 일어서서
홀로 감히 이 일을 아뢰고자 하나이다.

— 엄흥도, 차운시(次韻詩)

Q 단종을 지키려 했던 사람들은 없었어요? 왜 세조가 왕위를 빼앗도록 가만두었나요?

A 물론 어린 조카의 왕위를 빼앗는 것은 명분에 어긋난다고 하여 많은 신하들이 반대하고 막아섰지만, 수양대군 앞에서는 결정적인 힘을 발휘하지 못하고 죽거나 파직 당했단다. 그 가운데는 성삼문을 비롯해 목숨을 잃어야 했던 사육신과 목숨은 부지했던 생육신 등의 신하들이 있었어. 뿐만 아니라 단종에게는 수양대군과 함께 삼촌이 되는 안평대군이나 금성대군도 있었는데, 이들 역시 어린 왕에게 의리를 지키다 죽음을 당했지. 금성대군이 유배되었던 경북 순흥에서는 대대적으로 단종 복위 운동을 하다 화를 입기도 했단다. 청령포 바깥에 왕방연이 쓴 시비가 있어. 단종에게 사약을 가지고 갔던 서글픈 마음을 시조로 남겼다고 해. 당시 두려워 드러내놓긴 어려웠어도 많은 사람들이 단종의 일을 슬퍼하고 잊지 않으려 했다는 것을 영월 곳곳에 남은 지명으로도 알 수 있단다.

숙박

◉ 동강시스타리조트

영월읍내에 버스터미널 주변으로 숙박시설이 있는 편이지만 가족 단위 숙박처는 동강변에 많다. 주로 민박이나 소규모 펜션 형태. 여름 시기 가족 단위 피서객이 많이 몰리기 때문에 방학을 이용할 경우 숙소는 일찍 예약할 필요가 있다. 편의 시설이 잘 갖춰진 큰 규모의 콘도형 숙박시설로 동강시스타리조트가 대표적이다. 책 읽는 리조트를 시범으로 운영하고 있으며, 공연 및 교육 프로그램 또한 진행 중이다.

주소 : 영월군 영월읍 사지막길 160 / 전화 : 033-905-2000 / 홈페이지 : www.cistar.co.kr / 요금 : 110,000~250,000원

◉ 강과별 펜션

목조형 펜션. 이곳에서는 영월 관광 안내를 들을 수 있다.

주소 : 영월군 영월읍 동강로 266 / 전화 : 033-375-3311, 010-3518-7618 / 홈페이지 : www.eriverstar.com / 요금 : 60,000~180,000원

◉ 기타 추천 숙박

동강 해피 펜션
주소 : 영월군 영월읍 동강로 1408
전화 : 010-7589-0627, 070-8827-0663

한반도 카르페디엠 펜션
주소 : 영월군 한반도면 한반도로 782-53
전화 : 010-5416-2630

맛집

◉ 청산회관

영화에 나와 유명해진 청록다방과 관풍헌에서 가깝다. 곤드레밥이 전국적인 유명세를 타 항상 사람이 많다. 곤드레나물밥 9,000원, 버섯전골 9,000원.

★ 추천 메뉴 : 곤드레나물밥
주소 : 영월군 영월읍 중앙로 46 / 전화 : 033-374-2141

◉ 장릉보리밥집

장릉 정문에서 보덕사 가는 길에 있다. 가마솥 숭늉과 함께 나오는 보리밥과 각종 나물류와 두부음식이 아이들 입맛에도 잘 맞는다. 보리밥 7,000원.

★ 추천 메뉴 : 보리밥
주소 : 영월군 영월읍 영흥리 1101
전화 : 033-374-3986

◉ 기타 추천 맛집

영월 서부시장
주소 : 영월읍 서부시장길 일대
· 미탄집(메밀전병) 033-374-4090
· 일미 닭강정 033-374-0151

영월동강한우
주소 : 영월군 영월읍 하송안길 65
전화 : 033-372-1550

조선시대

신사임당과
율곡 이이를 만나다

현모양처 신사임당과 엄친아 율곡 이이의 고장

신사임당과 그의 아들 율곡 이이가 태어나고 자란 고장, 강릉! 현모양처의 대명사인 신사임당의 지혜와 예술이 숨 쉬는 곳이다. 신사임당으로부터 지혜와 효를 배워 대학자로 성장한 율곡 이이의 삶을 배우러 가족과 함께 강릉으로 떠나보자. 신사임당은 오만 원 권, 아들 율곡은 오천 원 권의 지폐 인물에 선정되면서 신사임당과 율곡 이이가 태어나고 자란 오죽헌이 큰 관심을 받게 되었다. 주변에는 효령대군의 후손들이 10대에 걸쳐 살던 무려 300년이나 된 조선 후기 양반 가옥, 선교장도 함께 둘러볼 수 있다. 우리나라에서 제일 가보고 싶은 해수욕장에 선정되기도 한 경포해수욕장에서 해수욕도 즐기고, 커피의 고장 강릉에서 일일 커피 바리스타도 되어보자.

알고 가면 더 유익한 역사여행

여행 키포인트

현모양처 신사임당과 대학자 율곡 이이의 생가인 오죽헌, 동해안 최고의 가족 여행지 경포호수와 경포해수욕장 그리고 바리스타 체험(커피박물관)까지 경험해보자.

어린이 여행 학습 정보 ▶▶ **MUST STUDY 신사임당과 율곡이이**

신사임당이 살아온 발자취, 그녀의 글과 그림 그리고 율곡 이이의 생애에 대해서도 알아본다. 경포대 및 경포호수(석호)의 형성 과정을 미리 알아보고 떠나자.

교과서

초등학교 5학년 2학기 사회 – 유교의 전통과 생활

travel information

자동차 코스

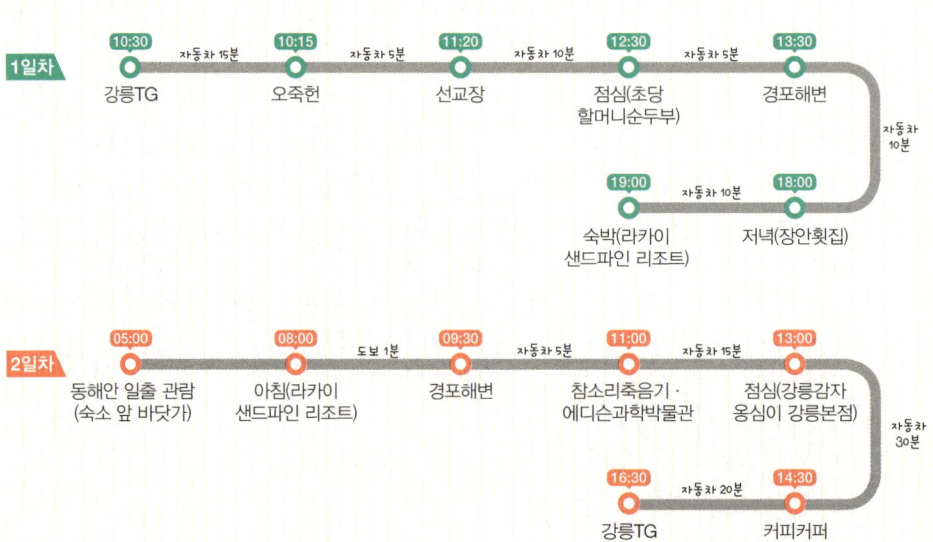

◆ Basic Course

오죽헌
주소 강릉시 율곡로 3139번길 24
전화 033-660-3301
시간 08:00~18:00(동절기에는 17:30까지 단축 운영, 신정 및 설날과 추석 당일 휴관)
입장료 어른 3,000원, 청소년/군인 2,000원, 어린이 1,000원
주차 무료

선교장
주소 강릉시 운정길 63
전화 033-648-5303
시간 09:00~18:00(동절기인 11~2월에는 17:00까지 단축 운영)
입장료 어른 5,000원, 청소년 3,000원 어린이 2,000원
주차 무료

경포대(경포호)
주소 강릉시 경포로 365 경포대
전화 033-640-5119
입장료 무료
주차 무료

참소리축음기 · 에디슨과학박물관
주소 강릉시 경포로 393
전화 033-655-1130~2
시간 09:00~17:30
입장료 어른 12,000원, 중고생 10,000원, 어린이 8,000원

경포해변
주소 강릉시 안현동 산1번지
전화 033-640-5129

커피커퍼 커피박물관
주소 강릉시 왕산면 왕산로 2171-19
전화 070-888-0077
시간 09:30~19:00
입장료 어른 5,000원, 청소년/어린이 4,000원(체험 비용은 별도)

* 연중무휴로 언제든지 방문할 수 있는 곳이다. 입장료엔 무료 음료권이 포함되어 있어 원두커피 혹은 더치커피를 무료로 마실 수 있다.

 강릉의 주요 역사 여행지

COURSE 01 오죽헌

강릉하면 가장 먼저 신사임당과 율곡 이이가 떠오른다. 보물 제165호로 지정된 오죽헌은 신사임당과 율곡 이이 두 분이 태어나고 자란 곳이다. 조선시대 최고의 현모양처 신사임당과 대학자였던 아들. 어머니와 아들 둘 다 국내 화폐 인물로 선정되었고, 이는 세계 최초라 한다. 오죽헌은 집 주위에 까마귀처럼 검은 대나무가 많아 율곡의 이종사촌 권처균이 자신의 호를 오죽헌이라 짓고, 이 호를 집에도 붙여준 것이 이름의 유래라 한다.

오죽헌은 조선 초기에 지어진 별당 건물로, 원형이 잘 보존돼 있어 조선시대 건축 양식의 변천사를 보여주는 중요한 건물로 평가 받고 있다. 왼쪽 마루방은 어린 시절 율곡이 성현의 길을 걷고자 학문을 닦던 곳이며, 오른쪽 방은 신사임당이 율곡을 낳은 곳이다. 자식을 조선 최고의 엘리트로 길러낸 신사임당의 육아법을 배우기라도 하듯, 이곳을 방문하는 부모들은 경외감을 느끼며 자녀들에게 훌륭한 사람이 되라는 메시지를 주고자 방문하게 된다. 그래서 오죽헌은 아이들에게는 교과서 속 인물을 직접 탐방할 수 있는 곳이자, 부모님들에게는 자녀 교육을 위한 최고의 장소로 손꼽는다.

율곡기념관, 향토민속관, 역사문화관도 함께 있으므로 율곡 선생에 대한 자료와 신사임당의 작품도 관람할 수 있다. 향토민속관에서는 강원 산간 지역의 민예품과 생활 용품을, 역사문화관에서는 영동 지방에서 출토된 다양한 유물들이 전시되어 있다.

> **⚠ 여행 TIP**
>
> 매년 10월 25일부터 26일까지 이틀간 '대현 율곡 이이 선생제'가 열리므로 이때 방문하면 추모 행사 및 경축 행사를 볼 수 있다. 강릉단오제가 열리는 음력 5월 5일 전후에 방문하면 오죽헌을 둘러보고 나서 국내 최고의 민중 잔치인 강릉단오제에 참여할 수 있다.

오죽헌

신사임당 동상

COURSE 02 선교장

조선 후기 최고의 양반가옥, 선교장. 경포대 호수 주변에 자리한 선교장은 한국의 전통 가옥 중 가장 웅장하고 화려함을 자랑하는 곳이다. 선교장은 조선 태종의 둘째 아들인 효령대군의 가옥으로, 그의 후손 이내번이 서북쪽으로 이동하는 족제비 무리를 쫓다 이곳에 이르러 아흔아홉 칸의 선교장을 지었다고 한다. 선교장은 오래된 소나무가 빽빽한 뒷동산 자락에 300여 년 동안 그 터를 지켜오고 있다. 또한 전형적인 조선시대 사대부가의 상류 주택으로써 1965년 국가지정 중요민속자료 제5호로 지정되어 지금까지 그 명성을 이어오고 있다.

여름이 되면 선교장 입구의 정자, 활래정(活來亭)에 피는 연꽃이 싱그럽다. 과거 이곳은 연못과 함께 경포호수의 경관을 바라보며 관동팔경을 유람하는 조선의 선비와 풍류객들의 안식처 역할을 했다. 또한 흉년에는 이웃에게 곡식을 베풀기도 하여 조선시대부터 노블리스 오블리제를 실천하였다.

선교장 입구에 위치한 정자 활래정

 여행 TIP

오죽헌에서 5분 거리에 있어 오죽헌과 함께 둘러보기 좋다. 전통음식 체험, 민속놀이 체험, 예절 체험 등 각종 체험프로그램을 즐길 수 있다. 한옥스테이도 운영하고 있어 가족과 함께 하룻밤 머무는 것도 좋다. 맹인견 외에 애완동물은 출입 불가능하며 경내에서 자전거, 인라인스케이트 등을 이용할 수 없으니 주의할 것.

COURSE 03 경포대와 경포호

경포대와 경포호는 함께 도립공원으로 지정되어 있다. 경포대는 조선 초기 태조와 세조의 순시 행차가 있었다 하여 널리 알려지게 되었다. 이곳은 관동팔경 중에서도 수려한 조망을 지닌 정자로, 강원도의 유형문화재 6호로 지정되어 있다. 달맞이 장소로도 유명하다.

팔(八)자 모양의 팔작(八作)지붕을 가진 경포대는 앞면 5칸, 옆면 5칸, 옆면이 모두 48개의 기둥으로 이루어져 있다. 저녁 무렵 누각에 앉으면 하늘에 뜬 달, 바다에 뜬 달, 호수에 뜬 달 그리고 술잔에 뜬 달과 임의 눈동자에 비친 달 등 무려 다섯 개의 달을 볼 수 있다는 전설 같은 이야기가 전해진다.

경포호는 호수물이 거울과 같이 맑다고 하여 붙여진 이름이다. 바닷물이 범람했다가 물이 빠지지 않아 형성된 동해안의 대표적인 석호이다. 호수 가운데는 홍장암(紅粧巖)과 조암(鳥巖)이라는 바위섬이 있는데, 조암에는 송시열(宋時烈) 선생이 쓴 '鳥巖(조암)'이라는 글씨가 남아 있다.

> **여행 TIP**
> 경포대는 경포호 주변에 위치하여 오죽헌과 선교장을 함께 둘러보면 좋다. 경포대에 올라서면 경포호가 한눈에 내려다보인다. 달이 떠오르는 맑은 날 밤에 경포대에 올라 전설로 전해져 내려오는 다섯 개의 달을 찾아보는 재미도 있다.

경포대

경포호

1. 범일국사의 사리를 모신 굴산사지 부도 2. 굴산사지 당간지주

COURSE 04 굴산사지 승탑과 굴산사지 당간지주

굴산사는 범일국사가 신라 문성왕 9년(847년)에 창건한 사찰이다. 영동 지역 최대 규모의 사찰로 전해지나 현재는 굴산사지 부도와 굴산사지 당간지주, 굴산사지 석불좌상 등만이 쓸쓸히 남아 있다. 절이 폐사된 시기는 확실하지 않으나 고려 말이나 조선 초기쯤으로 추정되고 굴산사 일대는 현재 발굴 중에 있다.

여행 TIP

굴산사지 승탑과 당간지주는 남강릉TG에서 10분 거리에 있다. 강릉 커피의 본향 중 하나인 테라로사 커피 공장 및 본점도 가까이 위치하고 있어 가족과 함께 다녀오면 좋겠다.

탑은 부처님의 사리(참된 불도 수행의 결과로 생긴다는 구슬 모양의 유골)를, 부도(탑)는 승려의 사리를 모시는 곳이다. 이곳 굴산사지 부도는 보물로 지정되어 있으며, 굴산사의 창건주인 범일국사의 사리탑이라 전해진다. 팔각원당형의 기본 양식을 갖추고 있다. 굴산사지 당간지주는 우리나라에서 가장 큰 규모의 당간지주로서 이 역시 보물로 지정되어 있다. 현재는 아랫부분이 묻혀 있어 정확한 형태를 알 수는 없으나, 절의 크기를 미루어 짐작해보면 웅장함이 느껴진다.

이곳도 추천해요!

01 참소리축음기 에디슨과학박물관

아이들에게 축음기란 생소한 단어일 것이다. 이곳은 소리와 관련한 과학적 지식을 쌓기에 좋은 교육체험관이다. 1992년에 참소리축음기·에디슨과학박물관으로 정식 개관하였다가 2007년 경포호 주변으로 이전하였다. 이때부터 본격적으로 전문화되었으며, 체계적인 시스템을 갖추게 되었다. 특히 전시품의 성격을 소리(Sound)로 특화하는 등 과학특화박물관인 에디슨과학박물관과 참소리축음기로 분리하여 운영하고 있다. 소리 전문 특화박물관으로 인정받고 있다. 아이들의 과학적 탐구, 호기심을 자극하기 좋은 곳이다.

02 경포해변

경포 해변은 동해안을 대표하는 최대 해변이다. 수질이 맑으며 여름 피서지 1순위로 항상 손꼽히는 곳이기도 하다. 경사가 완만하고 모래가 고와 걷기에도 좋으며 특히 오리바위와 십리바위 위로 떠오르는 해돋이와 달돋이 풍경이 아름답다. 경포 해변 바로 옆에는 드라마 촬영지로 유명해진 강문해변이 있다. 사진 찍기 좋은 모래사장 곳곳에 액자 모양의 조형물이 있어 이곳에서 사진을 찍으면 액자 사진 속 주인공이 되기도 한다.

03 커피커퍼 커피박물관

커피커퍼 커피박물관에 가면 열대지방의 작물로만 알려진 커피나무를 볼 수 있으며, 우리나라 최초로 상업용 커피가 생산된 커피 농장을 함께 둘러볼 수 있다. 이곳은 커피 로스터와 그라인더, 에스프레소 머신 등 전 세계의 희귀하고 다양한 커피 전문 유물을 소장하고 있다. 한 잔의 커피가 만들어지는 전 과정을 둘러볼 수 있으며 커피와 관련된 다양한 체험이 진행된다. 단순한 관람으로 끝나지 않는, 체험형 박물관으로 구성되어 커피를 직접 만들 수도 있다. 아이들과 함께 커피 체험형 박물관을 함께 찾아보자.

★엄마,아빠 필독★
아이가 알아야 할 역사 포인트
아이가 질문할 경우 이렇게 대답하세요

Q 신사임당을 왜 현모양처라고 부르나요?

A 신사임당이 현모양처의 이미지를 갖게 된 데는 셋째 아들인 율곡 이이의 역할이 매우 컸단다. 만약 율곡 이이가 정치적·학문적으로 출세하지 못했다면, 나머지 자녀들만으로 신사임당이 현모양처의 대명사가 되기 힘들었을지도 모르지. 맹자 어머니의 경우도 무덤에서 시장으로, 시장 근처에서 학교 근처로 이사를 하며 삼천지교를 했다고 해도, 맹자가 훌륭한 사상가가 되지 않았다면 그 어머니가 후세의 주목을 받기는 힘들었을 거야. 그래서 어버이는 자식으로 인해서 유명해진단다.

Q 조선시대에 여성이 결혼하면 친정을 떠나야 한다는데, 신사임당은 왜 친정에 머물며 생활했나요?

A 조선 전기에 친정살이 혹은 처가살이는 아주 드문 일은 아니었단다. 여성의 사회적 지위 역시 생각만큼 낮지도 않았어. 다만 성리학의 영향과 지배 질서의 강화로 여성을 가두는 틀이 점점 좁아지는 실정이었지. 아들이 없는 친정의 실질적인 상속자였던 신사임당은 여자 가장이었지. 현모양처라는 말이 어떻게 보면 여성을 가정이라는 울타리 안에 가두어 버릴 수도 있는 거야. 신사임당을 현모양처로 본다면 계급적·사상적 한계를 넘을 수 없으나, 신사임당은 자신에게 주어진 역할들을 능동적으로 선택해 실행한 여성이란다.

Q 강릉이 왜 커피의 고장이에요?

A 언제부터인가 강릉에 국내 최고의 커피 마스터가 자리 잡기 시작하면서 강릉이 커피의 고장이 되었단다. 경포대 가까이 있는 안목바다는 즐비하게 늘어선 커피 자동판매기로 유명한 곳이 되었어. 단순히 커피만 즐기는 사람들이 아니라 생두를 직접 볶고, 갈아서 내려 마시며 즐거움을 느끼는 사람들이 늘어나 크고 작은 커피숍이 300개나 돼. 커피 여행을 즐기는 사람들이 성지순례를 하듯 강릉을 찾는 사람들도 많아졌지.

🏷 라카이 샌드파인

경포해변 주변에 다양한 숙박 시설이 많이 있다. 가족 단위로 머물기에는 새로 개장한 라카이 샌드파인 리조트가 경포해변 바로 옆에 위치하여 이용하기가 편리하다. 이외에도 관광호텔과 호텔급 모텔들이 경포해변 주변에 많이 있다. 펜션단지 또한 잘 조성되어 있다. 단, 여름 휴가철에는 미리 예약해야 이용할 수 있다. 최근에는 이동식 카라반을 빌려주는 곳이 있어서 아이들과 새로운 추억거리를 만들 수 도 있다 (경포대 카라반 전화 : 033-652-4475).

주소 강릉시 해안로 536 / **전화** 1644-3001 / **홈페이지** www.lakaisandpine.co.kr / **요금** 계절별로 다르므로 사전문의 필수

🏷 기타 추천 숙박

베니키아 경포 비치호텔
주소 강릉시 해안로 406번길 17
전화 033-643-6699

강릉선교장(선교장 내 위치한 한옥스테이)
주소 강릉시 운정길 63
전화 033-646-3270

🏷 초당 할머니순두부

경포해변 주변에 20여 개의 초당순두부집들이 있다. 초당순두부가 유명해진 것은 허난설헌과 허균의 아버지 허엽이 경포 앞바다의 바닷물로 간을 맞춰 두부를 만든 데서 시작되었고, 또한 허엽의 호 '초당'을 붙여 이곳은 초당마을이 되었다. 초당순두부는 담백한 맛이 자극적이지 않아 남녀노소 누구나 즐길 수 있고, 혀끝에 감기는 부드러움이 오래도록 기억된다. 바다와 육지의 조화가 잘 이루어지는 강릉 대표 먹거리이다. 순두부백반이 7,000원, 모두부 10,000원.

★ **추천 메뉴** : 순두부백반과 모두부
주소 강릉시 초당순두부길 77 / **전화** 033-652-2058

🏷 강릉 감자옹심이 강릉본점

옹심이는 '새알심'의 강원도 사투리, 감자를 갈아 새알처럼 만들어 먹었다 해서 감자옹심이가 된 것. 이 식당은 기본 반찬이 배추김치와 무김치뿐이지만 그 맛이 무척이나 시원하다. 쫀득쫀득하면서도 뭔가 서걱서걱한 느낌이 있는 옹심이, 직접 만든 면발을 넣은 탱글탱글한 칼국수, 옹심이 겉면이 쫄깃하고 팥이 달지 않은 감자송편 등 맛있는 먹거리가 다양하다. 순감자옹심이 8,000원, 감자옹심이 칼국수 7,000원, 감자송편 4,000원

★ **추천 메뉴** : 순감자옹심이, 감자옹심이 칼국수, 감자송편
주소 강릉시 토성로 171 / **전화** 033-648-0340

감자옹심이   감자옹심이 칼국수

🏷 기타 추천 맛집

장안횟집
주메뉴 물회
주소 강릉시 사천면 진리항구길 51 / 전화 033-644-1136

테라로사
주메뉴 커피, 빵 등 다양한 디저트
주소 강릉시 구정면 현천길 25 / 전화 033-648-2760

중앙에 오죽헌의 현판이 걸려있고 오른쪽은 율곡이이가 태어난 몽룡실이다.

조선시대

숙종과 정조가 인정한
관동제일루 망양정과 월송정

관동팔경으로 함께 떠나다

"뭇 멧부리들이 첩첩이 둘러 있고 놀란 파도 큰 물결 하늘에 닿아 있네.
만약 이 바다를 술로 만들 수 있다면 어찌 한갓 삼백 잔만 마시리." – 숙종

"춘풍이라 따스한 봄날의 월송정이여 푸른 강 맑은 모래 십리나 이어졌네.
끝없는 평원에 무한한 생각 일어나는데 불 탄 흔적에 풀색이 그 더욱 푸른 것을⋯." – 김시습

울진의 망양정과 월송정을 두고, 조선의 숙종과 김시습은 이렇게 말했다. 관동팔경 중 2경이 울진에 있다. 해수욕, 삼림욕, 온천욕이 모두 가능한 울진에서는 아름다운 경치뿐 아니라 힐링까지 가능하다. 아이와 함께 신라시대, 조선시대의 문화도 이해할 수 있을 것이다.
풍류를 즐기던 선조들의 글과 그림 속 절경을 찾아 떠나보자.

알고 가면 더 유익한 역사여행

여행 키포인트

울진은 전통이 살아 숨 쉬는 곳이자, 선인들의 숨결을 느낄 수 있는 아름다운 자연이 있다. 친환경의 고장인 울진에서 다양한 관광 자원을 체험해 보자.

어린이 여행 학습 정보 ▶▶ **MUST STUDY 진경산수화 & 관동별곡**

진경산수화(조선시대 우리나라 산천을 주제로 한 산수화)와 관동별곡에 대해 미리 알아보고 여행을 떠나자. 임금이 직접 관동팔경(엄마 아빠 필독 아이가 알아야 할 역사포인트를 참고해주세요)을 방문하는 것은 쉬운 일이 아니기에, 궁중화가들로 하여금 그림, 진경산수화를 그려오게 하였다. 진경산수화의 발생 배경에 대해 학습해보자. 울진에 간다면, 관동별곡의 배경이 된 망양정과 월송정은 꼭 가보자.

교과서

초등학교 6학년 1학기 사회 – 새로운 문물을 받아들인 조선

travel information

📍 **자동차 코스**

Basic Course

죽변등대
(드라마 「폭풍속으로」 세트장)
주소 울진군 죽변면 등대길 52
전화 054-789-6862
입장료 무료

봉평신라비(전시관)
주소 울진군 죽변면 봉평길 9
전화 054-789-5460
시간 10:00~17:00(동절기인 11~2월에는 16:00까지 단축 운영, 신정 및 매주 월요일, 설날과 추석 당일 휴관)
입장료·주차 무료

민물고기생태체험관
주소 울진군 근남면 불영계곡로 3532
전화 054-783-9413~4
시간 09:00~18:00(동절기인 11~2월에는 17:00까지 단축 운영, 매주 월요일, 설날과 추석 당일 및 다음날 휴관)
입장료 어른 3,000원, 청소년 2,000원, 어린이 1,500원

* 다양한 민물고기와 열대어, 동물들을 만날 수 있고, 직접 먹이를 줄 수도 있다.

친환경엑스포공원
주소 울진군 근남면 친환경엑스포로 25
전화 054-789-5500
시간 08:00~22:00(동절기인 11~3월에는 20:00까지 단축 운영, 매주 월요일 휴관)
입장료(통합권) 어른 8,000원, 청소년/군인 6,000원, 어린이 4,500원

* 엑스포공원은 무료 입장이나, 각 전시관을 보기 위해서는 따로 입장료를 구입해야 한다.

성류굴
주소 울진군 근남면 성류굴로 225
전화 054-789-5400
시간 09:00~18:00(동절기인 11~2월에는 17:00까지 단축 운영)
입장료 어른 3,000원, 청소년/군인 2,000원, 어린이 1,500원(6세 이하 무료)
주차 북부주차장-무료, 남부주차장-유료

망양정
주소 울진군 근남면 산포리 716-1
전화 054-789-6921
입장료 무료

월송정
주소 울진군 평해읍 월송정로 517
전화 054-782-1501
입장료 무료

불영사
주소 울진군 서면 불영사길 48
전화 054-783-5004
입장료 어른 2,000원, 청소년 1,500원, 어린이 1,000원
주차 무료

울진의 주요 역사 여행지

COURSE 01 망양정

망양정은 망양해수욕장을 따라 바닷가 언덕 위에 위치해 있어 이곳에 있으면 동해가 한눈에 들어온다. 울진의 관동팔경 중 월송정과 더불어 경치가 가장 좋은 곳이다. 정자에서 바라보는 경치가 관동팔경 중 제일이라 하여 조선 숙종이 '관동제일루'라는 직접 쓴 편액(액자)을 하사하였다고 한다.

울진 대종을 지나 숲으로 난 길을 따라가다 보면 4~5월에는 새하얀 밥 송이를 얹어 놓은 것 마냥 핀 이팝나무가 사람들을 반긴다. 대략 70m 정도 지나 망양정에 올라 바다를 보고 있노라면, 시름이 씻겨간다. 이 뛰어난 풍광 덕인지 숙종과 정조가 지은 시, 정철의 관동별곡, 채수의 망양정기 등에도 망양정에 관한 글이 전해지고 있다. 그중 정철은 조선 중기 때의 문신이었다. 강원도 관찰사를 지내던 중 이곳에 들렀다가 관동별곡을 지었다.

 **여행 TIP**
망양정을 기점으로 해안도로가 펼쳐진다. 7번 국도를 따라 동해안의 멋진 풍경을 만끽해보자. 망양정 근처의 망양 휴게소에서는 동해바다를 한눈에 내려다볼 수 있도록 전망대도 갖추어져 있다.

> "강호에 병이 깊어 죽림에 누었더니 관동 팔백리에 방면을 맛디시니.
> 하늘의 가장 끝을 결국 못 보고서 망양정에 올라서니 바다 밖은 하늘이니
> 하늘 밖은 무엇인가…"
>
> – 관동별곡 中

망양정에서 바다를 바라보며 동해의 파도와 해맞이의 감회로 정철은 절로 시조를 읊게 되었을 것이다.
관동팔경 제일루에 올라 430여 년 전의 감흥을 느껴보자.

망양정

망양정 입구의 울진 대종

울진봉평신라비 전시관 내부

울진봉평신라비 전시관 입구

COURSE 02 울진봉평신라비

울진봉평신라비는 국보 제242호로, 신라 법흥왕 11년에 세워졌다. 신라 최고의 비문인 봉평신라비를 통해 6세기의 신라 역사를 이해할 수 있다.

비록 비문의 일부가 닳아 없어져 내용의 정확한 판독은 어려워도, 울진이 고구려에서 신라의 영역으로 옮겨진 사실, 법흥왕 시기의 왕권, 율령 반포 이외에도 그 당시 중대한 일에 대한 의사 결정 등의 정보가 담겨져 있다. 또한 신라 6부가 얼룩소를 잡았다는 구절도 적혀 있다. 이 구절의 배경은 다음과 같다. 신라 6부가 중요한 정책을 결정한 다음 얼룩소를 잡아 하늘에 제사를 지낸 것. 또 잘못된 일에 대한 처벌 및 명령을 내리는 인물의 소속과 관직, 처벌을 받은 인물, 석비를 세우는 데 관여한 인물 등도 새겨져 있다.

봉평신라비전시관은 봉평신라비를 효율적으로 보존하기 위해 만든 우리나라 최초의 비석전시관이다. 제1전시실에는 신라비의 실물과 비의 내용이 전시되어 있다. 2전시실과 3전시실에는 삼국시대의 주요 석비 모형과 울진이 보유하고 있는 문화유산을 전시 중이다. 전시관 앞에는 비석거리와 야외비석공원이 조성되어 있으며, 어린이체험실에서는 가족이 함께 탁본을 체험할 수도 있다. 삼국시대와 남북국 시대의 이해에 도움이 되므로 자녀와 함께 둘러보자.

여행 TIP

전시관은 매주 월요일 휴관. 만약 월요일이 공휴일인 경우에는 그 다음날을 휴관일로 지정하고 있으니 방문 전 미리 확인하자.

COURSE 03 불영사

1. 불영사 계곡의 절경
2. 불영사 일주문
3. 대웅전을 받치고 있는 거북돌
4. 불영사 연못

불영사는 신라 진덕왕 때 의상대사가 지은 유서 깊은 고찰이다. 불영사를 따라 15km에 이르는 불영계곡은 기묘한 바위가 많아 다양한 전설과 이름을 가진 절경지가 30여 개나 있다. 계곡이 깊어 여름에는 물놀이 피서객이, 가을에는 단풍이 수려해 등산객의 발길이 끊이지 않는다.

불영사 경내로 가다보면 의상대사의 전설이 전해지는 연못이 하나 있다. 절 앞의 연못에는 하늘에 오르지 못한 아홉 마리 용이 있었다. 의상대사가 먼저 그들에게 연못을 내어줄 것을 청했으나, 용이 그것을 거부했다. 이에 대사는 도술을 써, 가랑잎에 불 화(火)자를 쓰고 이를 연못에 던지자 갑자기 물이 끓어오르니 용들이 견디지 못하고 도망쳤다고 한다. 결국 의상대사는 법력으로 용을 쫓아내고 그 자리에 절을 짓고는 '구룡사'라 불렀다고 한다(구룡사가 현재 불영사의 본래 이름이다). 또 의상대사가 쓴 도술의 화기를 가라앉히기 위해 거북 모양의 돌로 절 안의 대웅전 축대를 받치도록 했다. 지금도 불영사 대웅전에 가면 축대를 짊어지고 있는 거북돌을 볼 수 있다.

구룡사가 불영사로 이름이 바뀐 것은, 한 바위 때문이었다. 절의 맞은편 산 정상에 부처 모양의 바위가 있는데 대웅전 앞 연못에 이 바위가 부처님의 그림자처럼 비친다 하여 불영사로 이름을 바꿔 부르기로 한 것이다.

불영사 매표소에서 불영사 경내까지는 걸어서 15분 정도 걸린다. 계곡을 따라 시원한 물줄기의 경치를 구경하며 천천히 걷다보면 이내 도착하니, 아이들과 함께 걷기에도 좋다.

 여행 TIP

불영사에서 진행하는 여름 불교 캠프에서는 기본 예절을 배울 수 있다. 이외에도 다양한 놀이와 체험을 통해 배려하는 마음을 배울 수 있는 프로그램들이 운영 중이다.

이곳도 추천해요!

01 친환경엑스포공원과 민물고기생태체험관

망양정 가까이에 엑스포공원이 있다. 공원 입구부터 소나무가 힘차게 뻗어 있어 에너지를 보태주는 듯하다. 친환경농업엑스포를 개최한 후 엑스포공원으로 사용되고 있다. 친환경농업관과 야생화관찰원, 생태터널 등 야외에서 즐길 수 있는 공간이 많이 있다. 원예 치료관에는 바나나, 구아바, 파인애플 등 아열대 식물을 관람할 수 있으며, 곤충도 전시되어 있다. 4월부터 10월까지 친환경 농작물 수확 체험을 할 수 있다. 통합관람권을 구입하면 친환경농업관, 울진곤충여행, 울진아쿠아리움 모두 관람할 수 있고, 주변에 민물고기생태체험관, 아쿠아리움, 성류굴이 있으니 함께 둘러 볼 수도 있다.

02 성류굴

성류굴은 천연기념물 제155호로 2억 5천만 년 전 형성된 천연 석회암 동굴이다. 신라의 31대 왕, 신문왕의 아들 보천태자가 굴 안에서 수도한 뒤 굴 앞에 사찰을 세워 '성류사'라 부르고, 성인이 머무른 굴이라 하여 '성류굴'로 불렀다 한다.
성류굴 주차장에 주차를 하고 매표소로 향하면 왕피천 계곡을 따라 성류굴이 있다. 종유석과 석순이 석주를 이루고, 굴벽이 좁고 낮은 구간이 있어 아이들과 함께 모험을 떠나는 듯한 기분이 든다. 동굴 내부에서는 안전모를 착용해야 한다.

03 죽변등대

성류굴과 망양정 가까이 드라마 「폭풍속으로」 촬영지가 있다. 드라마를 기억하지 못해도 좋다. 파도가 부서지는 언덕 위에 있는 주황색 지붕의 하얀 집이 이국적인 풍경으로 다가온다. 세트장 규모가 크지는 않지만, 교회와 어부의 집 내부는 관광객이 둘러볼 수 있도록 공개하여 바다전망대 역할을 해내고 있다. 발코니에 올라보니 해변이 하트 모양으로 보이는데, 그래서인지 이곳은 하트해변이라 불리고 있다. 드라마 촬영지 표지판 뒤로는 '용의 꿈길'이 있다. 용이 노닐면서 승천한 곳이라 한다. 용의 꿈길 중간에 전망대가 있어 이곳에서 시원하게 펼쳐진 동해안의 맑은 바다를 보노라면 가슴이 뻥 뚫린다.

죽변등대

하트 모양처럼 생긴 하트해변

★ 엄마,아빠 필독 ★
아이가 알아야 할 역사 포인트
아이가 질문할 경우 이렇게 대답하세요

Q 관동팔경이 뭐예요?

A 대관령의 동쪽에 있다고 하여 '관동'이라 부른단다. 강원도를 중심으로 동해안에 있는 8개의 명승지를 말하지. 월송정과 망양정도 원래는 강원도에 속해 있었으나, 현재는 경상북도로 분리되었단다. 관동팔경은 대부분 정자에서 바라보는 아름다운 경치야. 고성의 청간정, 강릉의 경포대, 고성의 삼일포, 삼척의 죽서루, 양양의 낙산사 의상대, 울진의 월송정과 망양정, 통천의 총석정이 있지만 삼일포와 총석정은 북한에 있어 지금은 가볼 수 없단다. 송강 정철은 관동팔경의 아름다운 경치를 유람하고 관동별곡을 지었지.

Q 조선의 숙종 임금님이 '관동제일루'라는 친필의 편액을 하사하였다는데, 편액이 뭐예요?

A 편액이란 건물이나 문 위에 걸어두는 액자를 말한단다. 대부분 널빤지나 종이, 비단에 글씨를 쓰거나 그림을 그려 문 위에 걸어 둔단다. 다른 말로는 현판이라고도 해.

Q 동굴은 어떻게 생겨요?

A 동굴이 생기게 된 여러 가지 원인이 있는데, 석회동굴은 석회암으로 이루어진 지역이 지각의 운동에 의해 지하수가 흘러들이기 석회가 녹아 동굴이 생긴 거란다. 용암동굴은 용암이 흘러가며 만들어 진 것이고 해식동굴은 파도에 의해 암석이 조금씩 깎여 동굴이 만들어 진 것이란다. 우리나라에는 석회동굴이 가장 많이 있어.

Q 왜 울진 대게라고 해요? 그냥 게와 다른 건가요?

A 울진 대게는, 다리가 대나무처럼 생겼다고 해서 '대게'라 부르는 거란다. 다른 바닷게와는 달리 속살이 쫄깃하고 담백해서 맛이 더욱 좋지. 울진 대게는 임금님께도 진상된 특산물이었어. 옛날부터 울진의 특산물로 대게가 유명했단다.

숙박

ⓞ 백암고려온천호텔

울진에는 온천단지가 두 곳이나 있다. 백암온천은 천연알칼리성 라듐성분을 함유한, 국내 유일의 유황온천으로 피부염, 동맥경화, 부인병 등에 탁월한 효과가 있다고 한다. 6월부터 10월 사이에는 울진의 평해 읍내부터 백암온천 입구까지 약 8km에 걸쳐 펼쳐진 백일홍이 예쁜 꽃길을 만든다. 백암온천 쪽에는 백암고려온천호텔, 한화리조트가, 덕구온천 부근에는 호텔덕구온천이 가족들과 머무르기 좋다. 백암고려온천호텔은 숙박을 하면 대중탕을 무료로 이용할 수 있다.

주소 : 울진군 온정면 소태리 1448 / 전화 : 054-787-3927 / 홈페이지 : baKamKorea.modoo.at / 요금 : 일반 객실(2인 기준) 60,000~70,000원 단체 객실(4인 기준) 35,000~38,000원

ⓞ 기타 추천 숙박

호텔덕구온천
주소 : 울진군 북면 덕구온천로 924
전화 : 054-782-0677

맛집

ⓞ 어부해룡호집

울진의 죽변항은 그야말로 대게의 본 고장이다. 매년 12월부터 5월까지 신선한 대게요리를 맛볼 수 있어 많은 관광객들이 찾는 곳이다. 죽변항의 대게 경매에 참여해, 신선한 대게를 직접 구입하여 인근 식당에서 먹을 수 있다. 식당에서 대게를 사먹는 것보다 마리당 무려 만 원 이상 저렴하게 먹을 수 있다. 근처에 죽변등대, 드라마 촬영지가 있다. 시세에 따라 다르며 제철에는 40,000~50,000원 정도

★ 추천 메뉴 : 대게, 해산물요리
주소 : 울진군 죽변면 죽변중앙로 180 / 전화 : 054-781-0222

ⓞ 흰바위 한식고을

백암온천 근처에 있는 모범음식점으로 실내가 깔끔하고 주인이 친절하다. 맛있고 영양가 있는 버섯전골과 해물탕이 일품이다. 울진은 화강암과 편마암이 풍화된 고운 토질을 갖고 있어 마사토와 청정 동해바다의 깨끗한 공기덕분에 울진 송이버섯이 유명하다. 울진 송이버섯은 표피가 두껍고 단단하며 향이 진하다. 울진에서는 버섯 축제, 울진금강송 송이축제도 열린다. 10월 초에 개최되며 구입한 송이는 인근 식당에서 소고기 등과 함께 구워 먹거나 전골 등에 넣어 끓여 먹을 수 있다. 흰바위 한식고을의 버섯전골은 35,000원. 해물탕이나 대게요리도 있다.

★ 추천 메뉴 : 버섯전골
주소 : 울진군 온정면 백암온천로 1281 / 전화 : 054-787-3400

ⓞ 기타 추천 맛집

정훈이네 횟집
주메뉴 : 물회
주소 : 울진군 죽변면 죽변 중앙로 202-3
전화 : 054-782-7919

명물곰식당
주메뉴 : 물곰국과 도루묵탕
주소 : 울진군 죽변면 죽변 중앙로 146-13 / 전화 : 054-783-7575

소나무가 울창하여 아름다운 월송정(관동팔경 중 하나)

마음을 바로 세우다

영주, 그곳에 선비가 있었네

전대미문의 학살이 있었다. 조선 세조 3년인 1457년, 도성에서 내려온 철기군은 양반, 노비, 여자, 갓난아이도 가리지 않았다. 눈에 보이는 산 것은 소, 돼지까지 모두 살육하고 불을 질렀다. 시신을 갖다버린 죽계천(竹溪川)의 핏물은 수십 리 아래에 있는 마을에 가서야 멎었다.

'남순북송(南順北宋)'이라고 '한강 이남은 순흥(영주의 옛 지명), 이북은 송도'라며 영화를 누리던 소백산 기슭의 순흥도호부(順興都護府)는 이렇게 사라졌다. 대체 그날 그곳엔 무슨 일이 있었던 것일까.

알고 가면 더 유익한 역사여행

여행 키포인트

최초의 사액서원(사액이란 임금이 현판을 하사했다는 뜻)인 소수서원과 금성대군신단 등 영주의 주요 유적은 조선 선비와 관련돼 있다. 조선 세조 3년에 일어난 단종 복위 운동이 이유가 되어 고초를 겪은 이 땅은 훗날 일제강점기 항일투쟁으로 또 한 번 전멸되다시피 했다. 이곳 영주는 왜 그런 참화를 자꾸 겪었을까? 그 이유는 선비에게서 찾을 수밖에 없었다. 선비란 어떤 사람들인 걸까? 우리가 미처 몰랐던 선비가 있었고, 이제 우리가 반드시 알아야 할 선비가 있다.

어린이 여행 학습 정보 ▶▶ MUST STUDY 조선의 선비

조선은 유교의 나라였고, 그 정점에 선비가 있었다. 선비 정신이 조선의 역사에서 어떤 모습으로 드러났는지 아이와 함께 이야기 나누어 보자.

교과서

초등학교 5학년 2학기 사회 – 유교의 전통과 생활

travel information

자동차 코스

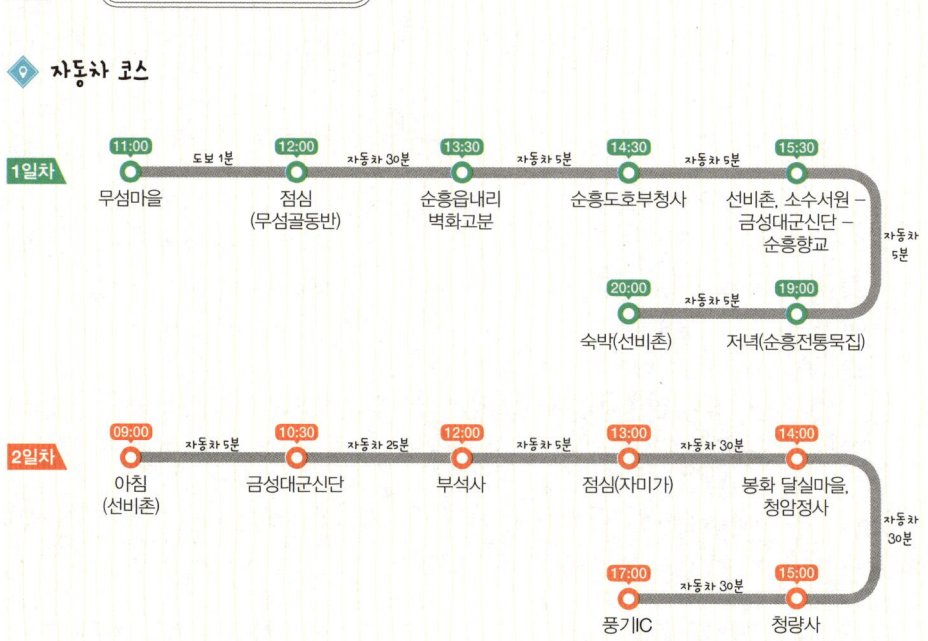

1일차
- 11:00 무섬마을
- (도보 1분)
- 12:00 점심 (무섬골동반)
- (자동차 30분)
- 13:30 순흥읍내리 벽화고분
- (자동차 5분)
- 14:30 순흥도호부청사
- (자동차 5분)
- 15:30 선비촌, 소수서원 – 금성대군신단 – 순흥향교
- (자동차 5분)
- 19:00 저녁(순흥전통묵집)
- (자동차 5분)
- 20:00 숙박(선비촌)

2일차
- 09:00 아침 (선비촌)
- (자동차 5분)
- 10:30 금성대군신단
- (자동차 25분)
- 12:00 부석사
- (자동차 5분)
- 13:00 점심(자미가)
- (자동차 30분)
- 14:00 봉화 달실마을, 청암정사
- (자동차 30분)
- 15:00 청량사
- (자동차 30분)
- 17:00 풍기IC

Basic Course

무섬마을
주소 영주시 문수면 무섬로 234번길 31-12
전화 054-634-0040
주차 (무섬마을 주차장)무료

순흥도호부
주소 영주시 순흥면 소백로 2796
전화 054-638-6444

선비촌(소수서원, 소수박물관)
주소 영주시 순흥면 소백로 2796
전화 054-638-6444
입장료 어른 3,000원, 청소년/군인 2000원, 어린이 1,000원
숙박료(선비촌) 45,000~140,000원

* 선비촌 입장권으로 소수서원과 소수박물관 관람 가능. 소수서원과 소수박물관은 선비촌과 인접해 있다. 관람은 소수서원→소수박물관→선비촌 순으로 둘러보면 좋다.

금성대군신단
주소 영주시 순흥면 내죽리 70번지
전화 054-634-3310

* 금성대군신단에서 순흥향교(전화 : 054-639-6062)가 가까이 있다. 도보로 이동 가능하니 이곳도 함께 둘러보자.

부석사
주소 영주시 부석면 부석사로 345
전화 054-633-3464
입장료 어른 1,200원, 청소년/군인 1,000원, 어린이 800원
주차 승용차 3,000원

풍기인삼시장
주소 영주시 풍기읍 인삼로 8
전화 054-636-7948
주차 무료(인삼시장 옆에 무료 공영 주차장이 있다)

순흥읍내리 벽화고분
주소 영주시 순흥면 읍내리 산29-1
전화 054-639-6062

 영주의 주요 역사 여행지

COURSE 01 옛순흥도호부(순흥면사무소)

읍내리석불입상

옛 순흥도호부 청사가 있던 자리는 현재 순흥면사무소가 대신하고 있다. 과거의 흔적은 거의 사라졌으나 관아 등에 사용되었던 주초석(기둥 받침) 등의 석물만이 노천에 넓게 누워 있다. 과거 고구려의 최남단 지역으로 오래전부터 번성했던 이곳을 증명하는 유물은 면사무소 마당에도 몇 개 있다. 경상북도 유형문화재 제125호인 읍내리석불입상은 머리, 광배(불상의 머리 혹은 몸 뒤쪽에 있는 장식물), 불상의 대좌(불상을 올려놓은 대)뿐 아니라 두 손에도 손상을 입었다. 그럼에도 불구하고 전반적인 표현 양식을 파악할 수 있고, 만들어진 시기는 통일신라시대인 것으로 추정하고 있다. 경상북도 문화재자료 제242호인 순흥 척화비는 잘 알려진 대로 흥선대원군이 서양인을 배척하고 그들의 침략을 국민들에게 경고하고자 세운 것이다.

지금의 순흥면사무소에서 옛 순흥도호부 청사의 흔적이 보인다

1. 옛 순흥도호부청사 석물 2. 봉도각 연못 3. 경로소 정심

> **여행 TIP**
> 순흥도호부 청사 인근에 순흥기지떡 본점(영주시 순흥면 순흥로55번길 12, 054-631-2929)이 있다. 떡을 여행 간식으로 포장해서 봉도각 옆 경로소 할아버지들과 나누어 먹으며 마을의 옛 이야기를 들어보는 건 어떨까?

면사무소 옆으로 돌아가면 사각형으로 단을 두른 연못이 나타나고 멀리 정자 하나가 보인다. 봉도각이다. 봉도는 신선이 산다는 봉래를 뜻하고 옛 순흥도호부 부사, 조덕상이 지었다. 청사를 들른 옛 주민들이 쉬어가던 정원은 지금도 충분한 위안을 준다. 봉도각 옆 순흥경로소에 방문해 어른들께 인사하고 마루에 앉아 시간을 보내도 좋다. 경로소라 적힌 현판 안쪽으로 '正心'이라는 한자도 찾을 수 있다. 이는 『대학(大學)』에서 밝힌 학문의 도리를 말하는 것으로, '격물치지 성의정심(格物致知 誠意正心)*'에서 따온 말이다. 세운 뜻에 성의를 다하여 마음을 바로 정하는 것이야 말로 선비 정신의 기본이었다. 이 말이 옛 순흥도호부 청사 정원에 남아 있는 것이 그저 우연 같지는 않아 좋다.

* **격물치지** : 사물의 이치를 연구해 지식을 완전하게 함
* **성의정심** : 뜻을 성실히 하고 마음을 바르게 가짐

COURSE 02 선비촌

여행 TIP

당일 혹은 1박 2일 기준의 전통 체험 프로그램 등 맞춤형 프로그램에 참여할 수 있다. 이곳에서 숙박을 하게 될 경우, 모든 집이 옛 모습 그대로 꾸며져 있기 때문에 화장실은 방 내부에 없음을 알아두자. 이곳에서는 해마다 5월과 10월에 선비문화축제가 열린다.

선비촌은 조선시대 삶을 체험할 수 있도록 조성한 전통문화 체험 마을이다. 이 지역 역사의 특수성에 따라 선비정신을 기리는 테마가 많다. 소수서원, 소수박물관과 함께 정축지변의 상흔이 남은 죽계천(竹溪川)에 접해 있다.

선비들이 실제로 살았던 생활공간을 복원하고 선비정신으로 일컬어지는 수신제가(修身齊家,) 입신양명(立身揚名,) 거무구안(居無求安,) 우도불우빈(憂道不憂貧) 의 네 가지 구역으로 꾸몄다. 재현된 각 집마다 선비로써의 역사와 사연을 가지고 있다. 다양한 전통 프로그램과 시설을 운영 중에 있다.

1. 선비촌 입구의 영주 선비상 2. 선비촌과 소수서원 사이에 놓인 죽계교

강학당

COURSE 03 소수서원

숙수사 당간지주

1457년 정축지변(丁丑之變)으로 살아남은 것 없는 도호부 땅은 영천(영주)과 풍기, 봉화, 단양, 영월, 태백 각 지역으로 쪼개져 편입되고 겨우 땅 조금 남겨 순흥현으로 강등됐다. 이 때 단종복위 운동의 본거지였던 큰 사찰 숙수사(宿水寺)도 당간지주만 남고 모조리 불에 타 버렸다. 부석사(浮石寺) 만큼 규모를 자랑했던 사찰의 흔적은 서원 입구에 선 당간지주 하나로 가늠할 뿐이다. 철저히 폐허가 되었던 그 자리에 86년이 지난 1543년, 이번엔 유교의 요람이 들어선다. 바로 소수서원이다.

소수서원(紹修書院)은 우리나라 최초의 서원이다. 그것도 사액서원이다(사액이란 임금이 현판을 하사했다는 뜻이다). 1543년(중종 36년) 풍기 군수였던 주세붕이 흠모하던 회헌 안향의 사당을 옛 숙수사(宿水寺) 터에 세우면서 시작된다. 초기의 이름은 백운동서원이었다. 이 후 퇴계 이황이 풍기 군수로 부임하면서 조정에 정식 인정을 요청했다. 이에 명종은 친필로 쓴 편액(널빤지나 종이·비단에 글씨를 쓰거나 그림을 그려 문 위에 서는 액자)

> ⚠ 여행 TIP
>
> 서원 옆 죽계천은 정축지변 당시 수양대군(세조)에 의해 몰살당한 사람들의 시신이 쌓였던 곳이라고 한다. 서원을 짓고 난 후 이 물에서 매일 밤 울음소리와 목탁소리가 나니 원혼을 달래기 위해 바위에 '공경하다'라는 뜻의 한자 '敬'을 새겼다고 전해진다. 죽계천으로 내려가는 문을 통해 취한대 정자까지 걸음을 하다보면 더욱 많은 이야기를 찾을 수 있다.

을 하사했는데 그 이름이 소수서원(紹修書院)이다. '이미 무너진 유학을 다시 이어 닦게 한다'라는 뜻을 담고 있다. 소수서원의 뒤를 이어 곳곳에 이러한 사액서원이 세워지게 되었다. 고종 8년에 있었던 흥선대원군의 서원철폐령에도 훼철하지 않고 존속한 서원 47곳 중의 하나다.

매표소를 지나면 옛 숙수사 터 당간지주가 보인다. 서원쪽으로 걷는 길 오른편으로 죽계천이 흐른다. 건너편으로 취한대라는 정자가 있고 물에 잠긴 바위에 붉은 글자로 '경(敬)'자라고 새겨진 바위 하나가 보인다. 경내로 접어들면 유생들이 공부하던 강학당이 중심 건물로 서 있다. 이 강학당에 백운동서원과 소수서원, 두 이름이 모두 걸려있다. 그 왼편으로 안향선생을 비롯해 안축, 안보, 주세붕의 위패를 모신 문성공 사당이 있고 유생들이 공부하던 기숙사 학구재가 있다. 서원의 입지와 배치를 알고 보면 더욱 흥미롭다. 사당, 즉 제향공간과 학문을 닦고 논하는 강학공간은 담을 둘러 각각 독자적인 영역을 확보하고 있다.

소수서원 안에 있는 박물관은 5개의 전시실로 꾸며졌다. 영주 역사 소개와 함께 우리나라 대표적인 유학자들의 저서와 간찰 등이 전시되어 있다. 야외 전시장에 순흥 고분과 인근 지역에서 발견된 고인돌, 선돌 및 부사 선정비 등 여러 가지 석조물들을 전시하여 다양한 볼거리를 마련해 놓았다.

1. 백운동서원, 소수서원 현판이 함께 걸려 있다 2. 죽계천 너머의 취한대

COURSE 04 금성대군신단

금성대군을 비롯해 단종 복위를 도모하다가 순절한 선비들을 위한 제단이다. 금성대군(1426-1457)은 세종의 여섯 째 아들로 세조(수양대군)의 동생이자 단종의 숙부가 된다. 1456년, 세조 2년에 사육신(死六臣)과 함께 단종 복위 운동을 추진하다 순흥으로 유배 되었는데 그곳에서 순흥부사 이보흠(李甫欽)과 지역 선비들과 더불어 단종 복위를 다시 도모했던 것이다. 그러나 사전 밀고로 발각되어 거사를 도모했던 이들과 함께 참형을 당하고 말았다. 정축지변 당시 선비들의 피가 흐르던 죽계천에서 멀지 않다.

 **여행 TIP**
금성대군신단 가까이에 도보로 이동 가능한 거리에 순흥향교가 있다. 공립기관인 향교와 사립기관인 서원을 비교해보자.

신단은 돌로 만든 3개의 단이 품(品)자 형태로 구성되어 있다. 금성대군의 신단은 중앙 뒤쪽에 있는 단으로 서쪽에는 금성대군성인신단지비(錦城大君成仁神壇之碑)가 있다. 금성대군 신단 앞에 있는 동쪽 단은 이보흠을 모신 단이며, 서쪽 단은 함께 순절한 선비들을 추모하기 위해 세운 단이다. 풍경은 무심하지만 찾아온 여행자의 마음은 결코 그렇지 못했다.

외부로 나갈 수 있는 유일한 길이었던 외나무다리

COURSE 05 무섬마을

아침이면 외나무다리를 줄 서서 건너갔다 한다. 여름에 강물에 휩쓸리면 다시 만들었다. 수 백년을 그리 하였다. 물돌이 무섬마을 사람들에겐 가느다란 나무 다리는 외부로 나가는 유일한 길이었다. 사람 한 폭도 안되는 다리를 건너 공부하고 농사짓던 이들의 한 시절을 상상하는 것만도 마음은 애틋해진다.

무섬마을은 안동의 하회마을, 예천의 회룡포, 영월의 선암마을, 청령포처럼 3면이 물로 둘러싸인 물돌이 마을이다. 낙동강의 지류 내성천과 영주천이 만나고 태백산과 소백산 줄기가 만나는 마을은 육지속의 섬과도 같다. 그래서 마을 이름도 물 위에 뜬 섬, 무섬이 되었다.

조선 중기 17세기 중반 들어와 자리를 잡은 반남박씨와 선성김씨의 집성촌으로 일제 강점기에 뜻있는 주민들에 의해 항일운동의 지역 구심체 역할을 한 곳이다. 전통가옥과 조선시대 후기 사대부 가옥들이 남아있다. 해우당과 만죽재가 영주지역 고택으로도 알려져 있으며, 김규진 가옥, 김위진 가옥 등도 경상북도 문화재 자료와 민속자료로 지정되어 있다. 해우당은 19세기 말 의금부 도사를 지낸 김낙풍의 집으로 해우당 김낙풍은 흥선대원군의 정치

여행 TIP

매년 10월 무섬나무다리 축제가 열린다. 원래 외나무다리는 농사지으러 가는 다리, 장보러 가는 다리, 학교 가는 다리 등 그 목적에 따라 3개 이상이 있었다고 한다. 지금은 하나만 남아 있다. 최근 내성천에 들어서는 영주댐 때문에 이 지역의 수질과 수량이 계속 바뀌고 있다.

적 조언자였다고 한다. 해우당 고택 현판을 흥선대원군이 써 줄 정도로 둘은 각별했다. 특히 해우당은 무섬골동반이 유래한 집안이기도 하다. 만죽재는 반남박씨 집안이 1666년에 지은 집으로 마을에서 가장 오래된 한옥이다.

마을의 가장 큰 미덕은 고요함에 있다. 소음이 강을 못 건너나 생각할 정도다. 이제는 교량이 생겨 사람들은 넓고 튼튼한 다리 위로 차가 오간다. 수백 년 물돌이 사람들을 보내고 맞던 외나무다리는 이제 기억의 증명인 듯 수줍고, 내성천 맑은 물은 백사장에 그린 그림보다 아름답다.

1. 골동반이 유래한 해우당 고택
2. 초가지붕
3. 무섬마을의 소소한 풍경

나한전에서 바라보는 부석사 전경.
무량수전과 안양루 지붕이 겹쳐보인다

COURSE 06 부석사

신라 삼국 통일 즈음인 676년에 의상대사가 창건한 아름답고 장엄한 화엄 도량이다. 우리나라 절은 일반적으로 아늑한 산속에 자리 잡은 편인데, 부석사는 산등성이에 훤하게 놓여 있다. 석축을 쌓아 여러 단을 만들어 구획을 나눠 놓았고 절을 둘러보기 위해선 일주문부터 차례대로 오르막길을 올라야 한다.

국보 제18호인 부석사 무량수전은 안동의 봉정사 극락전과 함께 우리나라에서 가장 오래된 목조건물 가운데 하나로 그 자체가 수려하다. 오랜 세월을 지나온 거대하고 아름다운 절집도 그러하거니와 무량수전 영역에서 바라 보는 일망무제의 겹겹 산맥은 화엄세계처럼 장엄한 것이다. 무량수전 정면 중앙 칸에 걸린 편액은 고려 공민왕의 글씨이다.

⚠️ **여행 TIP**

부석사에만 국보가 5점이나 있다. 아이와 함께 국보를 찾아보고 유물과 유적의 가치를 알아보자.

COURSE 07 봉화 달실마을

달실은 '닭 모양'이라는 뜻이다. 경북지방에서는 '닭'을 '달'이라고 불렀고 수백 년 동안 달실로 불렸는데 최근 국어표준어법 때문에 '닭실'로 바꿔 불러야 했다. 그러나 마을 이름은 고유명사로 보아야 한다는 의견이 있어 옛 이름 달실마을로 계속 부르게 되었다. 마을 풍수가 알을 품은 닭의 모양이라고 한다. 기묘사화로 파직 당한 후 이곳에 집을 지은 조선 중종 때 문인 충재 권벌(1478-1548) 이후로 안동 권씨의 집성촌이다. 현재도 80여 호의 가구가 살고 있다. 충재 고택이면서 안동 권씨 종택이 있고 청암정으로 불리는 정자와 마을 겉 청암정과 석천계곡의 아름다움이 알려지면서 사람들의 방문이 많아졌다.

마을은 지금도 가문의 전통을 이어가는데 열심이다. 충재의 선생의 위패가 봉화 삼계서원에 모셔져 있는데 매해 음력 3월에 불천위제사를 지낸다. 불천위제사란, 나라에 큰 공을 세운 인물에 한해 그 후손들이 대대손손 제사를 지내도록 나라나 유림에서 지정한 제사를 말한다.

청암정은 거북이 닮은 바위 주변의 땅을 파서 연못을 만들고 그 등에 해당하는 자리에 정자를 올린 것이다. 거북이가 물을 만난 형상이다. 정자에 들기 위해서는 사람 하나 폭 되는 돌다리를 건너야 한다. 자연을 훼손하지 않고 그 환경을 들여와 정원으로 삼는 우리 전통의 원림 조성을 볼 수 있다. 마을 들을 건너면 한 여름에도 서늘한 기운이 드는 내성천 지류 석천계곡이 나타난다. 그 물길을 따라 권씨 가문에서 지은 석천정사가 나타난다. 마을 전체가 온화한 가운데 단정하고 엄숙한 느낌이 든다.

1. 달실마을 풍경
2. 청암정
3. 석천계곡과 석천정사

⚠ 여행 TIP

최근 관광객의 무분별한 관람 행위로부터 500년 전통의 문화재를 지키기 위해 청암정 관람을 유료화하고, 고택 관람에도 제한을 두기 시작했다. 앞으로 무절제한 관람 행태가 근절되지 않는 한 달실마을의 관람도 엄중히 제한될 가능성이 있다.

이곳도 추천해요!

01 죽령옛길

예부터 죽령은 문경새재, 추풍령과 더불어 영남권과 기호지방(우리나라의 서쪽 중앙부, 경기도-황해 남부-충남 북부)을 연결하는 영남 3대 관문으로 통했고, 경북 영주와 충북 단양을 잇고 있다. 서기 158년 신라 아달라왕 때 길을 닦았다는 기록이 『동국여지승람』과 『삼국사기』에 남아 있으니 길의 역사가 최소 2천 년은 되는 셈이다. 경북 동북부지역에 살던 백성과 과거를 보기 위해 상경하던 선비들, 보부상(봇짐장수와 등짐장수) 등이 이 길을 걷고 소백산을 넘어 한양으로 향했다.

이곳은 교통수단의 발달로 인적이 끊겨 수십 년 동안 숲과 덩굴에 묻혀 있었다. 1999년 영주시가 영남 내륙을 이어온 죽령의 옛 자취를 되살려 다시 보존하겠다는 뜻에서 길을 복원했고 희방사역에서 죽령주막까지 1시간 정도(2.5km) 걸리는 길이 다시 세상에 나왔다. 2007년에 명승 제30호로 지정되었다. 오랫동안 인적이 끊긴 덕에 주변 식생이 다양한 편이다.

02 순흥읍내리 벽화고분

순흥은 남한 유일의 고구려 양식 벽화고분이 발견된 곳이다. 이곳이 삼국시대에 고구려와 신라가 충돌한 요충지였기에 가능했다. 순흥읍내리 벽화고분은 돌방(고분 안의 돌로 된 방)을 갖추고 있는 고구려의 고분으로 신라의 돌무지무덤과는 다른 형태를 보인다. 그러나 안에 그려진 그림 중 귀고리 등에서 신라의 화풍 특성도 보인다. 그래서 신라에서 만들어졌지만, 고구려의 영향을 강하게 받은 무덤으로 학계에서는 해석하고 있다.

03 풍기인삼시장

풍기인삼시장은 풍기역 바로 앞에 있다. 주 출입구에 인삼홍보전시관이 따로 마련되어 있으니 방문해보자. 이곳은 2009년에 '문화관광형 시장'으로 선정되기도 했다. 문화관광형 시장이란, 전통시장 가운데 지역의 역사와 문화, 특산품의 고유한 특성으로 개발된 시장을 말한다.

풍기는 주세붕이 1541년 산삼 종자를 채취하여 처음으로 인삼 재배를 시작한 곳이다. 『삼국사기』에 의하면, 서기 734년에 당나라로 산삼 200근을 선물했다는 기록이 있을 정도로 일찍이 소백산 일대에 산삼이 많이 자생했던 것으로 추측할 수 있다. 풍기인삼은 유기물이 풍부한 소백산 토질 덕분에 향이 강하고 유효 사포닌 함량이 높다고 한다. 조선 왕실에서도 풍기인삼을 즐겨 찾았다고 알려져 있다.

풍기인삼시장

04 소백산 자락길

영주시가 개발한 소백산 걷는 길의 이름이 소백산 자락길이다. 자락(自樂)은 '스스로 즐기며 걷는 길'이라는 뜻. 길은 총 12자락으로 구성되어 각 자락의 평균 길이는 12km, 전체 길이가 143km이다. 문화적 특성을 바탕으로 자락을 나누었기에 선비길, 구곡길, 달밭길과 같은 이름이 붙여졌다. 소백산 자락의 풍경과 역사를 가까이서 볼 수 있다. 걷다보면 사과밭도 나오고, 금성대군을 모신 서낭당도 마주하고, 사람의 손이 닿지 않은 산길도 걷게 된다.

소백산 자락길 표지판, 두레골서낭당으로 가는 길

05 성혈사

성혈사는 아름다운 꽃창살로 사랑 받는 절이다. 부석사와 마찬가지로 의상대사가 세운 절이며, 단청을 하지 않아도 돋보이는 나한전 문살의 섬세한 꽃 모양 목각이 아름답다. 그 가운데는 수백 년의 세월 동안 연꽃등을 들고 있는 동자가 보인다.

나한전의 꽃창살, 연꽃동자

엄마, 아빠 필독
아이가 알아야 할 역사 포인트
아이가 질문할 경우 이렇게 대답하세요

Q 양반과 선비의 차이는 무엇인가요?

A 양반은 지배세력이 될 수 있는 계급층을 뜻하고, 선비는 양반이라는 계급을 넘어 학문과 인격을 함께 갖춘 지식인을 뜻해. 사실 선비들 대부분이 양반 가문이지만, 그렇다고 모든 양반을 선비라고 할 수는 없어.

Q 영주에는 왜 선비촌이 있고, 선비와 관련된 유적이 많나요?

A 조선 초기 1455년 수양대군이 조카 단종을 내몰고 왕위에 오르자 수양의 동생 금성대군은 1457년 유배 중이던 순흥에서 부사 이보흠과 단종 복위 운동을 도모했단다. 그 지역의 많은 선비들도 함께했지. 그런데 그만 일이 발각되면서 금성대군과 이보흠 등은 죽음을 맞이했어. 영월에 유배를 간 단종도 이 일을 빌미로 사사되었지. 그럼에도 조카를 죽이고 왕위를 찬탈한 세조는 불안해서 순흥의 주민 모두를 처형했고, 이어서 인근 주민들까지 모두 처형하기에 이르렀어. 한때 제2의 한양이라 불릴 정도로 번성하고 인구가 많았던 순흥도호부는 철저히 파괴됐고 주변 다른 지역으로 쪼개져 편입되었지. 이로부터 200년 이상이 지나고 숙종 때 와서야 순흥부의 명예가 회복되었단다.

하지만 거듭된 비극도 선비의 기개를 멈출 수는 없었지. 선비들은 비극이 점철된 땅에 우리나라 최초의 사액서원을 만들었고 선비정신을 이어 나갔단다. 조선 말, 을사조약이 체결되자 이곳에서 선비 5백여 명이 국권 회복을 위해 투쟁하기도 했어. 이에 일본은 폭도 토벌이란 명목으로 대량의 군사를 투입해 순흥을 토벌하기에 이르렀지. 당시 의병에 동조한 순흥부를 없애고자 지역 전체를 불태우기까지 했어. 이로 인해 관아와 석빙고 등 고택 180여 채가 전소되었고 사람들은 사방으로 흩어졌지.

지금의 순흥은 비록 영주시의 작은 면 단위 지역이 되었지만, 위와 같은 역사로 인해 많은 선비 유적이 남아 있단다.

Q 소수서원은 왜 철폐되지 않았나요?

A 서원은 조선시대 선비가 모여 학문을 토론하던 곳이지. 설립 초기의 서원은 인재 양성과 유교적 질서 유지 등 긍정적인 기능을 많이 갖고 있었으나 차츰 혈연과 지연, 학벌과 당파 등으로 이어지는 병폐가 많아졌단다. 지방 양반들이 서원을 거점으로 백성과 지방 관청에 피해를 주기도 했어. 이러한 폐단을 근절하고 왕권 강화를 위해 조선 말 흥선대원군은 '서원철폐령'을 내리게 된 거야.

그런데 사실 서원은 유교의 상징 기관이란다. 유교를 숭상했던 조선이 모든 서원을 철폐한다면, 나라의 존립 기반 자체가 흔들릴 수 있겠지? 그래서 여러 기준을 두고 중요한 서원은 남겨두었어. 소수서원을 비롯한 47개 서원은 존속할 수 있었단다.

Q 백운동서원과 소수서원, 이름이 두 개인가요?

A 원래 백운동서원이었는데, 왕에게 소수서원이라는 이름을 새로 받은 거야. 주세붕이 서원을 만들었을 당시의 명칭은 백운동서원이었고, 후일 조정으로부터 정식 사학 인정을 받을 때 소수서원이라는 이름을 다시 받게 된 거지. 현재 소수서원 강학당에는 백운동서원과 소수서원의 현판이 안과 밖에 모두 걸려 있어.

Q 금성대군은 사람인데 왜 신단이라 부르나요?

A 금성대군은 왕에 대한 의리 때문에 죽었단다. 왕을 위한 일은, 유교 이념에서 많이 강조하는 부분이기도 하지. 후대에 조선 왕실은 왕권 강화를 위해 이 덕목을 더욱 강조하게 되었고, 금성대군을 인신(人神)의 반열에 올렸어. 백성들 사이에서도 이미 단종과 금성대군은 각기 태백산과 소백산의 신령이 되어 있었단다. 이러한 사례 사제가 드문 일이라. 금성대군 신단은 조선 후기 문화를 이해하는 데 중요한 가치를 지닌 유적으로 평가되고 있어.

🏠 선비촌(한옥 숙박 체험)

순흥면에 있는 선비촌은 인근 소수서원이나 금성대군신단 등 선비 문화 유적과 인접해 있어서 학습 연계에도, 이동하기에도 좋은 곳이다. 영주는 선비의 고장인 만큼 고택에서 하루를 묵는 것도 좋은 경험이 될 것이다. 선비촌 외에도 안정면이나 무수면 등지에 위치한 고택 체험, 농촌 체험, 농촌 민박 등 다양한 테마의 숙박 시설을 만날 수 있다. 소백산 자락에 위치해 있어서 자연휴양림은 물론이고 풍기에는 온천도 있다.

주소 : 영주시 순흥면 소백로 2796 / 전화 : 054-638-6444 / 홈페이지 : www.sunbichon.net / 요금 : 49,500원~110,000원

🏠 기타 추천 숙박

한국선비문화수련원
주소 : 영주시 순흥면 소백로 2806
전화 : 054-631-9888

무수천 고택
주소 : 영주시 이산면 이산로 938번길 16
전화 : 054-634-0097

🍴 무섬골동반

2010년 농촌진흥청의 국비를 지원 받고 영주시에서 만든 식당. 무섬의 전통 음식 골동반(비빔밥)과 선비정식 등 전통을 살린 음식을 내놓고 있다. 골동반은 흥선대원군이 자주 찾았다는 무섬 지역 해우당(김낙풍) 집안의 산나물밥을 재해석한 것이다. 퇴계 이황이 벼슬을 사양하고 고향 서원에서 제자를 양성할 때 배움을 청하러 찾아온 권철에게 보리밥에 콩나물국, 팥잎에 명태무침으로 식사를 내왔다고 한다. 선비정식은 바로 이 차림에서 유래했다.
이곳은 모든 음식에 화학조미료를 사용하지 않는다. 아이들과 영주 지역 음식의 유래를 나눌 수 있는 산나물한끼식사도 흥미롭다. 골동반 10,000원, 선비정식 15,000원.

★ 추천 메뉴 : 골동반, 선비정식
주소 : 문수면 무섬로 238-3 / 전화 : 054-634-8000

골동반과 선비정식

🍴 순흥전통묵집

1970년대부터 전통묵밥을 만들어온 식당. 메뉴는 단 두 가지, 전통묵밥과 두부. 전통묵밥은 7,000원, 두부는 6,000원이다.

★ 추천 메뉴 : 전통묵밥, 두부
주소 : 영주시 순흥면 순흥로 39번길 21 / 전화 : 054-634-4614

🍴 기타 추천 맛집

선비촌 종가집
주메뉴 : 한정식
주소 : 영주시 순흥면 소백로 2796
전화 : 054-637-9981

풍기인삼갈비
주메뉴 : 갈비탕
주소 : 영주시 풍기읍 소백로 1933 / 전화 : 054-635-2382

자미가
주메뉴 : 한식, 비빔밥
주소 : 영주시 부석면 부석사로 311 / 전화 : 054-632-3454
* 연중무휴, 아침식사 가능

조선시대

유생들이 공부하던 강학당에서는 선비 체험을 할 수 있다

·1박2일·
경상북도
문경

조선시대

옛길이 아름다운 문경

선비와 양민 그리고 왜군도 넘고 싶었던 그 길

길은 사람들에게 이야기를 들려준다. 그 길이 미덕, 슬픈 사랑, 숭고한 희생, 쓰라린 아픔 등 다양한 삶의 이야기를 전달하면, 사람들은 그 길을 걷고 싶어진다. 문경에는 걷고 싶은 길이 많다. 조선의 선비들이 과거 응시를 위해 넘은 길, 보부상들이 괴나리봇짐을 어깨에 짊어지고 지나간 길, 한 나라의 왕이 진격을 위해 전진했던 길, 왜군에게 국토가 유린되었던 오욕의 길…… 그 길 안에 담긴 사연은 때로는 전설, 때로는 설화, 때로는 역사가 된다. 문경은 그렇게 많은 이야기를 오늘날 우리에게 선물처럼 전해주고 있다.

알고 가면 더 유익한 역사여행

여행 키포인트
과거 영남지역 사람들이 서울을 가기 위해서는 반드시 문경을 거쳐야 했다는 사실을 알고 가자. 문경은 영남지역과 서울을 이어주는 주요 관문이었다.

어린이 여행 학습 정보 ▶▶  MUST PLAY 철로자전거
예전의 조그마한 간이역은 승객이 줄어드는 바람에 폐쇄되었다가 철로자전거 정거장으로 다시 태어났다. 문경에서 철로자전거는 꼭 타보고 가자.

교과서
초등학교 5학년 2학기 사회 – 임진왜란과 병자호란

travel information

자동차 코스

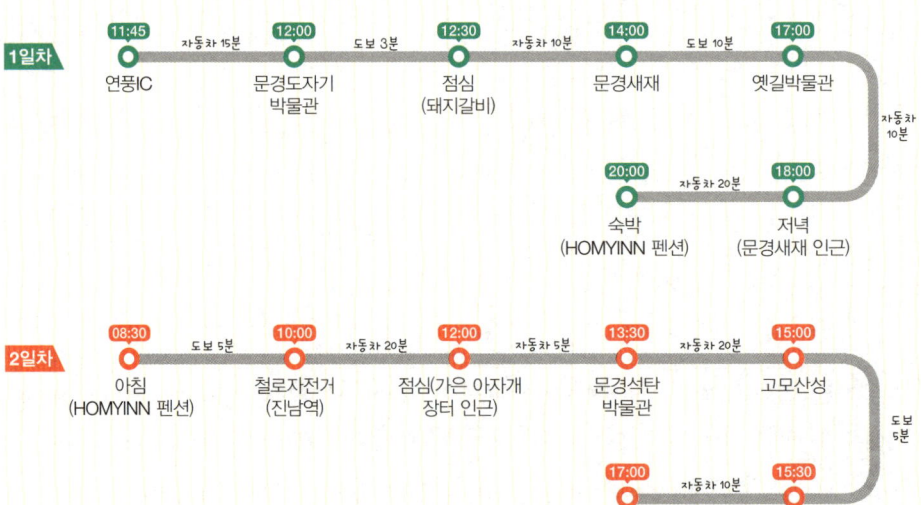

Basic Course

문경도자기박물관
주소 문경시 문경읍 문경대로 2416
전화 054-550-6416
시간 09:00~18:00(동절기인 11~2월에는 17:00까지 단축 운영, 신정 및 매주 월요일, 설날과 추석 당일 휴관)
입장료 무료(체험장 사용료는 별도 구매 - 10,000원)

문경새재
주소 문경시 문경읍 새재로 932
전화 054-571-0709
입장료 무료
주차 승용 2,000원, 경차 1,000원

* 문경새재는 무료로 입장이 가능하나, 문경새재 내 옛길박물관, 오픈세트장, 자연생태전시관에 입장할 경우에는 별도의 입장료를 내야 한다.

옛길박물관
주소 문경시 문경읍 새재로 944
전화 054-550-8365~8
시간 09:00~18:00(동절기인 11~2월에는 17:00까지 단축 운영, 신정 및 매주 화요일, 설날과 추석 당일 휴관)
입장료 어른 1,000원, 청소년/군인/어린이 700원

* 연중무휴로 언제든지 방문할 수 있는 곳이다. 문경시민은 신분증 소지 시 어른은 500원, 어린이는 300원으로 입장료를 할인 받을 수 있다.

문경석탄박물관
주소 문경시 가은읍 왕능길 112번지
전화 054-550-6428
시간 09:00~18:00(동절기인 11~2월에는 17:00까지 단축 운영, 신정 및 설날과 추석 당일 휴관)
입장료(통합권) 석탄박물관+갱도체험관 : 어른 6,000원, 청소년 4,800원, 어린이(7~12세) 3,000원 유아(4~6세) 2,000원

* 문경시민은 신분증 소지 시 어른 1,000원, 청소년/군인 800원, 어린이는 500원으로 입장료를 할인 받을 수 있다.

철로자전거
시간 09:00~17:00(매표는 08:45부터 가능, 9시부터 17시까지 매 정시에 출발한다. 하루 총 9번 운행)
요금 구간에 따라 15,000~25,000원

* 철도자전거 인터넷 예약은 구랑리역, 문경역만 가능. 주말에는 이용객이 많으므로 미리 예매해야 한다. 승차권이 조기 매진될 수 있다.

① 불정역
주소 문경시 불정강변길 187
전화 054-553-8300

* 동절기(12~2월) 운영 중단

② 가은역
주소 문경시 가은읍 대야로 2445
전화 054-572-5068

* 동절기인 12~2월 동안 매주 화요일 휴업

③ 구랑리역
주소 문경시 마성면 구랑로 20
전화 054-571-4200

④ 문경역
주소 문경시 문경읍 새재로 407
전화 054-571-9055

* 동절기인 12~2월 동안 매주 월요일, 목요일 휴업

고모산성
(문경 토끼비리)
주소 문경시 마성면 신현리 151

문경의 주요 역사 여행지

COURSE 01 문경새재

문경새재의 '새재'란, '새도 날아서 넘기 힘든 고개'라는 뜻이다. 이외에도 풀이 우거진 고개, 지릅재와 이우리재 사이의 새(사이)재, 새로이 된 고개라는 새(新)재라는 뜻이 있다. 영남대로의 가장 높고 험한 고개인 문경새재는 예로부터 많은 선비들이 넘어 다녔다. 새도 날아서 넘기 힘들다는 고개를 선비들은 과거 시험을 위해 넘었다. 가문의 영광과 개인의 출세 앞에는 험한 길도 걸림돌이 되지 못했던 것이다.

왜군은 조선을 정벌하고자 이곳 문경새재를 넘었다. 1592년 4월 부산에 상륙한 오만 명의 왜군에게 문경새재는 큰 장애물이었다. 이곳이 아닌 다른 곳으로 돌아간다면 언제 서울에 도달할지 모를 일이었다. 그런데 조선군은 자연이 만들어준 천연의 요새를 스스로 버리고 충주 벌판에 진을 쳤다. 이로써 문경을 쉽게 통과한 왜군은 충주 전투에서 승리를 거머쥔 후 서울에 이르렀다고 한다. 이렇듯 문경새재는 영광과 수모가 함께 어우러져 있는 길이다.

새재를 넘는 소조령길에는 총 4개의 코스가 있다. 각각의 코스를 새재길, 소조령길, 마당바우길, 달래내길로 이름 지어 정감 있게 만들었다. 어른 걸음을 기준으로, 어느 코스건 서너 시간 정도 걸린다. 가는 길 곳곳에 이곳의 성주가 왕건에게 세 아들을 차례로 보내어 귀순하였다는 주흘관, 신구 경상도 관찰사가 관인(관청에서 사용하는 도장)을 주고받았다는 교귀정, 과거 산불을 막기 위하여 세워진 한글 표석 산불됴심비 등 볼거리가 많다. 볼거리를 즐기기 위해 잠시 머물거나 혹은 아이와 동행하면 서너 시간도 부족하기 때문에 적당히 둘러본 다음 중간에 되돌아오는 것도 좋다.

 여행 TIP

문경새재 관리사무소에서 문경드라마세트장까지 전동차가 다닌다. 아이가 걷기 힘들어하거나 다리가 불편하면 전동차를 이용하자. 편도 요금은 어른 1,000원, 청소년/군인 800원, 어린이 500원이다.

토끼비리 　　　　　　　　　　토끼비리 아래로 흐르는 영강

COURSE 02 토끼비리

여행 TIP

진남교반은 유유히 흐르는 강줄기와 깎아지른 듯한 절벽을 자랑하는 최고의 관광지이다. 경북팔경 중 제1경으로 손꼽힌다.
토끼비리 길 중간에는 조선 후기의 그림을 사진으로 찍어 전시해놓고 있다. 그림을 보고 옛사람들이 아슬아슬하게 지나가던 모습을 상상하며 걸어보자. 더욱 운치 있을 것이다.

토끼가 길을 열었다고 해서 이곳을 토끼비리라 부르는데, '비리'는 강가나 바닷가의 벼랑을 말하는 '벼루'의 경상도 사투리이다. 후삼국시대 고려의 태조 왕건은 경상도 지역으로 자주 출정했는데, 이는 후백제의 공격을 받고 있는 신라를 돕기 위해서였다. 어느 날 왕건이 견훤과의 전투장으로 향하는 길, 경상도 문경으로 진군하다 갑자기 길이 끊기는 곳에 당도했다. 어찌 할 줄 몰라 고심하던 터에 토끼 한 마리가 벼랑을 따라 도망가는 모습이 보였고, 그 토끼를 쫓아가다 자그마한 길이 있는 것을 발견한 왕건은 벼랑을 잘라 길을 텄다. 그래서 후세 사람들은 왕건을 토끼비리의 최초 발견자라고 했다.

토끼비리는 영남대로 중에서도 가장 험난한 길이다. 좁은 길옆은 낭떠러지이나 아래로는 영강이 흐르고 있어 이곳에 서서 발아래를 내려다보면 아름다운 풍광에 절로 감탄이 나올 것이다. 길을 따라 가면 진남교반 일대를 한눈에 바라볼 수 있으니 더욱 좋다. 중간중간에 난간이 세워져 있어 위험하지는 않지만, 어린아이와 함께 걸을 때는 주의가 필요하다. 고모산성 입구에 차를 주차하고 5분 정도 걸으면 석현성 진남문이 나오는데 진남문 왼쪽으로 걸어가면 토끼비리를 쉽게 찾을 수 있다.

고모산성 풍경

COURSE 03 고모산성

고모산성 돌담길

진남교반이 한눈에 보이는 고모산성은 2세기 말 신라가 쌓은 것으로 알려져 있다. 백두대간의 조령(고개)과 이화령 남쪽 길목을 막고 있어서 예전부터 요새로 요긴하게 활용되었다고 한다. 신라 초기에는 국경 방어를 위해서, 동학농민운동과 구한말 의병운동 당시에는 나라를 구하기 위해서 고모산성을 전략적 요충지로 활용했다. 다만 임진왜란 때는 왜군이 이곳을 쉽게 지나갔다. 유성룡의 『징비록』에 따르면, "왜군이 고모산성의 위용에 겁을 먹고 진군을 주저하였으나 성안에 아무도 없음을 확인한 후 춤추고 노래하며 지나갔다"고 기록하고 있다.

 여행 TIP

힘들어도 산성 정상까지 올라가보자. 정상에서 선선한 바람을 맞으며 진남교반 일대를 바라보면 가슴까지 시원해질 것이다.

고모산성 주차장 입구에서 석현성 진남문까지 걸어서 쉽게 다다를 수 있다. 석현성 진남문 왼편이 토끼비리 옛길이고, 오른편은 고모산성이다. 산성까지 가파른 돌담길이 이어져 오르다보면 숨이 찰 수 있으나 어른 걸음으로 10분 정도 걸으면 고모산성 남문에 도착한다. 산성 위에서 정면을 바라보면 절경을 자랑하는 진남교반의 적벽과 가파른 고개를, 아래를 굽어다보면 영강과 옛철로, 중부내륙고속도로를 한눈에 볼 수 있다.

COURSE 04 철로자전거

온 가족이 함께 즐길 수 있는 철로자전거. 몇 해 전부터 레일바이크가 선풍적인 인기를 끌고 있다. 그 열풍을 주도한 곳이 바로 문경이다. 문경에서 시작된 레일바이크로 인하여 정선, 양평, 삼척, 아산, 곡성 등 전국 곳곳에서 심심찮게 레일바이크를 만날 수 있다. 문경의 철로자전거는 옛날 석탄을 실어 나르던 기찻길을 이용한다. 석탄 산업이 사양 길에 접어들면서 석탄 수송이라는 본연의 임무가 사라지고 철길만 외로이 남겨졌지만 지금은 '관광객 수송'이라는 새로운 임무를 부여 받으며 화려하게 부활한 것이다.

> ⚠ **여행 TIP**
> 방문하기 전에 철로 운행 일정을 꼭 확인해보자. 정비 관계로 일부 구간은 종종 운행을 멈추기도 한다.

문경 철로자전거의 출발지는 가은역, 구랑리역, 문경역, 불정역 총 네 군데다. 출발지마다 저마다의 코스를 갖고 있어 딱히 어디가 좋다고 콕 집어 말하기는 어렵다. 어떤 구간을 이용하건 간에 아름다운 문경의 물길을 따라 철길을 달릴 수 있으니, 여행의 즐거움을 마음껏 누릴 수 있다. 각 역은 요일별로 휴장을 하는 경우가 있어 홈페이지나 전화로 일정을 미리 확인한 후 방문하는 것이 좋다. 사전 예매는 할 수 없지만, 당일에 한 해 예약이 가능하다. 오전 일찍 철로자전거를 예약하고 문경의 다른 명소를 먼저 방문한 후 자전거를 타는 것도 한 방법이다.

1. 철로자전거 2. 지금은 폐역인 진남역 3. 구랑리역

경상북도 ▶ 문경 327

> 이곳도 추천해요!

01 문경도자기박물관

문경에는 예로부터 도자기를 빚던 가마가 많았다. 흰빛을 띤 토양이 많아 백자를 굽기에 알맞았다고 한다. 문경이 도자기 생산의 요람이라는 것을 알리기 위해 문경시는 문경새재로 들어가는 길목에 문경도자기박물관을 세웠다. 전시실은 유명한 장인들이 빚은 도자기가 많고, 1층에는 관람객이 가볍게 차 한잔 마시며 쉬어가는 공간이 마련되어 있다. 오른편에는 아이들과 함께 도자기를 만들 수 있는 전통 도자기 체험장이 있어 직접 도자기를 제작할 수도 있다. 이곳에서 완성한 작품은 택배로 집에 배달해주기도 한다. 주변에는 문경새재도립공원, 문경유교문화관, 문경온천 등이 있다.

02 옛길박물관

원래 향토박물관이었으나, 문경의 역사·문화적 정체성을 잘 드러낼 수 있도록 옛길박물관으로 개조하였다. 문경새재 주차장에서 문경새재 입구에 다다르기 전 오른편에 위치해 있다. 문경의 문화와 의식주 상황을 드러내는 소장품과 보부상이 먼 길을 떠날 때 매었던 괴나리봇짐 등을 전시하고 있으며 과거길, 영남대로 등 길의 의미를 느낄 수 있는 부분을 알기 쉽게 설명하였다. 국내 걷기 좋은 길을 선정하여 아름다운 사진으로 전시하고 있다.

03 문경석탄박물관

옛 대한석탄공사 은성광업소 자리를 석탄박물관으로 개조했다. 박물관 내부에는 석탄 산업이 발달했던 문경의 옛 모습을 생생하게 재현해놓았다. 박물관 입구에는 석탄 운반 기관차가, 내부에는 광산 장비와 광물 6400여 점, 광원사택 전시장이 있고 또한 추가 요금을 내면 꼬마열차를 타고 갱도 체험까지 해볼 수 있다. 입구에서 모노레일을 타면 드라마 「연개소문」 등을 촬영한 가은오프세트장까지 편히 갈 수 있다.

석탄박물관의 꼬마열차

04 꿀떡고개와 돌고개성황당

고모산성 주차장 입구에 차를 세우고 토끼비리나 고모산성을 가기 위해 거치는 곳이 바로 꿀떡고개다. 꿀떡고개 중간에 성황당이 있다. 꿀떡을 파는 떡 가게가 있어서 '꿀떡고개'라 부르기도 하고, 걷다보면 숨이 차올라 '꼴딱고개'라고도 불리는 이곳은 한 맺힌 처녀귀신의 이야기를 품고 있다. 옛날 과거길에 오른 선비가 이곳의 조그마한 초가집에서 하루를 묵게 되었다. 그 집에는 아버지와 딸이 살고 있었는데, 선비의 기품을 느낀 아버지는 자신의 딸을 맡아달라 간청하였고 선비는 이를 승낙하였다. 그러나 과거에 급제한 선비는 이를 까마득하게 잊어버렸다. 시간이 한참 흘러도 선비가 나타나지 않자, 딸은 자결 후 큰 구렁이로 변하였다. 꿀떡고개를 지나는 행인들이 구렁이에 의해 피해를 입자 구렁이의 원혼을 위로하기 위해 지은 것이 돌고개성황당이라고 한다.

엄마, 아빠 필독
아이가 알아야 할 역사 포인트
아이가 질문할 경우 이렇게 대답하세요

Q 임진왜란 때 조선은 왜 문경새재를 지키지 않았나요?

A 조선의 신립 장군은 예전에 기마병으로 여진족을 무찌른 경험이 있었어. 자신의 주특기인 기마전술로 왜군을 무찌르려 하니, 깊은 산보다는 넓은 들판이 유리하다고 생각했지. 그래서 문경새재 대신 충주 탄금대에 진을 쳤단다. 그래서 왜군은 문경새재를 쉽게 건너갈 수 있었어.

Q 왕건은 왜 토끼비리를 지나갔나요?

A 통일신라는 900년대 초반에 후삼국으로 갈라졌단다. 고려(처음에는 후고구려), 후백제, 신라 총 3개의 나라로 갈라졌는데, 신라는 힘이 없어서 고려에 의지를 많이 했어. 이에 화가 난 후백제는 신라를 자주 공격하였단다. 왕건은 고려의 왕으로서 신라를 도와줬지. 고려 군사를 신라로 많이 보냈는데, 아마 이때 지나간 것 같아.

Q 『징비록』이 무엇인가요?

A 임진왜란 때 영의정까지 지낸 유성룡이란 대학자가 임진왜란이 끝난 후 벼슬에서 물러나 쓴 책이란다. 징비는 '미리 징계하여 후환을 경계한다'라는 뜻으로 후손들에게 임진왜란 같은 비극이 다시는 일어나지 않기를 바라며 쓴 책이야.

숙박

◉ HOMYINN 펜션

진남교반 안에 펜션이 다양하다. 많은 펜션들이 영강을 끼고 있어 흐르는 물소리가 바이올린 선율처럼 들린다. 그 중 호미인펜션은 전방에 고모산성과 토끼비리를 한 눈에 볼 수 있는 곳에 자리잡고 있다. 그 외 휴양림에서 몸과 마음을 치유하고 싶다면 불정자연휴양림과 대야산자연휴양림에서 하룻밤 머물기를 권한다.

주소 : 문경시 마성면 진남1길 196 / 전화 : 054-556-5002, 010-7541-1364 / 홈페이지 : www.homyinn-mk.co.kr / 요금 : 90,000~160,000만원

◉ 기타 추천 숙박

불정자연휴양림
주소 : 문경시 불정길 180
전화 : 054-552-9443

대야산자연휴양림
주소 : 문경시 가은읍 용추길 31-35
전화 : 054-571-7181

맛집

◉ 문경약돌한우타운

문경새재 가는 입구에 위치해 있다. 문경에는 약돌이라고 부르는 화강암의 일종인 거정석이 많이 난다. 문경에서는 흔한 이 돌을 가루로 빻아 돼지의 사료로 쓴다. 약돌 가루를 먹고 자란 돼지는 문경의 대표 음식이 되었다. 연중무휴 운영. 점심 메뉴 갈비탕 12,000원, 갈비살(100g) 23,000원.

★ 추천 메뉴 : 돼지갈비
주소 : 문경시 문경읍 문경대로 2426 / 전화 : 1588-9075

◉ 진남매운탕

관광명소로 유명한 문경철로자전거로 가는 길에 있다. 인근에 영강이 있어 풍광이 좋다. 설날과 추석 당일에는 휴업. 메기매운탕(1인) 15,000원, 진남매운탕(1인) 22,000원

★ 추천 메뉴 : 진남매운탕
주소 : 문경시 마성면 진남길 210 / 전화 : 054-552-8888

◉ 기타 추천 맛집

새재할매집
주메뉴 : 고추장양념 석쇠구이 정식
주소 : 문경시 문경읍 새재로 922
전화 : 054-571-5600

임꺽정 손두부 가든
주메뉴 : 손두부전골
주소 : 문경시 문경읍 하초리 344-18
전화 : 054-571-2285

태조 이성계를
알현하다

조선왕조의 발상지 전주

조선왕조 오백년의 시작이 묵묵히 지켜냈던 전주, 새삼 전주에 와서야 비로소 느끼게 된다. 경기전이나 풍패지관은 전주가 조선왕실의 뿌리였음을 말하고 있다. 경기전의 정전과 전주사고는 태조 이성계의 어진과 조선왕조실록을 지켜냈으며, 조선시대부터 근현대시대까지 역사적 가치를 잘 지켜내고 있는 가장 한국적인 도시가 바로 전주이다. 오래되었다는 것은 낡음이 아닌 세월의 소중함을 뜻한다. 꼭 새것만이 좋은 것이 아님을, 전주는 말하고 있다. 전주한옥마을이 연중 북적이는 이유는 그 소중함을 느끼고 싶어서 일 것이다. 선조들이 지켜왔던 무언가가 외형적인 확장과 상업적인 변화에만 치우쳐 간과되지 않길 바랄 뿐이다.

알고 가면 더 유익한 역사여행

여행 키포인트

천년 역사의 근간인 경기전, 전주객사, 오목대, 이목대 등 조선 문화 유적을 꼼꼼하게 살펴본 후 오목대에 올라 한옥마을을 한눈에 내려다보며 세월의 발자취를 느껴보자.

어린이 여행 학습 정보 ▶▶

경기전 앞의 하마비를 확인하고, 조선을 건국한 태조 이성계의 초상화를 살펴보도록 한다. 하마비에 대해서도 간단히 알아보고 떠나자. 아이가 알아야 할 역사 포인트 참고.

교과서

초등학교 5학년 2학기 사회 – 조선의 건국

travel information

자동차 코스

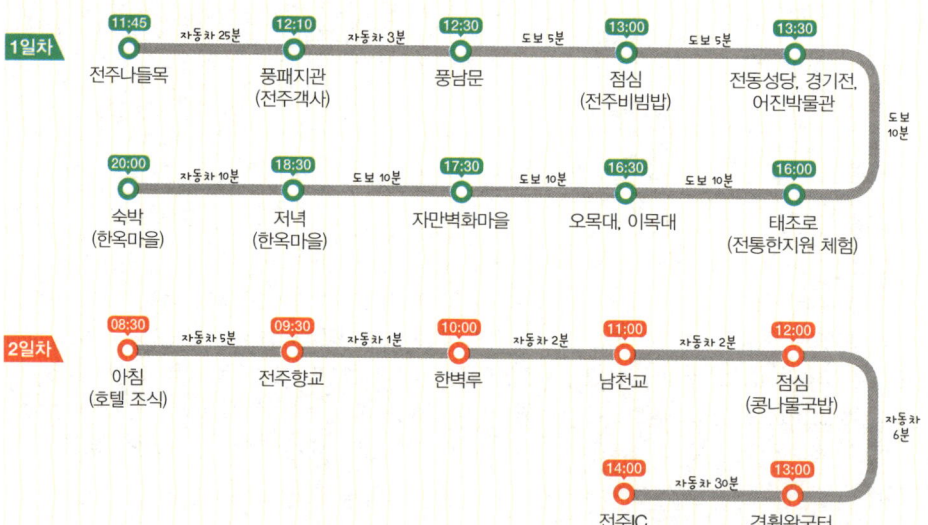

Basic Course

풍남문
주소 전주시 완산구 풍남문3길 1
전화 063-281-2553

풍패지관(전주객사)
주소 전주시 완산구 충경로 59 객사
전화 063-281-2787
입장료 무료

남부시장 · 청년몰
주소 전주시 완산구 풍남문2길 63/남부시장 6동 2층
전화 063-284-1344

* 청년몰은 남부시장 안에 위치해 있다. 문화체육관광부 사업으로 2011년 문을 열었고, 사업이 종료된 2013년부터는 자체적으로 운영 중이다. 독특하고도 오붓한 청년들의 시장을 볼 수 있다.

전동성당
주소 전주시 완산구 태조로 51
전화 063-284-3222
성당 평일 개방시간
09:00~18:00(하절기), 09:00~17:00(동절기)

* 단, 개방시간은 성당 사정에 따라 제한될 수 있다.
* 단체의 경우 성지해설사를 신청하면 전동성당에 대한 해설을 들을 수 있다.

경기전
시간 전주시 완산구 풍남동3가 102
전화 063-287-1330
시간 09:00~19:00(동절기인 1~2월에는 18:00까지, 하절기인 6~8월에는 20:00까지)
입장료 어른 3,000원, 청소년/군인: 2,000원, 어린이 1,000원

* 전주시민은 신분증 소지 시 어른 1,000원, 청소년/군인 800원, 어린이는 500원으로 입장료를 할인 받을 수 있다. 또한 신정이나 추석과 설날 당일, 3.1절, 광복절에는 무료로 입장할 수 있다.

한옥마을
주소 전주시 완산구 풍남동 · 교동
전화 063-282-1330

* 한옥마을은 주말과 휴일에는 주차가 어려우니 한옥마을 임시주차장(치명자성지 주차장)에서 한옥마을 셔틀버스(10:00~19:00)로 이동하는 것이 좋다. 혹은 전주천서로, 전통문화관, 기린로변 노상 주차장을 이용해도 좋다. 무료로 이용할 수 있으며 한옥마을 및 주변 관광지로 도보 이동이 가능하다.

오목대
주소 전주시 완산구 교동 산1-11
전화 063-281-2114

자만벽화마을
주소 전주시 완산구 교동 50-158 자만마을

전주의 주요 역사 여행지

COURSE 01 경기전

조선왕조의 지킴이, 경기전. 전주 풍남문에서 동쪽으로 5분 정도 거리에 경기전이 있다. 경사스러운 터에 지어진 궁궐이라는 뜻을 담고 있는 경기전은 지방에 현존하는 유일한 왕실 사당으로 전주한옥마을의 상징이기도 하다. 조선왕조를 세운 태조 이성계의 어진(왕의 초상화)을 봉안하기 위해 태종 10년(1410)에 지어졌다.

여행 TIP
만 6세 이하, 만 65세 이상, 국가 유공자 및 장애인 등록증을 소지한 사람은 경기전을 무료로 관람할 수 있다.

경기전 입구에는 궁에서 볼 수 있는 하마비가 서 있다. 입구의 홍살문을 지나 안으로 들어가면 정전이 있는데 경기전의 정전은 태조 이성계의 어진, 초상화를 보관하는 곳으로 원래 개성, 영흥, 전주, 경주, 평양 등 다섯 곳에 보관하였으나 임진왜란(1592)때 경기전을 제외하고는 모두 불에 타버렸다. 현재 경기전에 봉안된 태조 이성계의 어진은 국보 제317호로 지정되었다.

1. 어진박물관 2. 경기전 근처의 풍남문

경기전 안에는 어진박물관이 있는데, 이 박물관은 이름대로 왕의 초상화 전문 박물관이다. 어진실에는 태조의 어진 외 새로 모사한 6개의 어진을 전시하고 있으며 어진 제작 과정도 체험할 수 있다.

안으로 계속 걷다보면, 전주사고와 예종의 탯줄을 묻어 놓은 태실에 마주하게 된다. 사고는 나라의 역사를 기록한 실록 그리고 중요한 서적과 문서를 보관하는 곳이다. 조선 전기 실록은 네 곳의 사고에 보관되었으나 모두 소실되고 전주사고의 실록만이 남아 현재에 이르고 있다. 이는 1997년 세계기록문화유산으로 등재되었다. 조선왕조실록은 조선 태조부터 철종에 이르기까지 역대 25대 임금, 472년간의 방대한 역사 기록이라는 점에서 인정받고 있다.

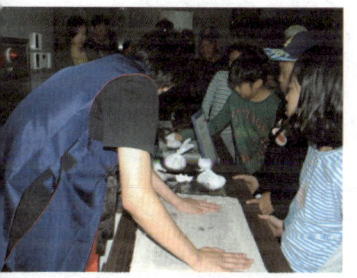

경기전에서는 직접 어진 제작을 해볼 수 있다

전주사고와 어진박물관을 돌아 나오다보면, 경기전 담장 너머로 전동성당이 보일 것이다. 이곳의 가을 풍경은 특히 더 아름답다.

COURSE 02 풍패지관

전주의 풍패지관은 옛 전라감영의 권위와 명성을 상징하는 건물이다. 감영이란 조선시대 각 도의 관찰사가 거처하는 관청을 말한다. 전라감영은 전라남북도와 제주도를 관할하였으며, 감영의 총 책임자는 감사였다. 전주 풍패지관은 감영을 방문한 관리가 머무르던 곳으로, 오늘날 감사의 관사 역할을 하던 곳이라 할 수 있다. 외국 사신이 방문했을 때는 객사에 묵었으며 연회도 열렸다. 성종 2년(1471)에 풍패지관의 서익헌을 고쳐지었다는 기록으로 보아, 설립 시기는 그 이전으로 추측된다. 보물 제583호로 지정되었으며 지금은 주관과동, 서익헌, 수직사만이 남아 있다.

정면으로 보이는 풍패지관(豐沛之館)이라 적힌 현판의 글씨는 명나라 사신 주지번이 전주를 찾았다가 남긴 것이다. 본래 풍패란 한나라 고조의 고향 지명이다. 이 뜻에서 유래하여 풍패는 왕조의 본토, 건국자의 고향을 의미하게 되었다. 전주는 조선을 건국한 태조 이성계의 본관으로, 이곳의 풍패지관은 전주가 조선왕조의 발원지라는 뜻을 담고 있다.

 **여행 TIP**

밤이 되면 객사길을 따라 조명이 켜져 객사 주변이 화려하게 변신한다. 한옥마을이 지루하다면, 풍남문, 전동성당, 전주객사길 야간 산책을 해보자.

COURSE 03 오목대

오목대는 경기전 근처에 위치한, 풍남동의 작은 언덕 위에 있는 정자의 이름이다. 오목대로 오르다보면, 한옥마을이 한눈에 들어온다. 이곳은 이성계가 고려 우왕 6년(1380) 남원 운봉의 황산에서 왜구를 물리치고 돌아가던 길에 승전을 기념하는 잔치를 연 곳이다. 이 축하연에서 이성계는 한고조 유방이 불렀다는 대풍가를 부르며 새로운 왕조의 꿈을 꾸었다고 한다. 오동나무가 많아 언덕의 이름을 오목대라 지었다는 이야기도 있지만, 이성계는 이곳에 정자를 짓고 오목대(梧木臺)라 불렀다고 한다. 오목대에서 아래로 내려가다 보면 이목대(梨木臺)도 있다.

이성계는 조선왕조를 개국하고 나서 전주를 지방 최고 관청인 '부(府)'로 승격시켰다. 오목대와 이목대에는 조선 왕실의 뿌리가 있는 곳임을 알리는 고종의 친필 비석까지 세워져 있다. 정자에서 휴식을 취하노라면 오목대로 올라오며 흘린 땀방울이 시원한 바람에 날려 기분까지 상쾌해진다.

⚠️ **여행 TIP**

오목대에 올라 한옥마을을 바라보면 마을 전체가 눈앞에 펼쳐진다. 오목대는 신발을 벗고 올라가야 하는데, 사람들이 몰릴 때는 신발을 잃어버릴 수 있으니 주의하자.

1,2. 경기전 근처의 정자, 오목대 3. 신발을 벗고 들어설 수 있는 오목대

이곳도 추천해요!

01 전동성당

풍남문을 지나 횡단보도를 건너 한옥마을로 진입하기 전에 전동성당이 보인다. 우리나라에서 아름답다는 성당 중 하나이며, 한옥마을에 온 관광객은 꼭 한 번은 이 성당에 들러 사진을 찍고 간다.

전동성당은 우리나라 천주교회 최초의 순교자인 윤지충과 권상연이 1791년 신해박해(천주교도 박해 사건) 때 처형당한 풍남문이 있던 자리에 건립하였다고 한다. 처형지인 풍남문 성벽을 헐어낸 돌로 성당 주춧돌을 놓았다고 하니, 순교지의 성스러움이 절로 느껴진다. 프와넬 신부의 설계로 중국에서 벽돌 제조 기술자를 직접 데려오는 수고를 아끼지 않았고 공사는 1907년부터 시작해 1914년에 완성되었다고 한다. 100여 년 전에 지어진 전동성당은 로마의 건축 스타일, 로마네스크 양식의 웅장함을 지니고 있어 경기전, 한옥마을과 대조되는 또 다른 멋스러움을 자아낸다.

02 자만벽화마을

오목대를 지나 골목길의 좁은 언덕을 오르다 보면 40여 채의 주택가가 나온다. 산자락에 있어 인적이 드물고 노후화된 낡은 집들을 꽃, 풍경, 만화 등 여러 테마로 벽화 작업을 하여 마을의 특색을 살렸다. 자만벽화마을 꼭대기에는 새 카페들이 들어서면서 전주한옥마을뿐만 아니라 전주 시내 전체를 조망할 수 있는, 새로운 관광명소로 자리 잡고 있다. 언덕 위의 삭막한 골목길을 보수해 아름다운 담장으로 탈바꿈시켜 한옥마을, 오목대, 이목대 등과 함께 전주의 관광코스로 자리매김하게 된 것이다. 주의할 점이 있다면, 이곳은 경사가 급한 언덕을 올라야 하기 때문에 편한 신발을 신고 가도록 해야 한다. 벽마다 그림의 테마가 다르므로 벽화마을의 구석구석을 돌아보도록 하자.

03 전주향교

향교는 조선시대 지방 양반 자제의 교육을 담당하기 위해 나라에서 세운 학교이다. 전주향교는 향교를 보존하는 것만이 아니라 유림(유학을 신봉하는 집단)들이 강연을 듣기도 하는 등 교육기관으로서의 역할을 톡톡히 해냈다. 이곳에는 공자의 위패를 모신 계성사, 동무와 서무, 명륜당이 있는데 그중 동무와 서무는 중국과 우리나라의 훌륭한 유학자들의 위패를 모신 곳이다. 명륜당은 유학을 가르치던 곳으로 학생의 기숙사로 사용하던 동재와 서재 등 많은 건물이 남아 있다. 현재는 지역 주민들을 대상으로 한 예절교육이나 한자교육 등을 제공하며 제사 혹은 행렬 행사를 재현하기도 한다. 특히 이곳은 2010년 드라마 「성균관 스캔들」의 배경이 된 후 많은 방문객들이 찾고 있다.

★ 엄마, 아빠 필독 ★
아이가 알아야 할 역사 포인트
아이가 질문할 경우 이렇게 대답하세요

Q 하마비가 뭐예요?

A 하마비(下馬碑)란, 궁에 들어가려면 신분의 높고 낮음을 떠나 누구든 말과 가마에서 내려야 함을 알리는 비석이란다. 서울에 있는 경복궁이나 덕수궁, 창덕궁에서 볼 수 있는 하마비를 경기전에서도 볼 수 있지.

Q 경기전은 태조 이성계의 어진을 보관한 곳이라는데, 어진이 뭐예요?

A 어진이란 왕의 초상화를 말한단다. 태조의 다른 어진은 임진왜란 때 모두 불타고 경기전의 어진만이 유일하게 어진박물관 수장고에 보관되어 있어.

Q 견훤은 전주와 무슨 연관이 있나요?

A 견훤이 완산주(全州)에 도읍을 정하고 나라를 세워 전주라고 불렀단다. 전주가 후백제의 도읍지였기 때문에 견훤의 궁궐터가 있기도 해.

한옥생활체험관

전주한옥마을은 교동과 풍남동 일대에 형성되어 있으며 전주한옥마을에는 무려 600여 채의 한옥집이 있다. 한옥 팔작지붕의 곡선이 용마루를 따라 꼬리를 물고 파도를 타고 있는 듯하다.

그중 한옥생활체험관은 조선시대 양반집을 연상케 하는 곳으로 옛 한옥에서 하룻밤 묵으며 전통 문화를 체험할 수 있다. 햇볕이 잘 드는 푸근하고 따뜻한 마당 그리고 겨울에는 따뜻한 구들장 위에서, 여름에는 시원한 대청마루에서 밤 깊도록 이야기꽃을 피울 수 있다. 게다가 자전거도 무료로 대여해준다. 투호던지기, 윷놀이, 굴렁쇠 굴리기 등 흥미로운 전통 놀이도 가득하다.

주소 : 전주시 완산구 어진길 29 / 전화 : 063-287-6530 / 홈페이지 : www.jjhanok.com / 요금 : 2인 기준, 1인 추가 시 10,000원 일반실 60,000원, 사랑채 80,000~90,000원, 선비방 120,000원

삼도헌

한옥마을 내에 있는 전통한옥문화 체험이 가능한 숙박 장소이다. 소리체험과 다도체험, 한복 입어보기, 떡메체험 등이 준비되어 있다. 삼도헌 투숙객은 시티투어 이용시 50% 할인 혜택이 제공된다. 객실은 총 6개이다.

주소 : 전주시 완산구 충경로 79 / 전화 : 063-282-3337 / 홈페이지 : samdohanok.com / 요금 : 2인 기준, 1인 추가 시 10,000원 60,000~140,000만원

기타 추천 숙박

호텔르윈
주소 : 전주시 완산구 기린대로 85
전화 : 063-232-7000

베니키아 전주 한성관광호텔
주소 : 전주시 완산구 전주객사 5길 43-3
전화 : 063-288-0014

맛집

🍲 한국관(한옥마을점)

전주하면 먹거리로 누구나 전주비빔밥을 생각한다. 알록달록한 색의 재료를 올린 전주비빔밥은 보는 것만으로도 침샘을 자극한다. 한국관은 놋그릇육회비빔밥이 유명하다. 한우 육회가 놋그릇에 제공되고, 이를 고추장 양념 재료에 무쳐 먹으면 된다. 육회가 싫다면 일반 비빔밥이나 인삼비빔밥, 돌그릇비빔밥도 괜찮다. 비빔밥을 다 먹은 후에 시원한 모주도 한잔 마셔보자. 음식이 주는 행복감을 느낄 수 있을 것이다. 모주는 막걸리에 흑설탕, 계피, 생강, 한방재료를 넣어 끓인 술이지만 알코올 도수가 낮아 술이 약한 사람이 마셔도 좋다. 영업시간은 오전 11시에서 밤 9시 30분까지. 놋그릇육회비빔밥 13,000원, 돌그릇비빔밥 11,000원.

★ 추천 메뉴 : 놋그릇육회비빔밥
주소 : 전주시 완산구 태조로 31
전화 : 063-232-0074

전주비빔밥과 놋그릇육회비빔밥

놋그릇육회비빔밥

🍲 삼백집

삼백집은 하루에 삼백 그릇만 팔고 문을 닫는다고 해서 삼백집이라 불린다. 60년 동안 이어져 내려온 전주와 호남을 대표하는 전주콩나물 국밥집으로 만화 『식객』에도 소개되어 미식가들이 많이 찾는 집이다. 밥을 한가득 말은 콩나물국에 날계란 하나를 얹어 담백하게 먹을 수 있다. 단 손님이 많으니 번호표를 뽑고 기다려야 한다. 삼백집에서 식사를 마친 후엔 영수증을 버리지 말고 챙겨두자. 삼백집 앞 '납작한 슬리퍼'라는 커피숍에서 삼백집에서 계산한 영수증을 제시하면 음료값을 할인받을 수 있다. 삼백집은 24시간 영업. 콩나물국밥은 6,000원, 해온반 7,000원, 모주는 한 잔 2,000원.

콩나물국밥   모주

★ 추천 메뉴 : 콩나물국밥
주소 : 전주시 완산구 전주객사2길 22
전화 : 063-284-2227

🍲 기타 추천 맛집

용진집 막걸리
주소 : 전주시 완산구 삼천동 1가 627-9(거마로 10) / 전화 : 063-224-8164

교동떡갈비
주소 : 전주시 완산구 풍남동 3가 76-49 / 전화 : 063-288-2232

조선시대

· 1박2일 ·
경상남도
진주

푸른 남강에 어려 있는 논개의 충절

한 평범한 여인이 온몸으로 나라를 지킨 고장

임진왜란을 일으킨 왜군은 불과 두 달 만에 평양을 함락할 정도로 기세가 등등했다. 하지만 그들에게도 아킬레스건이 있었으니, 바로 식량 조달 문제였다. 이순신에 의해 바닷길이 막힌 왜군은 호남 곡창지대를 확보하기 위해 전라도로 가는 길목인 진주성을 두 차례나 공격했다. 두 번째 전투에서 조선군은 아쉽게 패배하고 성을 빼앗기게 되지만, 그것이 끝은 아니었다. 전투에서 패하면 모든 것을 내려놓는다는 통념을 깨고, 한 여인이 왜장과 함께 차디찬 남강 물에 몸을 던졌다. 그녀의 이름은 논개. 진주성 밑의 의암은 오늘도 그 자리에서 역사의 교훈을 우리에게 전해주고 있다.

알고 가면 더 유익한 역사여행

여행 키포인트

부모와 아이가 진주로 여행을 가기 전에 임진왜란에 대한 기본 정보를 알고 가면 좋다. 임진왜란 발생 배경, 전투 과정, 당시의 역사 등을 학습하고 진주를 방문해보자.

어린이 여행 학습 정보 ▶▶ MUST SEE 의암

진주 여행에서는 진주성에 있는 의암을 꼭 보도록 하자. 의암은 임진왜란 때 논개가 왜장을 껴안고 물속에 뛰어든 장소이다.

교과서

초등학교 5학년 2학기 사회 - 임진왜란과 병자호란

travel information

자동차 코스

Basic Course

진양호공원
주소 진주시 남강로 1번길 130
전화 055-749-2510
시간 제한없음
* 진양호공원에는 동물원, 진주랜드, 전망대 등 볼거리가 다양하며, 각각의 입장료가 따로 있다.
* 진양호 동물원 : 어른 1,000원, 청소년/군인 8,000원, 어린이 5,000원

진주청동기문화박물관
주소 진주시 대평면 호반로 1353
전화 055-749-2518
시간 09:00~18:00(동절기인 11~2월에는 17:00까지 단축 운영, 신정 및 매주 월요일, 설날과 추석 당일 휴관)
입장료 어른 1,000원, 청소년/군인/어린이 500원

진주성(국립진주박물관)
주소 진주시 남강로 626-35
전화 055-740-0698
시간 09:00~18:00(주말과 공휴일에는 19:00까지 연장 운영, 신정 및 매주 월요일 휴관)
입장료 어른 2,000원, 청소년/군인 1,000원, 어린이 600원
* 진주시민은 신분증 소지 시 무료로 입장이 가능하다. 국립진주박물관은 진주성 내 위치. 4~10월 사이 매주 토요일에는 밤 9시까지 야간 개장을 한다.

남강(유등축제)
시간 진주시 남강로 673번길 7
전화 055-761-9111

청곡사
주소 진주시 금산면 월아산로1440번길 138
전화 055-762-9751
시간 제한없음
입장료 없음
주차 1,000원

경상남도수목원
주소 진주시 이반성면 수목원로 386
전화 055-254-3811
시간 09:00~18:00(동절기인 11~2월에는 17:00까지 단축 운영, 신정 및 매주 월요일, 설날과 추석 당일 휴업)
입장료 어른 1,500원, 청소년/군인 1,000원, 어린이 500원

진주의 주요 역사 여행지

COURSE 01 진주성

서울에서 멀리 떨어진 소도시 진주는 우리가 잊지 말아야 할 역사적 현장을 많이 보존하고 있다. 그 중 대표적인 곳이 바로 진주성이다. 서진주IC에서 15분 정도의 거리에 위치한 진주성은 삼국시대부터 존재한 것으로 알려져 있고, 고려 우왕 3년(1377) 왜구의 침입을 방어할 목적으로 성을 쌓았다는 기록이 있다. 정확한 설립 시기를 알 수 없는 진주성이 낯설지 않게 느껴지는 데는, 임진왜란 당시 치열한 격전이 두 차례 벌어졌기 때문일 것이다.

임진왜란 중 1592년 10월 1차 침입 때, 3800명의 민관군으로 5배가 넘는 왜군 2만 명을 물리쳐 진주성을 지키는 데 승리하였고 이를 진주대첩이라 한다. 그러나 1593년 6월 2차 침입에는 왜군 10만 명이 물밀듯 몰려와 불가항력으로 패전할 수밖에 없었다. 이때 왜군은 성안에 남은 군관민 7만 명을 사창(곡식을 저장해 두는 곳)의 창고에 몰아넣고 불태워 죽이기까지 했다.

여행 TIP
진주성은 입장료를 구입해야 들어갈 수 있지만, 유등축제 때는 무료로 입장이 가능하다.
진주성은 매표소가 총 3곳이 있는데, 서문 매표소를 통해 올라가면 남강을 한눈에 볼 수 있는 정상에 금방 다다른다.

1. 진주성 정문
2. 진주성 내부
3. 논개의 이야기가 전해져 내려오는 촉석루 의암

여기서 끝났더라면, 진주는 후손들에게 쓰라린 상처만 남긴 도시였을 것이다. 하지만 진주성의 기녀 논개는 억울하게 죽이간 많은 사람들의 원수를 갚기 위해 왜장을 껴안고 푸른 남강 물에 순국하면서 역사적 슬픔을 장렬함으로 승화시켰다. 후손들은 그 장엄한 역사적 현장을 보기 위해 오늘도 진주로 발걸음을 재촉한다.

진주성 남쪽 벼랑 위에 우뚝 선 촉석루 아래에는 의암으로 가는 길이 있다. 의암에 다다르면 어렸을 적 한 번쯤 들어 본 논개의 이야기를 생생히 느낄 수 있다. 진주성은 그 외에도 다양한 사적비와 사당, 김시민 장군 등 둘러볼 곳이 많다. 어린아이와 함께 진주성 전체를 둘러보는 데 약 1시간이면 충분하다.

COURSE 02 남강 유등축제

남강 유등축제는 대한민국의 축제를 넘어 세계 5대 축제에 등재되는 것을 목표로, 진주의 얼굴이라고도 할 수 있는 축제다. 남강에 유등을 띄우는 유등축제는 임진왜란 중 일어난 2차 진주성 전투를 기원으로 하고 있다. 당시 순절한 7만 명의 민관군의 넋을 기리기 위해 유등을 띄웠는데 그것이 오늘날까지 이어져오고 있는 것이다.

2014년 축제에는 진주성 안에 약 1천5백여 개의 등을 달았고, 남강과 둔치 지역까지 합하면 총 약 7만여 개의 등을 달았다. 유등도 평범한 등이 아닌, 캐릭터 모양을 갖고 있다. 제기를 차는 익살스런 아이, 상여를 메고 가는 사람, 가위로 엿을 치는 사람 등 우리의 옛 모습과 국내외 유명한 역사적 인물, 세계 유명 건축물, 관광지도 유등으로 표현하였다. 촉석루 아래 남강에는 부교를 설치하니 관람객들은 유등을 더욱 가까이서 감상할 수 있다.

여행 TIP
유등축제는 10월에 열리며, 이 기간 동안에는 숙박 시설을 잡기 어려우므로 사전 예약이 필수.

COURSE 03 청곡사

청곡사로 가는 길 중 나타나는 늪지

신라 헌강왕 5년에 준공된 사찰이다. 월아산 자락 언저리에 있다. 당시 풍수지리의 대가 도선국사(후일 왕건의 고려 개국을 예언한 스님)가 남행 중 푸른 학이 월아산 터에 앉은 것을 보고 성스런 기운이 충만하다 여겨 이곳에 절을 지었다고 한다.

 **여행 TIP**

청곡사로 가는 길 중간에 늪지대 같은 호수를 보며 쉬어가자. 한 가운데 고목나무가 우뚝 솟아 있어 찬찬히 바라보면 신비로운 느낌이 든다. 청곡사는 주차장에서부터 10분 정도 걸으면 도착한다.

청곡사에는 조선 태조 이성계와 신덕왕후 강씨의 전설이 서려 있다. 고려 말 1380년경 왜구를 소탕한 이성계 장군이 청곡사에 예불을 드리러 왔다가 신덕왕후 강씨를 만나게 된다. 복이 날았던 이성계가 물을 마시러 하자 강씨는 물도 급히 마시면 체한다며 물바가지에 나뭇잎을 띄워 건네주었다. 이 이야기는 후삼국시대 나주 지역을 점령한 왕건이 물을 마시려고 하자 오씨(훗날 장화왕후)가 물바가지에 나뭇잎을 띄웠다는 것과 흡사하다. 당시 청곡사의 마을 이름은 '갈마정'으로 목마를 갈(渴), 말 마(馬), 우물 정(井)이었으니 지명과 비슷한 전설이 전해진 셈이다. 이후 신덕왕후 강씨는 자신의 고향인 진주의 청곡사를 조선 왕실의 비보사찰(풍수지리설에 근거해서 액운을 막고 기운을 보충하기 위해 세운 사찰)이자 원찰(죽은 사람의 넋을 기리거나 소원을 빌어주는 사찰)로 삼았다.

이곳도 추천해요!

01 진양호

경호강과 덕천강이 만나는 곳에 자리 잡은 진양호는 사계절 내내 맑고 수려한 풍광을 제공한다. 1970년 남강댐 건설로 인공호수가 되었다. 삶에 지치고 스트레스가 가득할 때, 진양호에 오면 맑은 호수와 더불어 웅장한 지리산을 한눈에 바라볼 수 있으니 몸과 마음이 절로 치유되는 것 같은 느낌을 받을 것이다.

가까운 곳에 동물원과 소싸움 경기장이 있어 가족 단위로 구경할 곳이 많다. 차로 10분 거리에 남강댐 물 문화관이 있어 아이들에게 물의 소중함을 일깨워 줄 수도 있다.

진양호 주차장에서 내려다본 진양호

02 진주청동기문화박물관

진양호를 따라 드라이브 코스를 경쾌하게 따라가다 보면 아담한 박물관이 나온다. 이곳은 특이하게 청동기시대의 유물만 모아놓고 있다고 해서 이름을 진주청동기문화박물관으로 지었다. 우리나라 유일의 청동기시대 전문 박물관으로, 진주 남강 유역과 인근 지역의 청동기시대 문화상을 살펴볼 수 있다. 야외에는 청동기시대 마을을 재현해놓아서 당시 생활상을 직접 보고 체험할 수 있다.

진주 청동기박물관의 움집
(사진제공-진주청동기문화박물관)

03 경상남도수목원

아름다운 꽃과 숲의 향기가 가득한 경상남도수목원은 처음에는 반성수목원으로 불렸고, 진주수목원으로 불리기도 한다. 우리나라 남부 지방의 자생종과 외국에서 도입된 수종 중 보존 가치가 있는 식물 2700여 종을 보유하고 있다. 산림박물관도 있어 산림에 대해 배울 수 있고 곳곳에 설치된 쉼터도 눈을 끈다. 발길 닿는 대로 유유자적 돌아보기 좋은, 자연 생태 종합 학습 교육장이자 경남 지역의 휴식명소로 주목 받고 있다. 길을 따라 위로 오르면 수목원 전체를 조망할 수 있는 전망대가 있으니 이곳도 잊지 말고 가보자.

수목원 안에 있는 산림박물관

★ 엄마,아빠 필독 ★
아이가 알아야 할 역사 포인트
아이가 질문할 경우 이렇게 대답하세요

Q 일본은 왜 임진왜란을 일으켰나요?

A 일본이 임진왜란을 일으킨 데는 여러가지 추측이 있어. 16세기 일본은 전국시대의 혼란기였는데, 이때 도요토미 히데요시가 등장해 일본을 통일했어. 이 과정에서 공을 세운 무장들에게 나누어줄 토지가 부족했고, 그 해결책으로 침략했다는 설과 상인들이 무역 확대를 위해 조선과 중국으로 진출하도록 부추겼다는 설, 그 외에도 세 살이 된 아들이 죽자 상심하여 정신병적인 행동으로 조선을 침략했다는 설 등이 있어.

Q 임진왜란 중 진주대첩 때 어떻게 3800명으로 2만 명의 군사를 이길 수가 있었나요?

A 당시 조선은 조총은 없었지만 승자총통(휴대용 소화기), 비격진천뢰(폭탄) 등 화력이 센 무기가 있어서 방어가 가능했어. 또한 김시민 장군이 심리전에 능하여 여자는 남장을 하게 해서 군사 수가 많은 것처럼 위장하고 악공에게는 망루 위에서 피리를 불게 했지. 이러한 행동은 적의 기세를 꺾을 수 있었단다. 무엇보다도 성안의 백성과 관민이 김시민 장군을 중심으로 합심하였기 때문에 성을 지킬 수 있었어.

Q 왜 조선은 한 달 안에 한양을 왜군에게 빼앗겼나요?

A 조선은 15세기의 태평성대를 지나 16세기에 접어들며 동인과 서인 간 당파싸움이 벌어졌고 국론이 분열되었지. 또한 문(文)을 숭상하고 무(武)를 무시하여 군인을 홀대했어. 이렇게 국방력이 약화된 거지. 여러 가지 요인들 때문에 한양을 빼앗겼단다.

◎ 동방관광호텔

남강이 한눈에 보이는 곳에 숙박시설이 많다. 유등축제 행사 기간에는 숙박 장소를 미리 예약하는 것이 좋다. 가족 단위로 깔끔하게 머물기 위한 호텔로 남강변의 동방관광호텔이 있다. 이외에 진양호 공원 언덕에 위치해서 호수가 한눈에 내려다보이는 아시아레이크사이드호텔도 괜찮다.

주소 : 진주시 논개길 103 / 전화 : 055-743-0131~9 / 홈페이지 : www.hoteldongbang.com / 요금 : 140,000~300,000원

◎ 기타 추천 숙박

아시아레이크사이드 호텔
주소 : 진주시 남강로 1번길 133
전화 : 055-746-3734

◎ 얼치기냉면숯불갈비

지금은 폐역이 된 진주역을 개조하여 식당으로 만들었다. 목살, 삼겹살, 돼지갈비 등을 판매하고 있다. 무엇보다 역사를 개조해 만든 장소라 진주역에 추억이 있다면 한번쯤 머물러 식사를 하고 주변을 둘러보라고 권하고 싶다. 숯불왕갈비(500g) 8,000원, 물냉면 8,000원.

★ 추천 메뉴 : 돼지갈비
주소 : 진주시 진주대로 879번길 18 / 전화 : 055-753-9233

◎ 진주헛제사밥

자극적이지 않고 담백한 음식을 좋아한다면 진주헛제사밥을 추천한다. 특히 이곳은 주변 경관이 좋아 식후 차 한잔하며 담소를 나누기가 좋다. 진주헛제사밥 정식 15,000원, 비빔밥 10,000원.

★ 추천 메뉴 : 진주헛제사밥
주소 : 진주시 금산면 월아산로 1296-6
전화 : 055-761-7334~5

◎ 기타 추천 맛집

햇살고운숲식당
주메뉴 : 해물삼계탕
주소 : 진주시 금산면 갈전길 57-7
전화 : 055-761-6292

어미정
주메뉴 : 생선구이
주소 : 진주시 진주대로 879번길 18
전화 : 055-756-8880

진주성 성곽 위에서 바라본 촉석루와 의암

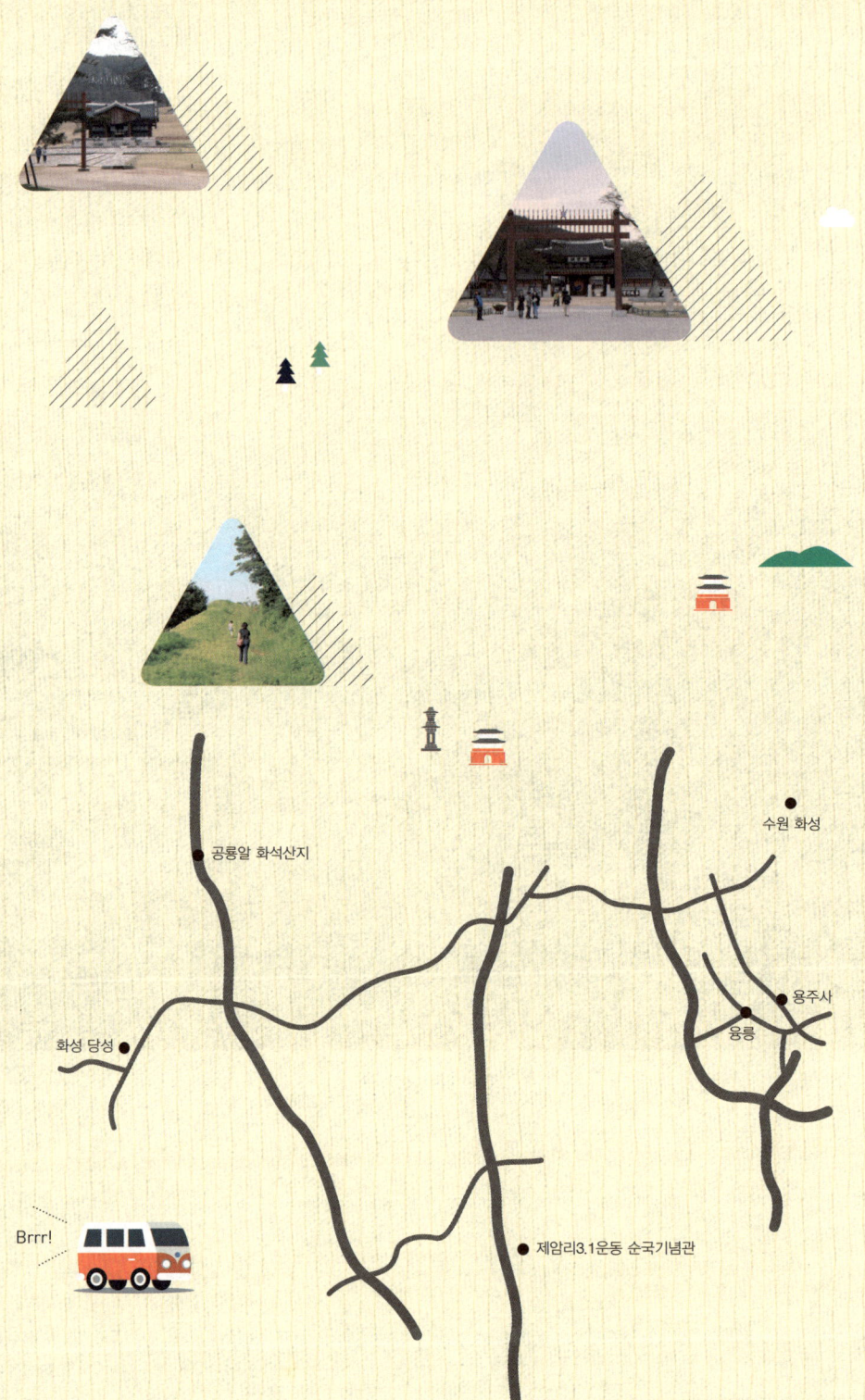

· 1박2일 ·
경기도
수원 · 화성

조선시대

정조,
아버지의 한을
풀어드리다

아버지로부터 받은 사랑, 아버지를 향한 사랑을 함께 느낄 수 있는 곳

뒤주에 갇힌 아버지의 손을 잡은 아들은 깜짝 놀랐다. 얼마나 굶으셨기에 촉촉한 살갗 대신 앙상한 뼈만 느껴질까. 힘없이 축 늘어진 아버지의 손을 부여잡은 어린 아들은 울부짖지 못하고 흐느끼기만 했다. 그 후 전해들은 아버지의 부음. 그 시신조차 볼 수 없었던 아들은 굳은 결심을 한다. 왕이 되면 아버지의 억울함을 풀어드리겠노라고, 명예를 반드시 회복시키겠노라고. 장성한 아들은 어린 시절의 다짐을 잊지 않았다. 아버지의 묘소를 양지바른 곳으로 옮기고, 원혼을 달래기 위해 옛 절터에 새롭게 용주사를 지었다. 아버지를 만나러 가는 길에는 과학 기술을 접목시켜 최고의 건축물을 지었다. 아들의 슬픔이 아름다운 건축물로 승화된 수원성은 그렇게 문화유산으로 탄생하여 우리에게 다가온다.

알고 가면 더 유익한 역사여행

여행 키포인트

유네스코 세계문화유산이란 무엇이며 수원성이 왜 유네스코 문화유산에 등재되었는지 그 이유를 알고 가면 좋다.

어린이 여행 학습 정보 ▶▶ MUST SEE 서장대

수원성을 가면 서장대에 올라가보자. 날씨가 맑은 날에는 수원 시내 일대가 잘 보인다. 저녁에 가서 야경을 보는 것도 좋다.

교과서

초등학교 6학년 1학기 사회 – 새로운 문물을 받아들인 조선

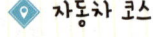 travel information

자동차 코스

1일차: 11:00 수원성, 화성행궁 — 자동차 15분 — 12:30 점심(수원갈비) — 자동차 25분 — 15:00 용주사 — 자동차 5분 — 16:00 융릉 — 자동차 20분 — 18:00 저녁(청와대한정식) — 자동차 20분 — 19:30 숙박(월드관광호텔)

2일차: 08:30 아침(월드관광호텔 조식) — 자동차 15분 — 10:00 제암리3.1운동 순국기념관 — 자동차 1시간 — 12:00 점심(사강시장 횟집) — 자동차 10분 — 13:30 당성(당항성) — 자동차 30분 — 16:00 공룡알 화석산지

Basic Course

화성행궁(수원성)
주소 수원시 팔달구 정조로 825 (동북각루)
전화 031-290-3600
시간 09:00~18:00(동절기인 11~2월에는 17:00까지 단축 운영)
입장료 어른 1,500원, 청소년/군인 1,000원, 어린이 700원
* 7~9월에는 야간 개장을 한다.

용주사
주소 화성시 용주로 136
전화 031-234-0040
입장료 어른 1,500원, 청소년/군인 1,000원, 어린이 700원
* 연중무휴로 언제든지 방문할 수 있는 곳이다.

융릉
주소 화성시 효행로 481번길 21-1
전화 031-222-0142
시간 09:00~18:00(6~8월 18:30까지, 11~1월 17:30까지)
입장료 만 25~64세 1,000원 만 24세 이하 무료
* 매월 마지막 주 수요일은 '문화가 있는 날'로 무료로 관람이 가능하다.

화성 당성
시간 화성시 서신면 상안리 산32
전화 1577-4200

제암리3.1운동 순국기념관
주소 화성시 향남읍 제암길 50
전화 031-369-1663
시간 09:00~18:00(신정 및 매주 월요일, 설날과 추석 당일 휴관)
입장료 무료

공룡알 화석산지 (방문자 센터)
주소 화성시 송산면 공룡로 659
전화 031-357-3951
시간 09:00~17:00(동절기에는 10:00~17:00까지 단축 운영, 신정 및 매주 월요일, 설날과 추석 당일 휴관)
입장료 무료

 수원·화성의 주요 역사 여행지

COURSE 01 수원성

수원성은 여행을 가기 전 미리 코스부터 짜놓는 것이 필수다. 수원성을 제대로 돌아보려면 하루도 부족하기 때문. 코스도 매우 다양해서 어느 곳을 보느냐에 따라 일정이 달라진다. 코스를 정하는 것이 어렵다면 수원시티투어 홈페이지(www.suwoncitytour.kr)를 참고하자. 시티투어는 화서문부터 시작하여 화성행궁, 장안문, 화홍문, 연무대를 돌아보는 일정이다. 혹 수원시 전망을 보는 것부터 시작하고 싶다면, 서장대에서 출발하는 것이 좋다. 참고로 화성행궁에 주차하면 서장대까지 걸어갈 수 있는 계단이 있다.

수원성은 정조가 아버지 사도세자에 대한 효심과 왕권 강화를 위한 목적으로 만들었다. 정조는 사도제사의 묘를 경기도 화성으로 옮기며 그곳에 있던 관청과 민가를 수원 팔달산 아래로 이주시키고 수원성을 건설했다. 당시 정약용이 거중기를 이용하여 축성했기 때문에 조선 후기 건축 기술의 꽃으로 불린다. 수원성 건설 당시를 상세히 기록한 『화성성역의궤』가 남아 있어 6.25 전쟁 때 파괴된 수원성을 완벽히 복원할 수 있었으며, 복원된 수원성은 1997년 세계문화유산으로 등록되어 우리 민족의 자긍심을 높여주었다.

⚠️ **여행 TIP**

신풍루 앞에서는 오전 11시, 오후 3시 하루 두 번 무예를 공연한다(월요일 제외). 시간에 맞춰 구경해보자. 연무대에서는 활쏘기 체험도 할 수 있으니 특히 아들이 있는 부모라면 꼭 함께 해보기를 추천한다.

1. 수원성 내부 2. 서남각루로 가는 길 3. 성곽 시설물인 서포루
4. 수원성의 남문, 팔달문 5. 밤에도 아름다운 수원성

1. 거닐기 좋은 융릉의 나무숲 2. 인공연못 곤신지 3. 융릉의 정자각 4. 융릉

COURSE 02 융릉

용주사 너머 서쪽에는 사도세자와 그의 부인 혜경궁 홍씨가 묻힌 융릉과 정조와 정조 비 효의왕후의 무덤인 건릉이 있다. 원래 사도세자의 능은 경기도 양주군에 있었는데, 효심 가득한 아들 정조가 즉위 후 사도세자의 호칭을 장조(莊祖)로 높이면서 능도 현재의 자리로 옮겼다. 건릉 또한 융릉 동쪽에 있었으나, 풍수가 좋지 않다는 이유로 후세 사람들이 융릉 서쪽으로 옮겼다. 정조는 평소에도 아버지에 대한 그리움이 가득했다. 그래서 신하들에게 자신을 아버지 곁에 묻어 달라 유언했고, 그의 바람은 효심대로 이루어졌다.

 여행 TIP

조선 왕릉이 유네스코 세계문화유산에 등재된 이후 음식물 반입이 금지되었다. 이 점 유의하자.

융릉 입구에 넓은 주차장이 있어 주차하기 편리하고, 옆에 위치한 작은 역사문화관에서는 정조와 효의왕후의 생애, 정조의 업적 등을 쉽게 알 수 있다. 융릉에서 건릉까지는 어른 걸음으로 한 20분 정도 걸어야 한다. 가는 길 양옆으로 나무들이 빼곡히 들어서 있어 한여름 더위를 피하기에도 안성맞춤이다. 참고로 융릉으로 가는 길에 곤신지라는 인공연못이 있는데 보기보다 수심이 깊어 아이들이 들어가지 못하도록 주의를 해야 한다.

COURSE 03 당성

당성(唐城)의 옛 명칭은 당항성이었다. 처음에는 고구려 영토였다가, 나중에는 백제가 점령하였고, 신라 진흥왕이 한강 유역을 차지할 때는 신라의 영토가 되었다. 삼국시대 말기 고구려, 신라, 백제는 이곳을 차지하려고 치열한 전투를 벌였다. 신라는 이 성을 확보함으로써 내륙에서 해양국가로 발전하는 기틀을 마련할 수 있었으며 당나라와의 군사적 교류를 원활하게 할 수 있게 되어 삼국 통일의 기반까지 마련하였다. 삼국이 한창 치열한 전투를 벌였던 642년 고구려와 백제가 연합해 이곳을 공격하자, 신라의 김춘추가 위기를 느끼고 당나라에 군사를 요청하러 가는 계기가 되기도 한 곳이다. 원효대사가 의상대사와 함께 당나라로 가다 해골물을 마신 동굴도 이 근방이라고 하는데, 정확한 위치는 아직까지 찾지 못하고 있다.

당성은 사적 제217호로 지정되어 있으나 아직 문화관광지로 개발되지는 않아 찾아가는 길이 쉽지 않은 편이다. 길이 헷갈린다면 내비게이션을 이용하는 것이 좋다. 입구를 통해 좁은 길로 차를 몰고 가면 작은 주차장이 있고 당성 팻말이 보인다. 차에서 내린 후 관람이 가능하다. 입구에는 '동아시아 실크로드 시발점'이라는 표지석이 있다.

성안에는 누각 망해루의 초석이 있고, 입구에서 정상까지는 한 20여 분 정도 걸으면 된다. 정상에 올라서면 멀리 제부도가 한눈에 보일 정도로 경관이 좋다. 바다 가까이서 맞는 일몰도 추천한다. 그 어느 곳보다 장관이다.

> ⚠ **여행 TIP**
> 정상 망해루에서 시간이 된다면 일몰을 볼 것을 권한다. 서해의 여러 섬들 사이로 해가 지는 장면이 매우 아름답다.

당성으로 가는 길

옛 누각, 망해루가 있었을 것으로 추정되는 터

이곳도 추천해요!

01 화성행궁

행궁은 왕이 전쟁, 휴양, 능원(임금과 왕비 등 왕실의 무덤을 이르는 말) 참배 등으로 이동할 때 지방에 별도의 궁궐을 마련해 거처하던 곳을 말한다. 행궁은 강화도, 온양, 남한산성 등에도 있으며, 규모면에서는 수원의 화성행궁이 으뜸이다. 정조는 아버지 묘소인 융릉을 찾을 때마다 화성행궁에 머물며 행사를 열었다. 특히 어머니 혜경궁 홍씨의 회갑연도 이곳에서 열렸는데, 행궁 안으로 들어가면 그 당시 회갑연을 재현해놓은 모습을 볼 수 있다. 안에는 정조의 초상화도 전시되어 있다.

02 제암리 3.1운동 순국기념관

1919년 3.1운동이 일어나자 일본 헌병은 이곳 제암리 만세운동 주모자의 명단을 입수한 후 4월 15일 제암교회에 사람들을 몰아넣은 다음 교회에 불을 지르고 무차별 총격을 가하여 많은 사람을 학살한 했다. 제암리 3.1운동 순국기념관은 이곳에서 억울하게 희생된 사람들의 영혼을 위로하기 위하여 세워졌다. 제1전시관, 제2전시관에는 당시의 참상을 재현한 모형과 고문 기구 등이 전시되어 있으며, 건물 밖에는 당시 순국한 23인의 합동 묘지가 있다.

03 용주사

신라시대 '갈양사'라는 이름으로 창건되었다. 이후 불에 타서 폐사된 것을 정조가 사도세자의 무덤을 융릉으로 옮기면서 억울하게 죽은 아버지의 넋을 위로하고자 새롭게 지었다. 정조의 효심으로 지어졌기 때문에 효행박물관, 효행생활관, 효행교육원 등 곳곳에 효(孝)가 들어간 건물을 볼 수 있다. 절 안에는 국보로 지정된 용주사 동종이 있다. 조지훈 시인은 용주사의 승무제를 보고 명시 '승무'를 지었다고 한다.

04 공룡알 화석산지

평택시흥고속도로를 달리다보면 '공룡박물관'이란 글자가 큼지막하게 보이는 건물이 있다. 이곳은 건물 입구에서부터 큰 공룡 모형이 있어 초등학교 입학 전 아이들한테 보여주기에 특히 더 좋은 곳이다. 내부에는 각종 공룡 뼈가 전시되어 있다. 단, 매점은 없기 때문에 미리 간식이나 음료수를 준비해 가는 것이 좋다. 건물 밖 갈대숲으로 길이 나 있어 관람객들은 공룡알 화석이 있는 곳으로 쉽게 이동할 수 있다.

★ 엄마,아빠 필독 ★
아이가 알아야 할 역사 포인트
아이가 질문할 경우 이렇게 대답하세요

Q 정조의 할아버지 영조대왕은 왜 정조의 아버지 사도세자를 죽였나요?

A 역사학자들마다 의견이 조금씩 달라. 당파 싸움 때문에 어쩔 수 없이 죽였다는 이야기가 있고, 사도세자가 정신병을 앓아서 죽였다는 이야기도 있어. 아버지 영조는 성인이 된 사도세자에 대해서 좋지 않게 보고 있었는데, 나경언이 세자가 많은 비행을 저질렀다고 상소를 올리자 세자의 신분을 폐하여 뒤주 속에 가두어 굶겨 죽였단다. 어찌 되었든 간에, 아버지가 아들을 죽였다는 것은 참 비극이지.

Q 뒤주가 무엇인가요?

A 뒤주란 곡식을 담는 궤짝으로 주로 나무로 만들었단다. 네 기둥을 세우고 벽과 바닥에 널빤지를 설치하여 공간을 형성하고 윗부분에 천장을 설치하여 만들었어. 옛날에는 농경사회였기 때문에 주로 쌀이나 잡곡 등을 많이 넣었지. 뒤주와 관련된 속담으로는 '뒤주 밑이 긁히면 밥맛이 더 난다.'란 말이 있어. 이는 무엇이 없어지는 것을 보면 그것이 더 애석하게 느껴지고 더 간절히 생각난다는 뜻이야.

Q 수원성을 거중기로 만들었다는데, 거중기가 무엇인가요?

A 무거운 물건을 들어 올리는 데 사용하는 기계로, 학교에서 배운 도르래의 원리와 비슷하다고 생각하면 돼. 정약용이 중국에서 들여온 『기기도설』이라는 책을 참고하여 만들었다고 해. 위와 아래에 각각의 도르래가 있고 도르래 양쪽에 끈을 연결하여 연결된 끈으로 물체를 들어 올리도록 되어 있어.

Q 당성(당항성)이 신라 사람들한테 왜 중요했나요?

A 신라는 중국의 당나라와 교류하기 위해서 서해안에 있는 성이 필요했어. 그래서 당성의 방비를 단단히 했지. 김춘추(태종 무열왕)도 왕이 되기 전 당성을 통해서 당나라로 건너갔다 왔고 의상대사도 당성을 통해서 당나라로 건너갔다 왔단다.

월드관광호텔

가족 단위로 깔끔하게 머물다가기 좋은 월드관광호텔을 추천한다. 근처에 월문온천과 남양승마장이 있어 휴양과 레저를 동시에 즐길 수 있다. 약간 고급스러운 장소를 원한다면 롤링힐스 관광호텔에 머무는 것도 좋다. 가격은 비싸지만, 내부에 수영장 등의 레저시설을 갖추고 있다. 승마체험 패키지나 스파 패키지를 이용하면 좀 더 저렴하게 이용할 수 있다. 캠핑을 좋아한다면 궁평항의 희망캠핑장을 방문해보자.

주소 : 화성시 향남읍 발안공단로 5길 7-23 / 전화 : 031-353-7833 / 홈페이지 : www.worldtouristhotel.com / 요금 : 110,000~440,000원

기타 추천 숙박

롤링힐스관광호텔
주소 : 화성시 시청로 290
전화 : 031-268-1000

본수원갈비 본점

수원하면 갈비를 빼놓을 수 없다. 본수원갈비는 수원의 3대 갈비집 중 하나로 가격은 다소 비싼 편이나, 이름값은 충분히 하는 곳이다. 갈비(450g) 38,000원, 갈비탕 10,000원.

★ 추천 메뉴 : 소갈비
주소 : 수원시 팔달구 중부대로 223번길 41 / 전화 : 031-211-8434

폭포횟집

화성의 전통시장인 사강시장 안에 있는 식당. 가격이 저렴하고 각종 반찬이 다양하게 나온다. 해물칼국수 10,000원.

★ 추천 메뉴 : 조개탕
주소 : 화성시 송산면 사강4리 663-12
전화 : 031-357-0382

기타 추천 맛집

청와대한정식
주메뉴 : 한정식
주소 : 화성시 향남읍 발안로 535-5
전화 : 031-354-771

명가한우(병점점)
주메뉴 : 소갈비, 흑돼지
주소 : 화성시 병점중앙로 170번길 24
전화 : 031-233-9289

수원 화성 행궁 앞 광장

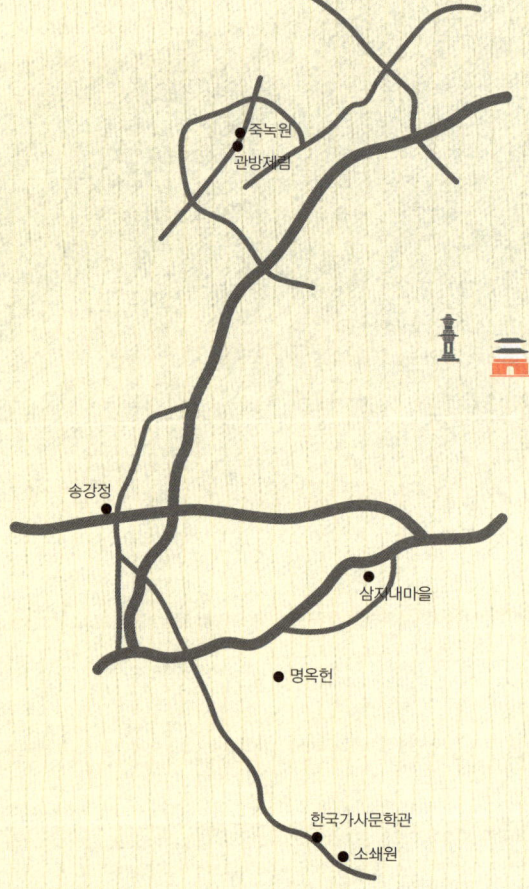

조선시대

대숲의 바람과 소쩍새, 엷은 그늘과 밝은 달

담양, 가사문학을 꽃피운 호남 원림누정의 고향

담양 선비 양산보는 기혁파 조광조를 만나 문하에서 수학했다. 그러나 스승과 동무이 기묘사화에 연루되어 죽자 고향으로 돌아와 세상 밖으로 나가지 않았다. 당쟁으로 파직 당한 송강 정철도 고향으로 돌아와 높은 곳에 초막을 지어 은거했다. 대숲의 바람과 소쩍새 울음, 엷은 그늘과 밝은 달, 그리고 시와 노래 속에서 조용히 살다간 선비는 많았다. 남도에서 꽃 피운 가사문학은 원림누정에 깃든 한량 노래로 생각하기엔 좀 더 사연이 있다. 떠나온 듯 보이는 그들은 기실 떠밀려왔고, 님 향한 그리움은 그 자신의 부러진 꿈이기도 했던 것이다.

* '대숲의 바람과 소쩍새 울음, 엷은 그늘과 밝은 달'은
  소쇄원의 아름다움을 읊은 김인후의 「소쇄원 48연(詠)」에 등장하는 내용에서 발췌한 것이다.

🚌 알고 가면 더 유익한 역사여행

여행 키포인트

흔히 남도의 정취를 이야기할 때 빼놓을 수 없는 것은 바로 풍경이다. 둥근 산, 대숲 같은 외형의 아름다움은 물론 시를 읊고 가락을 짓고 그림을 그리던 풍류도 포함되어 있다. 이 고장에서 더욱 발전한 가사문학과 남도 풍류를 찾아가는 여행을 해보면 어떨까. 또한 소쇄원, 식영정, 송강정, 독수정 원림, 면앙정, 명옥헌 원림 등 도처에 누각과 정자가 많이 있다. 수려한 경관에 자리한 누정 순례만 해도, 이미 담양은 특별하다.

어린이 여행 학습 정보 ▶▶  MUST STUDY 가사문학

담양은 가사문학이 많이 만들어진 곳이다. 우리나라 문학에는 어떤 갈래들이 있을까? 그 가운데 가사문학은 어떤 특성을 가지고 있을까? 왜 이곳 담양에서 가사문학이 발달할 수 있었을까? 원림 정자가 많은 것은 그것과 무슨 관련이 있을까? 등의 궁금증을 갖고, 가사문학에 대해 미리 공부해보자.

교과서

초등학교 5학년 2학기 사회 – 유교의 전통과 생활

🚌 travel information

📍 **자동차 코스**

Basic Course

소쇄원
주소 담양군 남면 소쇄원길 17
전화 061-381-0115
시간 09:00~18:00
입장료 어른 1,000원, 청소년/어린이 700원
주차 대형 5,000원, 소형 2,000원

한국가사문학관
주소 담양군 남면 가사문학로 877
전화 061-380-2701~3
시간 09:00~18:00
입장료 어른 2,000원, 청소년/군인 1,000원, 어린이 700원
* 연중무휴로 언제든지 방문할 수 있는 곳이다.

명옥헌 원림
주소 담양군 고서면 후산길 103
전화 061-380-3752
입장료 무료

슬로시티 삼지내마을
주소 담양군 창평면 돌담길 56-24
전화 061-383-3807
주차 무료
* 이곳은 슬로시티로 지정된 창평의 한 마을. 다양한 체험 프로그램 그리고 숙박 시설도 있다. 이용을 위해 가기 전 미리 사이트(www.slowcp.com)에서 확인하고 가자.

송강정
시간 담양군 고서면 송강정로 232
전화 061-380-3752

죽녹원
주소 담양군 담양읍 죽녹원로 119
전화 061-380-2680
시간 09:00~19:00(동절기인 11~2월에는 18:00까지 단축 운영)
입장료 어른 3,000원, 청소년/군인 1,500원, 어린이 1,000원
* 연중무휴로 언제든지 방문할 수 있는 곳이다.

관방제림
주소 담양군 담양읍 객사7길 37
전화 061-380-2812
주차 무료
* 연중무휴로 언제든지 방문할 수 있는 곳이다.

금성산성
주소 담양군 금성면 금성산성1길 10
전화 061-380-2812

담양의 주요 역사 여행지

COURSE 01 소쇄원

맑을 소(瀟), 깨끗할 쇄(灑)자 이름을 가진 별서원림(別墅園林)이다. 소쇄원은 조선 선비 양산보가 1530년경 지었다. 별서원림이란 집 밖에 두는 거처를 뜻하는데 정자와 누각 등을 일컫는 말이기도 하다. 원림은 우리 전통의 정원 개념이다. 이곳 소쇄원은 우리나라 최고의 별서원림에 꼽힌다.

익숙한 풍경 같지만 하나하나 둘러보면 이토록 특별한 곳이 없다. 얼금얼금 대나무 숲 그림자로 들어가서 햇볕 받는 담벼락 돌아 높은데 열린 광풍각과 그 위로 겸손하게 올린 제월당, 그 아래를 통과해 흐르는 물줄기 풍경은 그 자체로 더는 뺄 것 없이 조화

 **여행 TIP**

소쇄원 매표소에 문의하면 문화해설사의 설명을 들을 수 있다(소쇄원 매표소 : 061-381-0115). 가사문학관과 함께 관람할 경우, 입장료를 50% 할인받을 수 있다.

소쇄원의 광풍각

1. 달빛이 비추는 집이라는 뜻의 제월당
2. 소쇄원에서 만난 다람쥐
3. 광풍각 아래 물줄기

롭다. 자연 자체를 뜰로 삼았던 우리 옛 정원 개념은 능묘를 조성하거나 집을 지을 때도 적용되었다. 광풍각이나 제월당 역시 경관을 바라보는 위치에 있지 않고 그 자체로 경관이 되고 있다. '비 갠 뒤 부는 맑은 바람과 밝은 달'을 뜻하는 '광풍제월(光風霽月)'의 광풍과 제월을 따서 이름 지은 두 채의 건물은 이 공간의 이름처럼 맑고 깨끗하다.

양산보는 평생 소쇄원을 가꾸며 문인들과 교류 했다. 외형으로는 자연과 벗하며 시와 노래를 짓던 선비 놀음 이면엔 조선 정치의 아픈 당쟁사가 있었으니 양산보가 소쇄원을 짓게 된 것도 기묘사화로 스승과 동무를 잃었던 까닭이다. 그래서 '맑고 깨끗하라'는 이름의 여운이 더욱 길게 느껴진다.

COURSE 02 명옥헌(鳴玉軒)

조선 중기에 지어진 별서원림으로 건물 앞뒤에 네모난 연못과 여름철 배롱꽃나무가 아름다운 정원이다. 소쇄원과는 다른 아름다움을 지녔으니 그 처음이 여름철 배롱나무 꽃 한창일 때 만들어지는 화려함 때문이고 다른 하나는 네모난 연못 때문이다. 네모 연못이 인공적으로 보이기는 하나 이는 세상을 네모형의 세계로 인식했던 당시 생각에서 비롯된 것이다. 원림 곁 계곡 물을 받아 네모 연못을 꾸미고 주변을 꾸몄다.

소쇄원이 그러하듯이 물방울 구슬이 부딪쳐 나는 소리와 같다고 하여 명옥헌이라는 이름을 갖게 되었다하니 정자에 기대어 내려오는 물소리에 눈 감아도 좋다. 작고 예쁜 첫 인상과 달리 선비의 이상향을 담은 단정한 공간임을 알게 된다.

> ⚠ **여행 TIP**
> 주차장에서 한참 걸어 마을을 통과해 올라간다. 7월부터 9월까지 여름에 가면 배롱나무 꽃에 파묻힌 아름다운 명옥헌을 볼 수 있다.

1. 아름다운 정원 명옥헌 2. 배롱나무 군락대 3. 뒤편에서 내려다본 명옥헌 풍경

창평마을 풍경

COURSE 03 슬로시티 창평마을

여행 TIP
근대 유산으로 지정된 돌담길을 보기 위해선 찬찬한 걸음도 괜찮고, 창평면사무소에서 자전거를 대여한 후 돌아보아도 좋다.

아이는 신기해하고 어른은 며칠 쉬고 싶다. 낮은 담 너머 한옥마을 풍경. 아시아에서 첫 번째로 슬로시티가 된 창평면 삼지 내 마을길은 낮이나 밤이나 평온하다. 방문자들에게 훼손당하고 문 걸어 잠근 고택도 있지만 대개의 집들은 낮은 문 사이로 집의 용모를 볼 수 있고 체험공간과 먹을거리도 만날 수 있다.

창평이 슬로시티로 지정된 데는 전통 방식을 지켜 만드는 먹을거리도 한몫했다. 대를 이어 만드는 창평 쌀엿과 한과, 종가에서 빚는 된장, 고추장, 장날에 시장에서 먹던 창평 국밥 등이 그것이다. 한옥으로 크게 지은 창평면사무소에 들리면 마을 여행안내도 받을 수 있다. 아름드리 느티나무 사이로 일요일 아침이면 교회 예배 소리가 들리고 시장에 가는 일상이 펼쳐진다.

담양에서 하루 이상 묵어갈 계획이라면 이 마을 한옥이나 고택을 이용하라고 꼭 말한다. 아침에 일어나 어슬렁 돌담길을 걷기만 해도 마음에 여유가 든다. 달팽이 카페에서 얼음 띄운 미숫가루를 사 먹는 여유도 누릴 만하다.

1. 창평마을 돌담길
2. 큰 한옥 건물인 창평면사무소와 고목
3. 면사무소 건너편의 달팽이 가게

송강정으로 올라가는 계단

COURSE 04 송강정(松江亭)

이 몸 삼기실 제 님을 조차 삼기시니,
한생 연분이며 하날 모랄 일이런가.
나 하나 졈어 잇고 님 하나 날 괴시니,
이 마음 이 사랑 견졸 대 노여업다.

 **여행 TIP**
주차장 인근에 식당이 여럿 있다. 언덕 위에 있으므로 제법 긴 계단을 올라가야 한다.

순수한 우리말로 쓰인 우리나라 가사문학의 대표적인 작품 〈사미인곡 思美人曲〉의 첫 시작은 이러하다. 정철은 이 가사에서 여인이 지아비를 사모하는 마음에 조정을 떠나온 마음을 비유해 표현했다. 이 시비(詩碑)가 송강정 마당에 있다. 송강정은 송강 정철이 당쟁에서 밀려 대사헌의 관직을 그만두고 고향으로 내려와 초막을 짓고 살던 곳에 세워진 누정이다. 정철이 기거했을 당시는 죽록정(竹綠亭)이라 했다는데 지금 모습은 정철의 후손들이 영조 때에 세운 것이다. 그때 이름을 송강정이라 바꿨다.

높은 언덕 위에 있어서 사방으로 개방감이 크다. 정자의 정면에 '松江亭'이라고 새긴 편액이 있는데 측면 처마 밑에는 '竹綠亭'이라는 처음 이름의 편액도 볼 수 있다. 둘레에는 소나무가 많고 높은 곳에 있어서 개방감이 크다.

COURSE 05 담양의 걷기 좋은 길

담양은 원림과 정자, 시 문학의 고장일 뿐 아니라 이젠 아름다운 길의 고장이기도 하다. 담양에서 공들여 만든 나무 길은 최근 만들어진 메타세콰이어 길 이전에도 있었다. 천연기념물인 관방제림은 수해방지용 숲길이다.

관방제림

평균 수령이 300년 넘는 푸조나무 팽나무 숲 길은 제방 따라 웅장한 풍광을 만들어낸다. 1648년 제방을 축조하고 처음 나무를 심었고 작은 나무들은 조선 후기 철종 때에 심은 것이다. 주말과 휴일엔 인근 죽녹원과 메타세콰이아 가로수와 함께 많은 사람들이 찾는다. 제방 일부 구간엔 국수집들이 고목 아래 평상을 놓고 장사를 하고 있다.

관방제림이라 새겨진 표석

> ⚠ **여행 TIP**
> 주차장 인근에 식당이 여럿 있다. 언덕 위에 있으므로 제법 긴 계단을 올라가야 한다.

죽녹원

죽녹원은 담양군이 조성한 만든 대나무 숲이다. 커다란 숲은 여러 가지 주제의 산책길로 나눠져 있고 길의 형태나 경사도, 길 주변 풍광과 대나무 수종 따라 특색 있다. 대나무가 주는 실제 효과와 시각적 느낌이 좋아서 몸과 마음이 건강해지는 느낌을 받게 된다. 최근엔 찾는 이들이 많아져서 호젓한 여유를 누리기는 쉽지 않지만 담양을 대나무의 고장으로 기억하게 할 만큼 숲은 특별하다.

죽녹원

메타세쿼이아 가로수길

> ⚠️ **여행 TIP**
> 죽녹원 입구와 관방제림 부근에는 무료 주차장이 곳곳에 있다. 메카세쿼이아 가로수길이 끝나는 금월교차로 근처에도 무료 주차장이 있다.

메타세쿼이아 가로수길

메타세쿼이아길도 죽녹원처럼 담양군이 조성한 가로수 길이다. 심은 지 30여년 만에 아름드리 거목으로 자랐다. 원래 있었던 아스팔트를 걷어내 보행자 전용 길이 되었다. 은행나무처럼 살아있는 화석으로 불리며 중생대부터 이 지구에서 자생하는 나무다. '메타세쿼이아'라는 이름은 북미 인디언 체로키 부족의 지도자 이름에서 유래했다. 체로키 부족은 문자를 만들고 부족을 번성시켰던 지도자를 영원히 기리기 위해 세상에서 가장 오래되고 큰 나무에 그들 영웅의 이름 '세쿼이아'라는 이름을 붙인 것이다. 1년에 1m씩 자란다고 하여 원래 이름 앞에 길이 단위 이름 붙여 '메타세쿼이아'로 부르게 됐다. 나무 한 그루당 이산화탄소 흡수량이 가장 많은 것으로 알려져 있다.

길의 길이는 짧다. 바로 옆으로 자동차가 빠르게 지나가는 큰 길이 있어 소음에서 자유롭지도 못하다. 그러나 그 짧은 길에 들어시면 살아 있는 화석 나무, 큰 키들의 보호를 받는 듯 편안해지는 마음을 얻게 된다. 비단 그 길 뿐만 아니라 자동차로 이동하는 동안에도 메타세쿼이아 가로수와 오랜 나무들의 사열을 충분히 받을 수 있는 곳이 담양이다.

이곳도 추천해요!

01 한국가사문학관

가사문학관은 식영정에서 소쇄원 방향으로 가까이에 있다. 송순의 『면앙집』과 정철의 『송강집』, 담양권 가사 18편을 비롯해 가사 관련 도서와 목판 같은 중요 유물을 전시 중이다. 건물은 지상 2층, 지하 1층 규모. 이곳에서는 해마다 가사문학대상을 공모하고 있다.

또한 인터넷 홈페이지(www.gasa.go.kr)에서 전자책 형태로 전시 중인 가사의 내용을 볼 수 있는데, 담양을 배경으로 한 가사 18편의 내용도 제법 상세하다. 현재 국정교과서에는 송강 정철의 「관동별곡」이 수록되어 있다.

02 담양 금성산성

축조 연대는 정확하지 않으나 세종실록지리지 등 여러 기록을 보면 고려시대 산성일 가능성이 가장 크다고 한다. 길이가 3km정도로 비교적 큰 규모인데 전쟁이나 난리 중에 안으로 들어와 보호를 받는 입보용(入保用) 산성이었을 것으로 본다. 서민의 아픈 역사가 많이 남겨진 곳이다. 임진왜란때는 이 지역 의병의 거점이 되었고 동학 농민 혁명 당시 이곳에서 치열한 전투가 일어났었고 많은 건물이 불 타 없어졌다. 1990년대 후반부터 성곽 보수 사업을 시작 해 많은 부분이 재건되었다.

산성 주차장에 주차를 하고 (유료: 소형 2,000/ 대형 5,000) 1.2km 정도 등산을 해야 닿을 수 있으니 아이가 너무 어리거나 덥고 추운 날은 고려해야 한다. 충용문에 오르면 이미 거쳐온 첫 번째 문인 보국문과 함께 담양 일대의 아름다운 풍광이 한눈에 들어온다.

엄마, 아빠 필독
아이가 알아야 할 역사 포인트
아이가 질문할 경우 이렇게 대답하세요

Q 가사문학이 무엇인가요?

A 가사는 고려 말에 발생해 조선 초기 사대부에 의해 발전된 시 문학의 한 갈래로, 순 우리말로 이루어진 문학을 말해. 담양의 송순과 정철 등이 가사문학의 대표적 문인으로 「면앙정가」, 「성산별곡」, 「관동별곡」, 「사미인곡」, 「속미인곡」 등의 작품이 있단다. 초기 작품의 내용은 자연의 아름다움 및 유교 이념에 대한 것이 많았으나 그 내용에 깃든 의미는 유배, 사대부로써 뜻을 펼치지 못한 운명 등이 포함되기도 했어. 임진왜란과 병자호란을 겪는 동안 서민과 여성층으로 확대되었고, 작품의 내용도 기행, 역사, 애정, 현실 비판으로 다양하게 생겨났단다. 주제가 현실적 애환으로 전환되며 작품의 형태가 산문화되는 경향이 나타났다고 해. 가사는 시조와 함께 조선왕조 시가 문학의 주류를 이뤘고 유배지나 낙향한 선비의 작품들이 많이 남아 있단다.

Q 별서원림은 무슨 뜻 인가요? 정원과 원림은 어떻게 다른가요?

A 별서(別墅)란 살림집에서 떨어져 풍광 좋은 곳에 마련한 주거 공간을 뜻하고 원림(園林)은 자연을 훼손하지 않고 최대한 살려 지은 우리나라 전통 정원을 말해. 조선시대 선비들에게는 수양과 학문뿐 아니라 풍류와 사귐을 통한 선비문화의 형성 또한 중요한 일이었단다. 이를 위한 장소인 정자나 별서를 경영하는 일은 곧 그들의 정신세계를 나타내는 산물이었지. 대표적인 예로 소쇄원을 비롯하여 식영정, 환벽당, 독수정 등의 정자원림이 있어.
원림(園林)은 정원과 혼용해서 사용하는 경우가 많은데, 중국과 우리나라에선 원림을, 일본에서는 정원을 주로 선호한다고 해. 정원이 주택에서 인위적인 조경 작업을 통해 분위기를 연출한 것이라면, 원림은 교외에서 동산과 숲의 자연스런 상태 그 자체를 조경의 대상으로 삼고 집과 정자를 배치한 거지. 인공적인 조경을 삼가던 것으로 생각하면 돼.

Q 담양엔 왜 대나무가 많나요?

A 담양 지역은 인근 남도의 다른 지역처럼 옛날부터 자생적 대숲이 많았던 곳이야. 대나무는 아름다움은 물론이거니와 쓰임도 다양하고 문학이나 예술 작품에선 절개를 상징하는 의미가 되어왔지. 따라서 담양군에선 성인산에 인위적인 대나무 숲을 조성하기에 이르렀어. 대형 활엽수림과 대숲은 남도의 정취를 대표하는 장면이라고 봐.

담양은 조선시대에 만들어진 관방제림을 비롯해 나무와 숲의 가치를 일찍 깨달았던 것 같아. 메타세쿼이아 길은 2002년 '제3회 전국 아름다운 숲 대회'의 거리 숲 부문에서 무려 대상을 받았단다. 담양에 메타세쿼이아가 가로수로 심어진 것은 1970년대 초반의 일로, 국가 차원에서 추진한 '전국 가로수길 조성 사업'의 시범지역으로 지정되었던 것이란다.

Q 슬로시티가 무엇인가요?

A 슬로시티(Slow City)란 1986년 시작되어 세계적인 운동으로 확대된 슬로푸드(Slow Food) 운동에서 생겨난 것이란다. 빠르고 기계적인 도시화 속에서 인간성 회복과 자연과의 조화를 이루기 위해 자연의 시간을 표방하는 운동이라 할 수 있어. 우리나라의 담양군 창평면은 '전통문화성'을 소재로 하여 아시아 최초의 슬로시티로 지정 받았어. 현대문명을 거부하고 과거로 회귀하자는 이념이 아니라, 보다 인간적인 삶을 추구하기 위해 느림의 미학을 강조한 생활 혁명이라 할 수 있단다.

우리나라의 슬로시티는 아시아 최초로 지정된 전남 3개 지역. 담양군 창평면 삼지천마을을 비롯해 완도군 청산도, 신안군 증도, 경남 하동군 악양면(차 재배지로서 세계 최초). 충남 예산군 대흥면, 전주 한옥마을, 남양주시 조안면, 청송군 부동·파천면, 상주시 함창·이안·공검면, 강원 영월군 김삿갓면, 충북 제천시 수산면 등 총 11곳이 있어.

숙박

한옥에서

담양 읍내에는 한국관광공사에서 굿스테이 인증을 받은 숙박업소들이 몇 있다. 죽녹원과 연계된 죽향체험마을에는 객실을 갖춘 전통 한옥 3채가 있고, 슬로시티로 지정된 창평면에는 한옥 고택에서 머무를 수 있는 곳이 많다. 이곳은 옛 정취가 남아 있는 마을로 담양에서 숙박할 경우 마을 여행과 연계해 하루 묵어가면 좋다.

주소 : 담양군 창평면 돌담길 88-9 / 전화 : 061-382-3832, 010-3606-1283 / 홈페이지 : hanokeseo.namdominbak.go.kr / 요금 : 60,000원~150,000원

기타 추천 숙박

동산한옥민박
주소 : 담양군 창평면 동산 한옥길 81-3
전화 : 010-7494-6733

골든리버텔
주소 : 담양군 담양읍 무정로 26
전화 : 061-383-8960

향토음식 ★ 창평의 쌀엿

담양의 특별한 먹을거리로 창평 쌀엿이 있다. 양녕대군이 담양으로 낙향해 지낼 때, 함께 왔던 궁녀들이 전수해준 것으로 일반 엿과 달리 입안에 잘 들러붙지 않는 데다. 독특한 맛과 향으로도 유명하다. 궁중에 상납되기도 했다. 창평의 쌀엿은 보리, 쌀, 생강, 참깨 등 모든 재료를 직접 생산해서 만들어지고 체험 프로그램도 운영하고 있다. 체험 프로그램은 사전 예약으로 진행된다. 문의는 061-383-8983(창평쌀엿영농조합)으로 하면 된다.

맛집

대박흑두부

소쇄원 바로 앞에 있는 식당으로 검은콩 두부와 두부를 곁들인 보쌈 등이 주요 식단이다. 흑두부 6,000원, 전복 흑두부 버섯전골 1인 10,000원.

★ 추천 메뉴 : 보쌈
주소 : 담양군 남면 가사문학로 954 / 전화 : 061-381-5255

죽녹원식당

담양에서는 대나무를 이용한 대통밥과 떡갈비가 유명하다. 이곳은 죽녹원 관방제림 근처에 위치하고 있으며, 마찬가지로 대통밥과 떡갈비가 맛있는 집이다. 담양천 제방엔 국수집 또한 여럿 있다. 늘새봄정식(돼지떡갈비+한우떡갈비) 18,000원, 늘푸른정식(돼지떡갈비) 11,000원, 한우떡갈비 23,000원. 정식에는 대통밥, 떡갈비 외 고등어 등의 찬이 나온다.

★ 추천 메뉴 : 대통밥, 떡갈비
주소 : 담양군 담양읍 향교길 2-1 / 전화 : 061-382-9973

기타 추천 맛집

대가
주메뉴 : 돌솥밥, 모듬생선구이
주소 : 담양군 고서면 가사문학로 619
전화 : 061-383-7050

담양애꽃
주메뉴 : 죽순밥
주소 : 담양군 봉산면 죽향대로 723
전화 : 061-381-5788

명옥헌에서 휴식을 취하고 있는 모습

6_ 지울 수 없는 아픔의 흔적들

일제강점기시대

군산,
탁류에 흘려보낸
일제강점기 개항사

만경과 김제 평야를 품은 군산의 서글픈 개항 이야기와 그 흔적

군산항 개항은 철저히 일제의 계획 하에 이루어졌다. 쌀 수탈의 본거지가 되어 만금(萬金), 즉 만경평야와 김제평야 일대에서 거둔 질 좋은 쌀이 군산을 통해 일본으로 나간 것이다. 군산 거리엔 일제강점기시대의 수탈 흔적이 여전히 많이 남아 있다. 역사의 교훈으로 배울 것이 여전히 많은 우리에게 군산이 필요한 이유다.

알고 가면 더 유익한 역사여행

여행 키포인트

대개 군산을 용산~익산 간 철로의 중간역 정도로만 알고 있다. 그것도 금강하굿둑으로 철로가 연결되기 전에는 전주~군산 간 통근열차역으로만 존재했다. 그러나 일제강점기시대에 군산은 목포, 인천에 버금가는 서해안 항구도시이자 호남지역 농산물 수탈의 총본산이었다. 자의든 타의든 우리 근현대사의 중심에 서 있었다. 우리는 아직 군산을 잘 모른다. 만경평야와 김제평야를 아우르는 만금지역의 농산물을 착취하려고 개항하였던 일제의 의도까지도. 아이들과 손을 잡고 군산을 거닐어보자. 곳곳에 있는 근대문화유산들이 흑백영화의 한 장면처럼 묘한 여운을 남긴다.

어린이 여행 학습 정보 ▶▶  MUST SEE 근대역사문화거리

군산의 근대역사문화거리는 꼭 살펴보자. 일제강점기시대 역사의 아픈 흔적을 집고 넘어가자. 발산초등학교도 가봤으면 좋겠다. 여느 시골학교 마냥 아담한 교정이나, 다른 것이 있다. 뒤뜰에 가보면 우리의 전통 탑과 조형물이 가득하다. 이는 일제가 우리 문화유산을 강탈하여 모아 놓은 흔적이다. 분명 우리에게 시사하는 바가 있다.

교과서

초등학교 6학년 1학기 사회 – 나라를 되찾기 위한 노력

travel information

자동차 코스

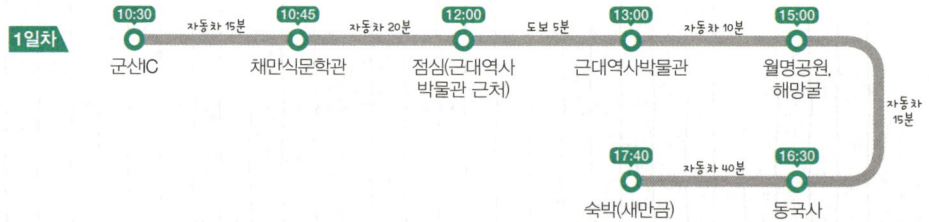

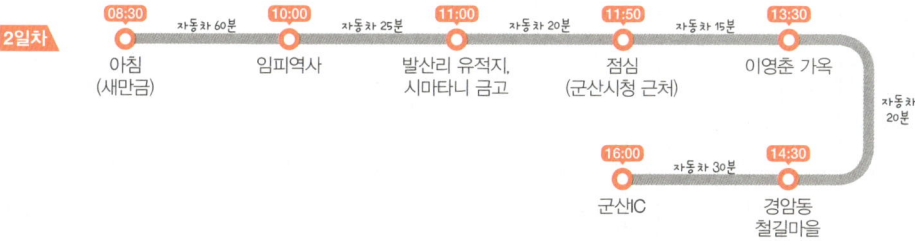

Basic Course

채만식문학관
주소 군산시 강변로 449
전화 063-454-7885
시간 09:00~18:00(동절기인 11~2월에는 17:00까지 단축 운영, 신정 및 매주 월요일 휴관)
입장료 무료

군산근대역사박물관
주소 군산시 해망로 240
전화 063-454-7870
시간 09:00~18:00(동절기인 11~2월에는 17:00까지 단축 운영, 신정 및 매주 월요일 휴관)
입장료 (박물관)어른 2,000원, 청소년/군인 1,000원, 어린이 500원

* 군산시민은 신분증 소지 시 어른 1,000원, 청소년/군인 500원, 어린이는 300원으로 입장료를 할인 받을 수 있다. 또한 박물관, 진포해양공원(위봉함), 조선은행, 18은행 총 네 곳의 명소를 모두 포함한 통합권 입장료도 박물관에서 판매하고 있다.

월명공원(해망굴)
주소 군산시 동산길 29

* 해망굴은 월명공원 내에 위치하고 있으며 연중무휴로 언제든지 방문할 수 있는 곳이다.

동국사
시간 군산시 동국사길 16
전화 063-462-5366
입장료 · 주차 무료

임피역사
주소 군산시 임피면 서원석곡로 37
전화 063-454-3274
입장료 · 주차 무료

발산리 유적지 · 시마타니 금고
주소 군산시 개정면 바르메길 43
전화 063-451-5539
시간 연중 무휴

이영춘 가옥
주소 군산시 동개정길 7
전화 063-450-4225
시간 10:00~18:00(동절기인 11~2월에는 17:00까지 단축 운영, 매주 월요일 휴관)
입장료 무료

경암동철길마을
주소 군산시 경촌4길 14

군산의 주요 역사 여행지

COURSE 01 채만식문학관

서울에서 서해안고속도로를 따라가다 서천IC 아래로 국립생태원을 지나면 금강하구둑이 보인다. 하구둑을 건너 우측으로 들어서면 바로 채만식문학관이 있다. 일제 강점기의 세태를 풍자한 채만식의 '탁류'. 탁류는 혼탁한 흐름, 즉 식민지하에서 주권을 잃고 혼탁한 물결에 휩쓸려 살아가던 우리 민족의 모습을 우회적으로 표현한 사회풍자소설이다.

이곳 채만식문학관의 외형은 마치 강에 정박한 2층 배와 유사해 보인다. 개방형 전시실로 규모가 아담하여 30분 내외면 훑어볼 수 있다. 문학관 1층에서는 그의 작품 세계를 알 수 있는 전시실과 자료보관실이, 2층은 영상세미나실로 구성되어 있다. 문학관을 나서면서 보이는 금강 건너 장항 풍경도 좋다. 시간적인 여유가 있다면 금강 철새 전망대와 금강습지 생태공원을 들러보자.

> **여행 TIP 1**
> 군산에는 군산근대역사박물관~채만식문학관 등을 둘러보며 주말 오전 9시 30분에 출발하는 군산 새만금 시티투어 코스가 있다. 요금은 성인 5,000원, 학생/군인/어린이는 2,500원. 온라인 혹은 전화로 미리 예약해야 한다(온라인 : tour.gunsan.go.kr, 전화 : 063-463-7271).

> **여행 TIP 2**
> **군산 나들길 코스** 근대문화유산을 살펴 볼 수 있는 시내권 문화 체험코스가 6-1길 '탁류길'이다. 물론 채만식의 근대풍자문학 탁류(濁流)에서 인용하여 명명했다. 이 코스중의 하나인 근대건축관(구,조선은행군산지점) 뒤편으로 채만식의 탁류를 재현한 공간도 있다.

1. 문학관 내부에 걸린 채만식의 옛 모습 2. 채만식문학관

COURSE 02 군산근대역사박물관

여행 TIP

군산근대역사박물관에서 걸어오다 보면 근대미술관을 못 미쳐 미즈 카페가 눈에 들어올 것이다. 단아하게 꾸며놓은 카페로 잠시 쉬어가기 좋다. 1층은 카페테리아, 2층은 북카페로 운영 중이다.

생생히 살아 숨쉬는 역사 체험공간, 근대역사박물관이다. 시내에 들어서면 고색이 짙고 소박한 도시 풍경이 영화에 나오는 옛 거리 세트장처럼 보이기도 한다. 군산을 군산답게 하는 이 풍경, 군산의 근대역사문화거리는 그 시절처럼 천천히 걸어야 제대로 음미할 수 있다.

그러기 위해서는 우선 군산근대역사박물관부터 먼저 들르는 것이 좋다. 군산의 옛 거리와 풍습이 소개되어 있어 군산을 이해하는 데 도움이 되기 때문이다. 특히 3층의 근대생활관은 체험 코너로 꾸며져 당시 생활을 간접적으로 경험할 수 있다.

군산근대역사박물관 옆의 군산세관은 서울역, 한국은행 건물과 함께 국내에 있는 서양 고전주의 3대 건축물 중의 하나로 지금은 호남관세전시장으로 활용하고 있다. 이 건물 옆에는 현재의 군산세관도 보인다.

근대건축관은 옛 조선은행 군산지점으로, 근대 건축 모형 및 은행 관련 자료 전시관으로 쓰이고 있다. 군산세관과 근대건축관 사이에는 근대미술관이 자리 잡고 있다. 이곳은 구 일본 18은행 군산지점으로 지금은 기증된 작품 혹은 지역 작가의 작품 전시 공간으로 활용되고 있다. 다양한 볼거리가 있는 군산근대역사박물관에서 입장권을 선택할 때 군산세관, 근대건축관과 진포해양공원을 묶는 코스 티켓을 구매할 수도 있다.

1. 군산근대역사박물관 2. 옛 군산세관 3. 근대건축관 4. 근대미술관

1. 발산초등학교 2. 발산리 5층 석탑 외 석조 유물들

COURSE 03 발산리 유적지와 시마타니 금고

여행 TIP

이곳은 그냥 익숙한 시골 동네 마을 풍경과 같다. 마치 문화재가 어디에도 있을 법하지 않다. 아무 생각 없이 발산초등학교 정문을 들어선 다음, 늘 그랬던 것처럼 교실 뒤뜰로 가보면 깜짝 놀라게 될 것이다.

임피역사에서 시내방향으로 방향을 틀어 조금 올라오다 보면 발산초등학교가 나온다. 발산초등학교 후원에는 석조 유물들이 다수 모여 있다. 당시 이 지역의 농장주였던 시마타니 야소야가 조선의 고 예술품에 반해 석조 문화재를 수집하여 이곳에 모아 두었다고 한다. 그래서 이곳에는 고려시대 석탑으로 완주 봉림사지에서 옮겨온 발산리 5층 석탑, 석등 외에도 석조, 초석, 비석받침, 부도 등 다양한 석조 유물들이 총 31기나 자리하고 있다.

뒤뜰 인편에는 그의 개인금고로 사용되었던 시마타니 금고가 있는데, 이는 발산초등학교 자체가 시마타니 농장이었던 시절 만들어진 건물로 일제의 문화재 약탈의 상징적 건물인 것이다. 지하에서 3층까지 구분하여 각각 생필품과 서류, 금고, 고미술품 등이 보관되어 있었다고 한다.

발산리 석조 유적지와 시마타니 금고가 외진 발산초등학교 뒤뜰에 위치하는 바람에 인근에 이정표가 있음에도 찾기가 다소 불편하지만 일제강점기시대 우리 문화재 유출의 현장을 볼 수 있는 중요한 곳이기도 하다.

발산초등학교 뒤 일본인 시마타니의 금고

이곳도 추천해요!

01 동국사

동국사는 국내 유일의 일본식 사찰로, 시인 고은이 출가해 지내기도 했던 곳이다. 이곳의 원래 이름은 금강사였다. 1913년 일본인 승려 우치다 대사에 의해 금강사라는 이름이 붙게 되었고, 일본에서 건축 자재를 들여와 지었다고 한다. 입구에는 대리석 기둥이 있는데, 기둥 양옆에는 금강사라는 옛 명칭과 소화 9년(1934년)이라는 글씨가 새겨져 있다. 우리나라 절과 달리 일주문이나 사천왕상이 없으며 처마 밑 단청도 없다. 사찰 왼편을 돌아 뒤로 가면 언덕 위로 보이는 대나무숲이 특이하다. 대웅전, 요사체와 절 주변을 둘러보면 절이라기 보다는 일본의 가정집에 딸린 정원 같다는 느낌이 든다.

일본식 사찰 동국사

02 임피역사

군산의 서쪽 끝자락에 위치한 임피역. 이 역사는 1912년 3월 군산과 익산을 연결하는 군산선의 간이역으로 개통하였다. 주변의 익산~김제~정읍 구간보다 먼저 만들어져 호남 최대의 상업도시로 성장한 군산의 한줄기가 임피였다. 임피역사는 지역 농산물을 모아 군산항으로 보내기 위한 용도로 호남선의 지선에 건설되었고 우리나라에 남아 있는 오래된 역 가운데 하나이다. 지금은 기차가 서지 않으나 일제강점기 때는 군산항을 통해 농산물을 일본으로 반출하는 역할을 담당했다.

임피역 내부에는 채만식의 소설 '레이메이드 인생'이 조형물로 만들어져 있고, 옥구농민항일항쟁 기념비, 시실리광장, 열차체험교실 등이 있다. 이곳에 선 뭔가 찾으려하지 말고 그냥 가보자. 그리고 보이는 대로 느끼면 된다. 휑한 무채색의 공허함 그대로…

03 이영춘가옥

발산초등학교를 나와 다시 시내 방향으로 10분 정도 올라가면 군산간호대학 이정표와 함께 이영춘가옥이 나온다. 1920년경에 일본인 지주 구마모토가 지은 별장으로 서구식과 일본식, 한식의 절충 양식을 적용한 이 건물은 우리나라 최초로 미터법을 적용했다. 역사적 가치와 함께 건축학적 의의도 튼 건물이다. 특히 국내 1호 의학박사이자 개정병원의 설립자인 쌍천 이영춘 박사가 이 건물을 사용한 점이 흥미롭다. 지금은 이영춘 박사의 개인 전시관으로 꾸며져 있다. 가옥 내에 문화해설사가 상주해 있으니 해설사의 친절한 설명을 따라 가면서 감상해 보자.

04 진포해양테마공원

진포해양테마공원은 고려말 최무선 장군의 진포대첩을 기리고자 2008년에 문을 연 해양테마공원이다. 항만 부둣가 공간을 활용하여 퇴역 군 장비 13종 16대를 진열해 놓았다. 월남전에 투입되었던 위봉함을 비롯해 함정, 장갑차, 전투기 등 국가안보를 굳건하게 하기 위해 투입됐던 육·해·공군의 장비들이 전시되어 있다. 위봉함 안으로 들어가면 진포대첩 모형과 당시 쓰였던 무기, 최무선 장군이 만든 화포 제작과정, 군함 내부 함선 체험 전시관이 만들어져 있다. 공원 근처에 있는 부잔교를 살펴보길 추천한다. 조수간만의 차이에 따라 높이를 자동으로 조절할 수 있었던 접안시설로 일제 쌀 수탈사의 잔재를 엿볼 수 있다.

05 경암동철길마을

군산시 조촌동에 있던 신문용지 제조업체 '페이퍼코리아사'의 생산품과 원료를 운송하기 위해 철로를 조성하였는데 그렇게 생겨난 것이 경암철길이다. 일명 페이퍼코리아선. 페이퍼코리아 공장에서 군산역까지 총 2.5km에 달하는 원재료 수송로였다. 이중 철길마을 사이를 통과하는 구간은 경암사거리에서 원스톱주유소까지 1.1km 거리다. 1944년부터 2008년까지 64년간 제지회사 물자 수송용으로만 쓰였다. 지금의 경암철길은 연인들의 데이트 장소로, 가족끼리의 오붓한 산책 장소로 탈바꿈하여 과거의 추억을 되살리는 관광명소로 거듭나고 있다. 영화촬영장소, 사진 애호가들의 출사 장소로도 인기가 높다.

★ 엄마, 아빠 필독 ★
아이가 알아야 할 역사 포인트
아이가 질문할 경우 이렇게 대답하세요

Q 채만식의 소설 '탁류'의 줄거리는 어떻게 되나요?

A 소설 '탁류'는 『태평천하』와 함께 채만식의 대표작으로 꼽히는 작품이야. 초봉이라는 여주인공의 기구한 운명을 중심으로 항구 도시로 번창한 군산(群山)의 세태를 구체적으로 묘사하고 있어. 군청에서 일하던 초봉의 아버지 정 주사는 미두(米豆)라는 투기사업 실패로 재산을 다 잃게 되지. 집안이 어렵게 되어 인근 약국에 취직하여 일하던 초봉은 부모의 권유로 결혼하게 되나, 남편의 죽음으로 그녀에게 불행이 이어져. 초봉은 서울로 올라와 새로운 삶을 꾸려 나가고자 하지만, 지속되는 역경을 이겨내지 못하고 결국은 살인을 저지르게 되지. 채만식이 일제 강점기 당시의 세태를 '탁류'라는 제목에 함축적으로 담았듯이 주인공 초봉 또한 흐르는 흐린물처럼 혼탁한 현실에 희생자가 되고 만 거야.

Q 일제강점기시대, 신사참배 거부 운동이 있었다는데 그게 뭔가요?

A 신사참배는 신사 중심의 천황 신격화 책략으로, 자국 국민을 정신적으로 지배하면서 군국주의적 침략정책 및 식민지 지배에도 이용하려는 일본의 신민화정책이었단다. 우리나라에는 1876년 개항과 함께 신도들이 침투되기 시작했고 신사참배를 강요한 거야. 우리 민족은 일제의 야욕에 맞서 교회 중심의 신사참배 거부운동이 주를 이루었지만 각 개인별로도 산발적으로 지속적인 운동을 벌였지. 신사참배 거부운동은 황민화정책, 민족 말살정책에 대해 맞서 싸운 자발적인 저항운동의 모습을 지녔다는 점에서 민족사적 의의도 중요해. 1945년 해방과 더불어 신사는 대부분 방화 및 파괴되었고, 그 터는 공원이나 학교, 교회 등 공공장소로 활용되었다고 해. 군산에 있던 군산신사와 신사광장(현 서초등학교) 등도 이러한 과정을 거쳐 바뀐 장소란다.

Q 부잔교의 기능은 무엇인가요?

A 부잔교는 뜬다리 부두라고도 불러. 부두에 방주(方舟)를 연결하여 띄운 다음 물의 높이에 따라 위아래로 자동으로 조절될 수 있도록 만든 시설물이란다. 이곳 바다는 조석 간만의 차가 크기 때문에 화물선이 잘 들어올 수 있도록 만든 것이지. 이 다리 역시 일제강점기 때 쌀 수탈을 원활히 하고자 만든 특수 항만 시설이야. 국내 쌀 수탈의 50% 이상이 이 군산항을 통해 이뤄졌단다. 지금은 4개 중 3개만 남아있어.

숙박

고우당

군산 근대문화유산 여정은 시내 중심이라, 가급적 숙소도 이와 동선이 가까운 곳이면 편하겠다. 명동에 세워진 근대역사체험공간 고우당(古友堂). '곱다'라는 뜻의 전라도 방언 '고우당께'를 표현함과 동시에 '오랜 친구의 집'이라는 아름다운 뜻을 가진 곳이다. 2013년 한국관광공사가 주관하는 우수 숙박업소 굿스테이로 지정되기도 하면서 고우당은 지어진 지 1년 만에 군산의 새로운 관광명소로 떠오르고 있다. 바닷가를 좋아한다면, 새만금 비응도 방향으로 지어진 방도 선택할 수 있다.

주소 : 군산시 구영6길 13 / 전화 : 063-443-1042 / 홈페이지 : www.gowoodang.com / 요금 : 30,000~180,000원

기타 추천 숙박

베니키아 아리울호텔
주소 : 군산시 가도안길 45
전화 : 1588-0292

폭스관광호텔
주소 : 군산시 백릉안길 8
전화 : 063-443-4077

맛집

등대로

새만금방조제에서 낙조를 즐기며 여유 있게 회정식으로 저녁식사를 해보자. 단품이나 코스 중에서 선택할 수 있다. 미리 예방으로 된 좌석을 예약하는 것이 좋다. 활어회 코스 A 45,000원. 생조개버섯샤브샤브칼국수 2인분 40,000원.

★ 추천 메뉴 : 회정식
주소 : 군산시 비응로 71 / 전화 : 1599-3356

한주옥

꽃게장과 생선회 그리고 생선탕으로 차려진 꽃게장백반이 한주옥의 대표 메뉴. 깔끔하고 담백한 생선탕과 공깃밥이 아닌 개인별로 나오는 뚝배기밥이 이색적이다. 꽃게장정식에 나오는 아귀찜이 별미. 꽃게장백반 12,000원, 꽃게장정식 17,000원.

★ 추천 메뉴 : 꽃게장백반
주소 : 군산시 구영2길 31 / 전화 : 063-443-3812

기타 추천 맛집

빈해원
주메뉴 : 탕수육
주소 : 군산시 동령길 57
전화 : 063-445-2429

이성당
주메뉴 : 단팥빵
주소 : 군산시 중앙로 177
전화 : 063-445-2772

일제강점기시대

군산 근대 건축관(구 조선은행 군산지점)

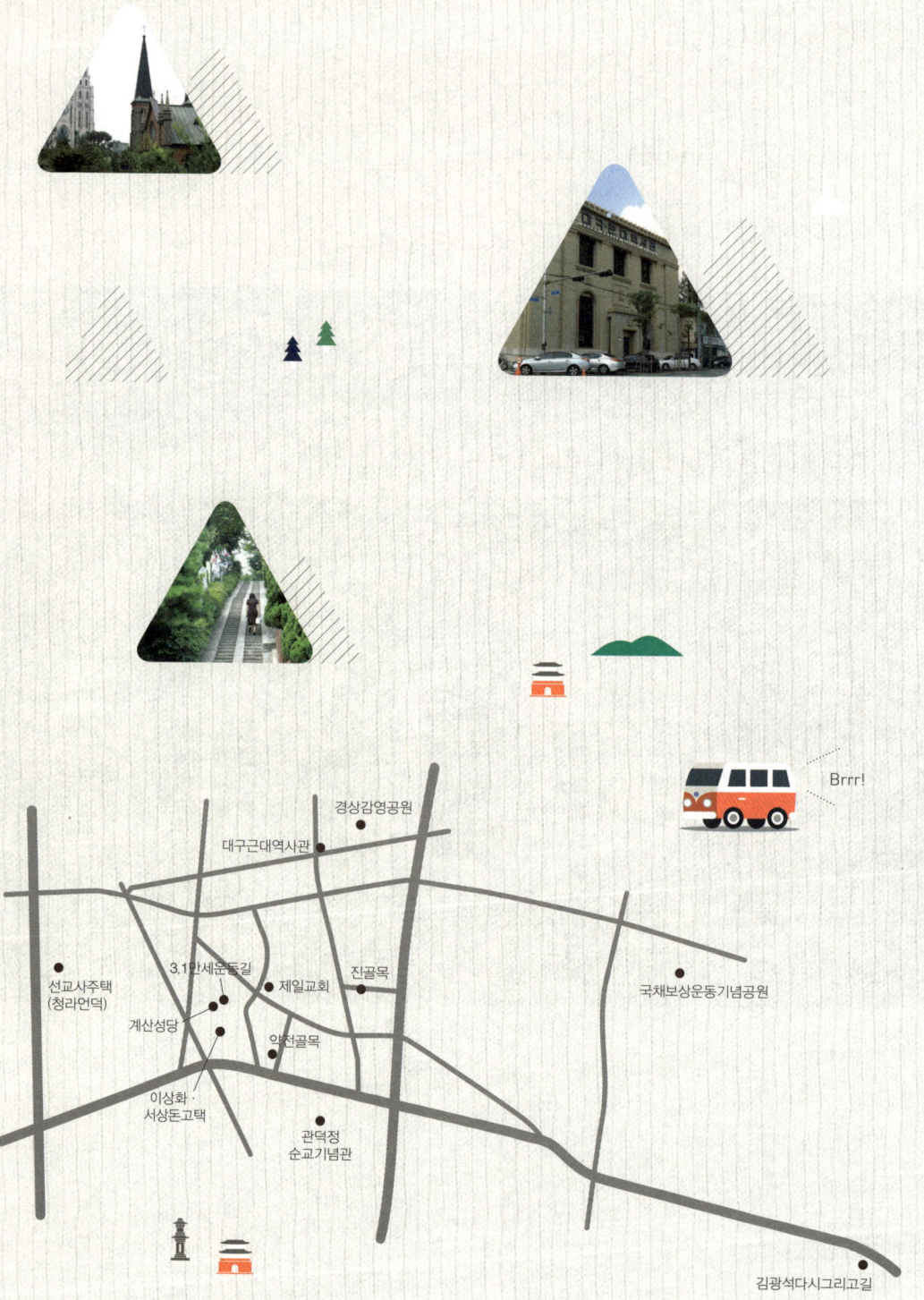

일제강점기시대

· 1박2일 ·
경상북도
대구

읍성에서 골목으로
걸음마다 근대 풍경

대구, 옛 거리에서 읽는 우리 근대사

우리 근대사와 일제강점기의 동일시는 낯선 일이 아니었다. 유독 일이 많고 변화가 컸던 근대화는 일상의 단위를 생각할 틈도 주기 어려웠다. 그러다 이 거리에 서면 역사의 단위는 일상이란 것을 알게 된다. 좁은 길 골목으로 부지런히 사람이 걸었고 이야기가 쌓였다. 골목을 걷는다는 건 바라보는 일이 아니라 들여다보는 일 같았고 조각난 읍성을 돌아 독립 만세를 부르던 계단을 올랐다가 학교와 병원과 교회로 걸었다. 길은 종일 걸어도 지루하지 않다. 추억 같은 볼거리에 자주 멈춰야 했고 거리의 간식도 정겹다. 옛 골목이 많은 대구, 아프시민 그리운 기억을 따라 시절 풍경 속으로 걸어보자.

알고 가면 더 유익한 역사여행

여행 키포인트

대구는 군산이나 목포, 부산과는 또 다른 근대화 풍경을 가졌다. 서해안 항구 도시들이 일제강점기 당시 각종 수탈과 관련되어 있다면 대구는 민족 해방 운동의 흔적이 상대적으로 더 많이 남아 있다. 특히 오래된 골목 그 자체를 역사적 풍경으로 남겨놓은 대구 여행에서는 걷기 여행이 좋다. 차를 가지고 오지 않아도 된다. 동대구역은 전국 어디에서 출발해도 두 시간을 넘지 않는 데다 또 대구역은 근대 유적을 보며 걷는 길, 중앙로의 시작이기도 하다. 대구 여행에서는 차보다 튼튼하고 가벼운 신발과 지도를 준비하자.

어린이 여행 학습 정보 ▶▶ MUST SEE 근대골목

대구 근대 골목에 남은 유적을 통해 우리나라 근대화 과정, 특히 일제강점기 해방 운동의 특징을 알아보자. 대구 지역의 근대화 이야기가 다른 지역의 그것과는 어떻게 차이가 나는지 살펴보는 것은 근대화 역사를 바라보는 관점을 풍부하게 할 것이다.

교과서

초등학교 6학년 1학기 사회 – 나라를 지키기 위한 노력

travel information

자동차 코스

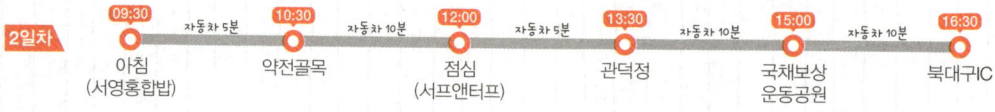

Basic Course

경상감영공원
주소 대구시 중구 경상감영길 99
전화 053-254-9404
입장료 무료
* 연중무휴로 언제든지 방문할 수 있는 곳이다.

근대문화체험관 계산예가
주소 대구시 중구 서성로 6-1
전화 053-661-3323
시간 하절기(3~10월) 10:00~18:00
동절기(11~2월) 10:00~17:30
입장료 무료

계산성당
주소 대구시 중구 서성로 10
전화 053-254-2300

이상화고택 · 서상돈고택
주소 대구시 중구 서성로 6-1
전화 053-256-3762
시간 10:00~17:30(매주 월요일, 설날과 추석 당일 휴관)
입장료 무료

3.1만세운동길
주소 대구시 중구 계산동(계산성당 골목길)

진골목
주소 대구시 중구 진골목길 31

약령시
시간 대구시 중구 남성로 27-1(약령시관광안내소)
전화 053-661-3224

관덕정순교기념관
주소 대구시 중구 관덕정길 11
전화 053-254-0151
시간 09:30~17:00(매주 월요일, 부활절, 성탄절 당일과 설 · 추석 연휴 휴무)
입장료 · 주차 무료

동산선교사주택(청라언덕)
주소 대구시 중구 동산동
시간 챔니스주택(현 의료선교박물관) : 월~금요일 10:00~17:00(12:30~1:30 쉬는 시간), 토요일 10:00~12:30
입장료 무료
* 선교사 주택은 모두 세 곳이다. 선교사블레어주택, 선교사스윗즈주택, 선교사챔니스주택.

국채보상운동기념공원(국채보상운동 기념관)
주소 대구시 중구 국채보상로 670
전화 053-254-9401
입장료 무료

김광석다시그리기길
(근대거리투어 3코스)
주소 대구시 중구 달구벌대로 2238
* 방천시장 동편, 신전대로 옆길에 위치하고 있다.

대구의 주요 역사 여행지

대구 근대골목 투어

대구 근대골목 투어는 한 마디로 스토리텔링 투어라 할 만하다. 오래된 거리에 덧대고 쌓인 서민의 일상 자체가 역사가 되었다. 이러한 근대 풍경을 보기 위한 골목 투어는 5개의 코스로 이뤄져 있다. 1코스는 옛 읍성 안에 있던 옛 대구의 흔적을 볼 수 있는 길로 경상감영공원 등이 있다. 읍성 밖에서 안으로 들어오는 근대문화골목은 골목 투어 2코스로 가장 인기가 많은 구간이다. 청라언덕에서 동산병원을 거쳐 3.1만세운동길과 제일교회, 계산성당, 이상화와 서상돈고택 등이 이어진다. 읍성 안으로 들어와서 약령시와 진골목에 이른다. 읍성 외곽을 따라 걷는 3코스는 서문시장 등 근대 상업화 시설을 포함한 구간이며 읍성 밖 4코스는 국채보상운동 공원과 방천시장길, 김광석다시그리기길이 있다. 또 5코스는 관덕정 순교기념관에서 반월당 사거리로 돌아오는 길로 가톨릭 시설이 많다.

예상하듯 1박 2일의 한정된 시간 동안 5개의 길을 모두 걷는 것은 어렵다. 이 경우 근대골목 투어 중에서도 인기가 많은 2코스를 중심으로, 옛 대구의 흔적을 볼 수 있는 1코스까지 함께 보면 좋다. 문화 해설사를 동반한 골목 투어를 원할 경우 중구청 문화관광과(문의 : 053-661-2194)나 홈페이지(gu.jung.daegu.kr)에서 신청하면 된다.

약전골목에 있는 구 교남YMCA 건물. 3.1운동 당시 지도자들이 모이던 장소 등으로 쓰이곤 했다

1. 경상감영공원의 선화당 2. 대구근대역사관 3. 경상감영공원 정청각

COURSE 01 경상감영달성길 명소

대구근대역사관 내부에 전시된 유물

 **여행 TIP**

경상감영공원은 매주 토요일 오후 2시부터 4시 사이 조선시대 교열의식, 경점시보의식 전통풍속 등을 재연한다. 비 오는 날과 무더운 7, 8월에는 쉰다(문의 : 053-803-3884).

경상감영공원과 대구근대역사관

옛 경상감영 자리에 만들어진 공원이다. 당시 시설물도 많이 남아 있다. 1965년까지는 이 자리에 경상북도청사가 있었는데 도청이 이전된 후 1970년에 공원화되었다. 경상감영은 경상도의 행정 전반을 통괄하는 기구였고 대구가 예전부터 경상도 지역의 주요 도시였음을 알려주는 것이기도 하다. 관찰사가 집무를 보던 선화당(유형문화재 제1호)과 관찰사 처소로 쓰이던 징청각(유형문화재 제2호), 경상감영을 거쳐 간 관찰사나 관리들의 선정을 기리기 위해 만들어졌던 29개의 선정비가 남아 있다. 공원엔 주로 노인들이 많은 편이고 주변 상인이나 직장인들의 점심, 쉬는 시간의 휴식 공간으로 쓰인다.

경상감영 공원 바로 옆에 대구근대역사관이 있다. 1932년 설립된 조선식산은행 대구지점으로 일제강점기 수탈의 본거지였던 건물을 2011년부터 대구근현대사 박물관으로 운영하고 있다. 몇 남아 있지 않은 일제강점기시대 서양식 건축양식으로 이국적인 아름다움을 지녔다. 대구시유형문화재 제49호로 지정되어 있고 19세기 후반~20세기 초 대구의 생활, 풍습, 문화에 관한 자료가 다양한 형태로 전시 중에 있다.

COURSE 02 근대문화골목 명소

이상화고택, 서상돈고택

일본 경찰이 서재 천장까지 뜯어 원고를 다 가져가는 바람에 생전엔 책 한 권 내지 못했던 항일 문학인 이상화의 고택은 계산성당 바로 뒤에 있다. 1939년부터 1943년 사망 때까지 이 집에서 살았다. 그는 눈을 감으며 "일본은 반드시 망한다."라는 말을 남겼다고 한다. 이곳은 2001년 도로 공사로 파손될 위기에 처하자 100만 명이 넘는 사람들이 고택을 보존하라며 서명 운동을 했다. 빼앗긴 들의 봄을 염원했던 이상화의 고택은 시민의 힘으로 남게 되었다. 이상화 시인의 고택에서 채 몇 걸음도 안 되는 거리에 서상돈고택이 있다. 그는 대구 출신 기업인이자 공무원으로 국채보상운동이 대구에서 시작된 계기를 만들었다.

⚠️ **여행 TIP**

4월부터 10월까지 매주 토요일 오전 11시에 이상화, 서상돈고택 앞에서 거리 연극이 열린다. 「빼앗긴 들에도 봄은 오는가」라는 제목으로 을사늑약과 3.1운동, 국채보상운동 등의 내용을 담고 있다. 아이들 시각의 내용이고 40분 정도 진행된다.

1. 이상화고택 골목길 2. 이상화고택
3. 서상돈고택을 방문하고 기념 삼아 찍어보는 스탬프 4. 서상돈고택 내부

제일교회(왼쪽)과 계산성당(오른쪽)

90개의 계단으로 이루어진 3.1운동만세길

> **여행 TIP**
> 계산성당이나 제일교회 같은 종교 시설물은 미사 예배 시간에 일반 관람객의 출입을 제한하고 있다. 입구에서 예배 시간을 확인하고 실내 출입을 결정해야 한다.

계산성당과 3.1운동만세길

이상화, 서상돈고택 골목을 돌아 큰 길로 나오면 1901년에 지어진 계산성당이 나온다. 박해를 피해 경기 서울 충청 등지에서 모여든 천주교 신자들 덕에 교세가 커졌다. 100년이 넘는 역사를 지닌 대구교구의 주교좌성당이기도 하다. 김수환 추기경이 사제 서품을 받아 첫 미사를 집전했고 박정희 전 대통령의 혼인도 있었다. 프랑스 선교사가 설계한 고딕양식의 성당으로 장미모양의 스테인드글라스 창이 아름답다. 특이하게도 스테인드글라스엔 서상돈과 같은 초기 대구 천주교 신자의 모습이 표현되어 있다는 점이다.

계산성당 길 건너 3.1운동만세길이 긴 계단으로 이어져 제일교회를 지나 동산병원 고가까지 이어져 있다. 지금은 90개의 계단이지만 당시엔 계성학교, 신명여고, 성서학당, 대구고보 학생들이 일제의 감시를 피해 서문장터(현재의 서문시장)로 달려가던 동산병원 소나무 숲길이었다. 숲길로 태극기를 들고 만세를 부르며 내달렸던 것이다. 오르막 계단을 딛고 언덕으로 올라오면 동산병원 남문 고가 벽면에 3.1운동 당시의 모습이 그려져 있다.

계산성당의 장미창문

1. 선교사주택 2. 「동무생각」 노래비
3. 선교사들의 묘지인 은혜정원

선교사주택

계산성당에서 길 건너 3.1만세운동길을 올라가면 청라언덕에 닿는다. 제중원(당시 동산의료원)이 있던 곳이다. 동산 언덕 내에는 일제강점기에 지어진, 대구에 의료, 교육 사업을 펼쳤던 선교사들의 주택 3채가 있다. 집들은 동화책에서 나온 듯 독특하고 아름다우며 대구읍성을 허물 때 나온 돌로 주택 기단을 쌓은 것이 보인다. 현재는 의료, 선교, 교육박물관으로 각각 쓰이고 있다.

청라언덕

옛 제중원 정문만 따로 남겨놓은 곳 가까이에 선교사 주택 사이 「동무생각」 노래비를 만나게 된다. 「동무생각」 노래 가사 중 '청라언덕'이라는 내용이 들어가 있다. 이 노래의 작곡자 박태준이 개성고등학교를 다니던 시절 짝사랑했던 신명여고 여학생을 생각하며 이은상의 가사에 곡을 붙인 것이라 한다. 푸른 담쟁이를 '청라'라고 하는데 선교사주택엔 지금도 그 푸른 담쟁이가 많다. 신명여고를 졸업한 여학생들에겐 이 노래가 특별하단 소리도 그 언덕에서 전해 들었다.

은혜정원

선교사주택 가까이에 있는 100년 된 사과나무의 후손격 나무가 대구시 보호수로 지정되어 있다. 동산병원의 전신인 제중원을 세운 선교사 존슨이 미국에서 사과나무를 들여와 대구에 심었고, 그 사과나무로 인해 대구는 사과의 도시가 되었다. 근방에 선교사와 그 가족들의 무덤 10여 기가 안치된 작은 묘지가 있다. 먼 타지에 와 자신들의 신념을 펼치며 대구를 위한 공헌이 컸던 선교사들의 묘지에 대구 시민은 은혜정원이라는 이름을 붙여주었다. 묘비명을 읽다보면 서로 가족이었고, 자매였고, 모녀였던 사이를 알아낼 수 있다. 우리의 근대화에 영향을 준 이들의 역사까지도 생각하게 될 것이다.

여행 TIP

동산병원으로 내려가면 서문시장으로 통한다. 서문시장에서 걸어 달성토성이나 경상감영 방향으로 1코스 길을 걸을 수 있다. 시간이 길어지면 지칠 수 있으므로 간단한 간식과 물을 미리 준비하거나, 서문시장 안에 다양한 먹거리가 있으니 이를 이용하면 좋겠다.

옛 풍경을 만날 수 있는 진골목

COURSE 03 진골목, 약전골목

진골목

경상감영공원과 북성로, 약전골목, 이상화·서상돈고택, 청라언덕을 잇는 중간 위치를 가로지르는 오래된 골목이다. 그 길이가 길어 '긴 골목'으로 통하던 것이 경상도 사투리로 '진골목'이라 불리게 됐다. 이곳은 예전 달성 서씨를 비롯해 대구 부자들이 살던 집이 많은데 근대화 시기의 혼합된 양식의 주택을 볼 수 있다. 좁고 긴 골목에 대구 최초의 2층 양옥집인 정소아과와 진골목식당 등은 모두 달성 서씨 한 집을 나눠가진 곳들이다. 미도다방을 비롯해 대구의 오래된 명물 공간도 볼 수 있다. 길의 폭 뿐 아니라 붉고 단단해보이는 담벼락은 빈티지한 아름다움으로 색다른 느낌을 준다.

경상북도 ▶ 대구 **409**

약전골목

대구는 '약령시'로 불릴 만큼 큰 한약재 시장이 열리던 곳이다. 17세기 조선 효종 때부터 봄과 가을 두 차례에 걸쳐 한약재 거래가 이뤄졌다고 한다. 우리나라는 물론이고 만주, 중국, 몽골, 아라비아, 일본, 베트남 등 여러 나라와 약재를 거래하던 국제적인 규모였다. 지금도 '약전골목은 걷기만 해도 병이 낫는다'는 말이 남아 있을 정도다.

> **여행 TIP**
> 약령시 한방문화축제가 매년 5월 중에 열린다. 350여 년간 이어온 대구 약령시의 맥을 잇는 전통문화관광축제다.

COURSE 04 제일교회

약전골목 한의약박물관 바로 옆에 있는 제일교회는 대구유형문화제 제30호로 지정되어 있다. 1937년 지어진 고딕양식의 건물로 여름철엔 붉은 벽돌 건물이 담쟁이로 뒤덮이는 고색한 아름다움을 지녔다.

1. 제일교회. 옆에는 한의약박물관이 있다 2. 제일교회를 뒤덮은 담쟁이덩굴

도심 한복판의 휴식 공간 국채보상운동기념공원

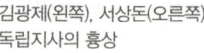
김광제(왼쪽), 서상돈(오른쪽)
독립지사의 흉상

COURSE 05 국채보상운동기념공원

달구벌대종

일제강점기시대 대구에서 시작된 대표적 민족운동인 국채보상운동을 기념하는 공원이다. 22.5톤에 달하는 달구벌대종을 중심으로 지역 서예가들이 쓴 이육사나 윤동주 등 항일 문학인의 시비를 볼 수 있다. 넓은 공간에다 도심 한복판인데도 나무가 많고 잘 가꿔진 도시공원으로 산책 나온 시민들이 많다. 국채보상운동기념관은 어린이와 청소년에게 항일 민족 자산운동의 이해를 도울 수 있을 것이다.

 **여행 TIP**

구도심과 신도심을 아우르는 번화가에 있고 1, 2 코스 근대골목 투어 지역과 거리는 다소 있지만 대형 숙박 시설과 편의시설 등이 밀집해 있다.

이곳도 추천해요!

01 달성토성

사적 제62호로 낮은 언덕지대를 이용하여 쌓은 삼국시대의 토성이다. 오래 전부터 대구 지역의 중심지 역할을 해왔다. 남북 길이가 조금 더 큰 타원형의 전체 길이 1300미터의 성으로 일대가 공원화되어 있으며 동물원도 운영 중이다.

공원화되어 있는 달성토성

02 김광석다시그리기길

방천시장과 수성교 사이 골목엔 이 지역 출신으로 서른두 살의 젊은 나이에 세상을 떠난 가수 김광석을 기념하는 거리가 있다. 아이들보다는 김광석을 좋아했고 그리워하던 부모들에게 더 반가운 곳일 수 있겠다.

김광석다시그리기길의 벽화

03 관덕정

관덕정은 각 지방 관아에 있던 조선시대 무과 관리 관청의 이름이다. 대구 관덕정 역시 경상감영의 부속 기관으로 연병장(군인을 훈련하기 위한 운동장)을 갖추었고 그 가까이 중죄인들을 공개 처형하던 처형장이 있었다. 동학의 창시자 최제우가 이곳에서 죽음을 맞았고 병인박해(1866년) 이선부터 많은 천주교인이 순교했다. 그런 연유로 현재는 천주교 성지로 기념되고 있다.

천주교 성지 관덕정

★ 엄마, 아빠 필독 ★
아이가 알아야 할 역사 포인트
아이가 질문할 경우 이렇게 대답하세요

Q 대구 근대 역사 풍경은 다른 곳과 어떻게 다른가요?

A 군산은 일제에 의해 전략적으로 개항되고 쌀 수탈의 본거지가 되어 일제강점기시대 피해의 역사 현장이 많이 남아 있어. 목포에서 시작되는 국도 1호선과 호남선 철길도 그 시절 일본이 쌀 수탈 수송로를 확보하면서 생긴 거야. 이에 비해 대구는 우리 민족의 자발적인 항일 투쟁의 역사가 많이 남았다. 그 대표적인 예로 국채보상운동을 전개한 것과 서상일 등이 영남지역의 독립투사들과 함께 조선국권복단 중앙총부라는 비밀결사를 조직한 것, 신간회 대구지회 등을 들 수 있어. 여기엔 선교사들이 정착시킨 의료, 교육 분야의 혜택도 대구 사람들의 정신을 일깨우는 데 큰 몫을 했지. 해방 후 동란 시기에도 타 지역에 비해 안정적인 환경을 바탕으로 많은 사람들이 유입되었고 문화예술인들의 활동이 많았다고 해.

Q 대구읍성이 안 보여요. 대구읍성은 어디 있어요?

A 강점기 일본은 전략적으로 나라 안 읍성들을 해체했단다. 대구 읍성 역시 일제강점기 분위기가 무르익던 1906년에 일찌감치 헐려버렸어. 당시 관찰사 서리로 있던 박중양이 일본의 철거 요구에 조정의 허락도 없이 성을 허물어버린 거야. 심지어 읍성을 허물고 나온 성돌을 헐값에 팔았다는 신문 기사도 있어. 기다렸단 듯 헐린 성곽 자리에 길이 났는데, 이 길이 바로 지금의 대구 4성로인 북성로, 동성로, 남성로, 서성로야. '읍성로'라고 해. 이 4개의 읍성로가 만나는 중앙대로는 대구 근대골목 여행의 시작이자 끝이 되는 길이란다.

Q 대구는 왜 이렇게 골목이 많아요?

A 현대로 오는 동안 다른 대부분의 도시가 그랬듯 대구 역시 도시 개발이 불가피한 지점이 있었어. 그리고 이런 좁고 불편한 골목이야말로 가장 먼저 정리할 대상이었지. 그런데 대구 사람들은 골목이 가진 역사성을 알아챘나봐. 골목이라는 공간이 가진 일상의 역사성을 중요하게 생각한 대구 사람들은 골목이라는 공간을 중요하게 생각했고 평범한 골목을 옛 것이 남은 근대 풍경으로 새로 나게 한 거야. 그 골목들이 말끔하게 정리 되었더라면 오늘 처럼 근대역사의 흔적을 보며 걷는 일은 어려웠겠지. 말하자면, 대구에 유별나게 골목이 많은 것이 아니야. 골목을 없애지 않고 살려낸 것이지.

일제강점기 시대

🏠 옛 구암서원

대구 중구 골목에는 한옥을 살려 만든 게스트하우스가 여럿 있다. 골목 여행 고유의 분위기와 근대 역사적 느낌을 살린 숙박시설로 인기가 많다. 이곳 구암서원은 달성 서씨의 문중 서원이었다. 게스트하우스로서 숙박시설 외에 다양한 전통체험 프로그램 또한 운영하고 있다.

주소 : 대구광역시 중구 국채보상로 492-58 / 전화 : 053-428-9900 / 홈페이지 : www.dtc.or.kr / 요금 : 44,000~88,000원

🍴 서프앤터프 SURF & TURF

서프앤터프는 수제 햄버거 식당으로 아이들이 좋아할 만 하다. 가재살이 듬뿍 들어간 버거 등은 양이 많아 배부르게 먹을 수 있다. 서프앤터프 버거 15,000원, 마이애미 버거 13,000원.

★ 추천 메뉴 : 수제버거
주소 : 대구광역시 중구 이천로 188 / 전화 : 070-4118-0188

🍴 약전식당

'약전'이라는 이름답게 음식 재료와 조리법이 정성스럽다. 채 썬 야채와 함께 나오는 회정식과 돌솥밥 정식, 묵은지 돼지수육 등이 정갈하게 나온다. ㄷ자형 옛집을 개조해 만든 식당으로 진골목을 둘러보며 여유 있게 식사를 하고 싶을 때 추천한다. 모듬회 35,000원, 정식 12,000원.

★ 추천 메뉴 : 한정식
주소 : 대구광역시 중구 진골목길 31 / 전화 : 053-252-9684

🏠 판 게스트하우스

무려 120년이 넘은 한옥 건물을 되살려 지은 게스트하우스. 매일 저녁 재즈 공연이 열리고 일본식 가옥부터 온돌방이 있는 한옥까지 함께 있어 근대적 풍경을 자아낸다.

주소 : 대구광역시 중구 경상감영길 43-5 / 전화 : 053-252-7529 / 홈페이지 : pannguest.co.kr / 요금 : 한옥 게스트룸 60,000~100,000원

🍴 기타 추천 맛집

풀밀 – 든든한 한 끼
주메뉴 : 돼지주물럭정식
주소 : 대구광역시 중구 약령길 20
전화 : 053-217-1516

청라
주메뉴 : 순두부, 청국장
주소 : 대구광역시 중구 서성로 29
전화 : 053-255-1277

서영홍합밥
주메뉴 : 홍합밥
주소 : 대구광역시 중구 약령길 33-8
전화 : 053-253-1199

🏠 기타 추천 숙박

인더호텔
주소 : 대구광역시 동구 동부로 26길 56
전화 : 053-746-0107~8

랜드하우스
주소 : 대구광역시 중구 동덕로 14길 35
전화 : 070-7720-2460

대구 근대화 선교사주택과 제일 교회와 청라언덕 3.1운동길 먼 풍경

7_ DMZ 분단 현장을 찾아서

선사시대·부속국가시대 — 삼국시대 — 통일신라시대 — 고려시대 — 조선시대 — 일제강점기시대 — **현대**

· 1박 2일 ·
경기도
연천 · 파주

호로고루의 함성, DMZ의 적막

임진강에 몸을 싣고 탄현까지 내려가본다. 남북이 하나됨을 그려보면서…
가까이 38도선이 지나간다. 인근에 DMZ 비무장지대가 위치해 있다. 제법 북쪽으로 왔나보다. 호로고루성. 흙으로 덮여 성인지 언덕인지 눈으로 구분하기 애매한 이곳. 고구려가 신라와 당에 맞서 싸웠던 전쟁터였다. 세월이 훌쩍 흐른 지금 우리는 휴전선을 끼고 남북이 대치하는 안보의 최전선에 서 있다. 우연의 일치일까? 날 선 대립은 예나 지금이나 그대로다. 이제 긴장감이 감도는 철책을 뒤로하고 통일을 염원한 희망의 씨앗을 뿌려본다. 그 싹이 영그는 연천 · 파주 평야의 들녘이 저만치 다가온다.

알고 가면 더 유익한 역사여행

여행 키포인트

삼국시대와 통일신라시대에 임진강변은 영토 경계이자 무력충돌 지역이었고, 호로고루성이 이에 해당되었다. 고구려와 나당연합군의 영토 분쟁 그 한복판에 호로고루성이 있었다. 지금 이 지역은 위로 비무장지대가 남북을 가로지르고 있다. 천오백여 년이 흘렀지만 예나 지금이나 비슷한 모양새다. 긴 장감이 다소 흐르는 지역이지만, 그럼에도 우리의 소원은 통일이다.

어린이 여행 학습 정보 ▶▶ MUST SEE DMZ 평화열차 투어

내외국인들의 인기 관광코스인 DMZ(비무장지대) 평화열차 투어와 도라산 안보관광. 군사적으로 첨예하고 대치하고 있는 남북한 분단 현장의 면면을 살펴보며 안보의 중요성을 가다듬어 보는 체험 현장이다. 인근에 삼국시대 치열한 영토 분쟁기에 고구려 영토의 남쪽 국경선지역에 자리 잡은 석성이 있다. 연천 DMZ 인근의 호로고루!! 우연의 일치인지 예나 지금이나 이곳은 안보대치의 접경지역이다.

교과서

초등학교 6학년 1학기 사회 – 민족의 상처, 6·25 전쟁

travel information

자동차 코스

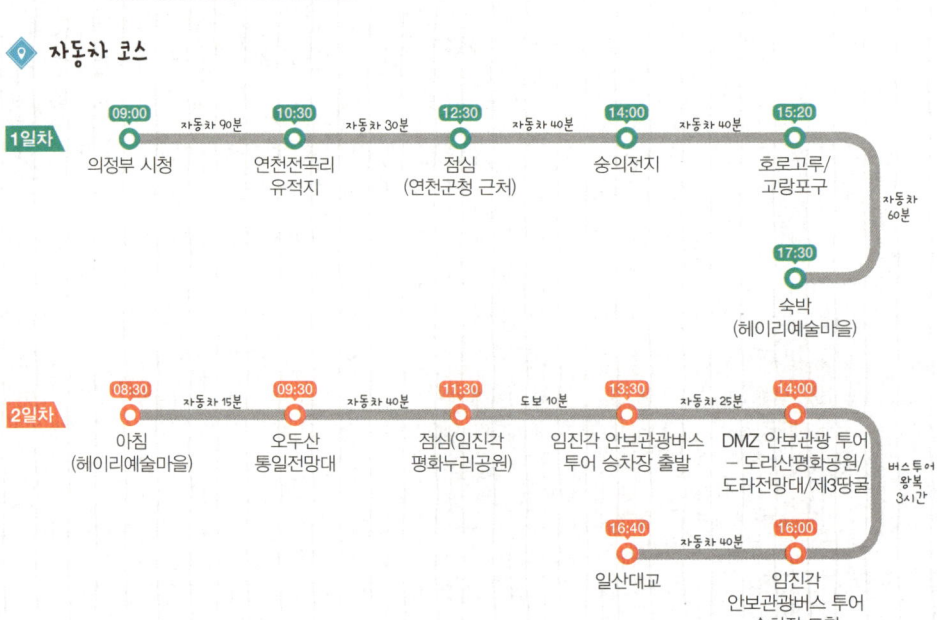

Basic Course

연천전곡리유적
주소 연천군 전곡읍 양연로 1510
전화 031-839-2561~3
시간 09:00~18:00(동절기인 11~2월에는 17:00까지 단축 운영, 신정 및 매주 월요일 휴관)
입장료 성인 1,000원, 청소년·어린이 500원(6세 이하 무료)

숭의전지
주소 연천군 미산면 숭의전로 382-27
전화 031-835-8428
시간 09:00~18:00
입장료 무료

호로고루/고랑포구
주소 연천군 장남면 원당리 1259/연천군 장남면 고랑포리
전화 031-839-2561

헤이리예술마을
주소 파주시 탄현면 헤이리마을길 헤이리예술마을
전화 031-946-8551

오두산 통일전망대
주소 파주시 탄현면 필승로 369
전화 031-956-9600
시간 3~10월 09:00~17:00,
1, 2, 11, 12월 09:00~16:30
입장료 어른 3,000원, 학생 1,600원, 경로, 유치원 1,000원
주차
• 무료주차장 : 통일전망대 내 위치
• 통일동산 유료 공용주차장 : 중형 3,000원, 소형 2,000원
* 매주 월요일 휴관

임진각평화누리공원
시간 파주시 문산읍 마정리 618-13
전화 031-953-4744
입장료 무료
* 연중무휴로 언제든지 방문할 수 있는 곳이다.

도라산평화공원
주소 파주시 장단면 노상리 1
전화 031-953-0409

① **도라산전망대**
주소 파주시 장단면 제3땅굴로 310
전화 031-954-0303
시간 09:00~15:00(월, 공휴일 휴무)
주차 임진각 주차료 : 중형 3,000원, 소형 2,000원

② **제3땅굴**
주소 파주시 군내면 제3땅굴로 210-358
전화 031-954-0303
시간 09:00~15:00(월, 공휴일 휴무)

③ **도라산역**
주소 파주시 장단면 희망로 307
전화 1544-7788

* DMZ 안보관광 프로그램
 (A 코스 임진각-제3땅굴-도라전망대-도라산역-통일촌 직판장)
: 관광안내소(파주시 문산읍 임진각로 177 임진각, 문의 : 031-953-4744)의 DMZ안보관광매표소에서 표를 구입할 수 있다. 셔틀버스를 타고 이동하며 돌아보는 투어로, 신분증을 필수 지참해야 하며 투어는 총 3시간 정도 길린다.
시간 09:20~15:00(셔틀버스 10~30분 간격 운행)
요금 어른 12,200원, 어린이 9,200원

연천·파주의 주요 역사 여행지

COURSE 01 호로고루와 고랑포구

1,2,3. 호로고루의 풍경
4. 고랑포구

원당리에서 연천경순왕릉 방향으로 가다보면 남쪽으로 강변 능선에 나지막히 윤곽을 드러내는 호로고루가 있다. 이곳 임진강가에 남한에서는 보기 드문 고구려 옛성이다. 석성이지만 흙으로 위를 다져놓아 시야로는 일반 언덕과 다를 바 없어 보인다.

호로고루라는 지명은 고을과 성이라는 뜻의 단어가 합쳐져 호로고루가 되었다는 설과, 표주박 모양을 닮아서 그 의미를 담아 '호로'라고 불렀다는 주장이 있는데 대체로 '고을 성'의 뜻을 인정하고 있다.

임진강을 사이에 두고 고랑포리와 장파리를 연결하던 포구가 고랑포구이다. 호로고루가 있는 고랑포는 삼국시대부터 중요한 교통의 요지였다. 특히 고구려는 남쪽 신라를 공략할 때 거쳐야 하는 길목이었기 때문에 전략적 요충지 확보를 위해 매번 치열한 격전이 벌어진 곳이기도 하다. 지금은 입구에 안내표지판만 있고 출입을 통제하고 있다. 고요한 적막속에 허전한 느낌마저 감도는 고랑포구와 임진강. 임진강 만큼 전쟁의 상흔을 간직하고 있는 곳이 또 있을까? 4세기경 삼국시대의 격전지터 호로고루와 고랑포구에서 벌어졌던 혈전이 지금 이순간 DMZ내에서 벌어지고 있는 남북의 첨예한 무력 대치와 오버랩되어 지나간다. 동변상련을 느끼는 것이 과한 것일까?

⚠️ **여행 TIP**

호로고루와 고랑포구는 유심히 보지 않으면 눈에 들어오지 않는다. 특히 고랑포구는 입구가 봉쇄되어 있어 주변의 안내 문구로 대신해야 한다. 호로고루는 강가의 낮은 언덕으로 생각하면 된다.

COURSE 02 도라산평화공원/도라산전망대

평화공원의 조형물 '개벽'

도라산평화공원은 도라산역을 나와서 오른쪽으로 가면 산책로 형태로 조성된 길 끝 무렵에 있어 이정표를 따라 가면 된다. 이곳은 민간인 통제지역이다. 도라산역, 도라산평화공원, 도라산전망대와 제3땅굴 등이 포함된다.

도라산평화공원은 2008년 6월에 완공되었으며 DMZ 현장 답사를 통해 어린이나 청소년들에게 통일의 의미와 평화, 환경 보존의 중요성을 일깨워 줄 수 있는 통일 안보 교육의 명소로 각광받고 있다. 공원내에는 남북의 화합과 민족의 위상을 제고하는 여러 가지 상지 조형물과 전시관이 있는데 그 중 대표적인 상징 조형물로 '개벽'이 있다. 우뚝 높이 선 탑의 모양이다. 도라산 DMZ 지역 안보 관광을 하기 위해서는 하루 2번 운행하는 서울역-도라산간 '평화열차 DMZ 트레인' 왕복 이용권을 구입해서 다녀오거나, 승용차로 임진각에 도착해서 DMZ 안보관광 프로그램에 참여해 임진각 평화누리공원에서 버스를 타면 된다.

도라산전망대에는 개성 북방을 보기 위한 망원경 수십 대가 야외 전망코너에 설치되어 있어, 개성공난과 개성 주변 모습이 잘 보인다. 북한선전마을 기정동, 김일성 동상, 금암골(협동농장), 장단역 등이 바로 앞에 있다.

전망대 건물 옆으로 제3땅굴 진입을 위한 모노레일 출발장이 있다. 모노레일을 타거나 걸어서 땅굴 내

> ⚠ **여행 TIP**
>
> 임진각 평화누리공원에서 안보관광 투어버스를 타보자. 도라산전망대, 제3땅굴, 도라산역, 통일촌을 둘러본다. 혹은 서울역에서 도라산역까지 가는 DMZ 평화열차편을 이용해 관광을 할 수도 있다. 투어 답사형이라 관람 제한 시간을 지켜야 한다.

부를 볼 수 있다. 바로 옆에는 분단의 역사와 자연생태계 환경을 소개하는 DMZ 영상관과 비무장지대 유물 및 자료 전시관이 위치해 있다.

제3땅굴은 1978년 판문점 남방 4km 지점에서 발견되었다. 파주시 군내면 점원리에 위치한 제3땅굴은 1,635m 길이로, 군사분계선까지 435m 거리이며 시간당 3만명의 병력이 이동할 수 있는 규모라고 한다. 서울에서 승용차로 45분이면 도달할 수 있는 가까운 거리임에도 우리는 오늘도 무감각한 상태로 생활하고 있다. 첨예하게 대치하고 있는 남북 분단 안보 현실의 명확한 인식은 우리의 몫이다.

1. 도라산전망대 2. 제3땅굴의 조형물 3. 서울역에서 출발해 도라산역까지 가는 DMZ 평화열차 4. 제3땅굴의 모노레일

통일전망대 외관

COURSE 03 오두산통일전망대

1. 통일전망대 내부
2. 통일전망대에서 내려다본 임진강

오두산통일전망대에 오르면 북쪽과 남서쪽으로 시원한 전경이 펼쳐진다. 북으로 개풍군과 관산반도, 남서쪽으로 파주출판단지와 김포북단이 훤하게 들어온다. 이곳은 한강과 임진강이 만나는 곳에 위치한 해발 118m의 고지로 광개토대왕비문에 나오는 관미성터(오두산성)로 유명한 옛 군사적 요충지이다. 전망대 내부에 통일·북한 전시관이 상설 운영되어 통일안보체험 교육장으로 제 역할을 하고 있다. 서해의 드넓은 개펄과 각종 철새무리가 장관이고, 석양에 펼쳐지는 낙조 또한 일품이다.

⚠️ 여행 TIP

오두산통일전망대 셔틀버스가 무료로 운영된다. 고당 조만식 선생 동상이 세워져 있으며, 망배단이 설치되어 있어 실향민들은 명절 때 북녘을 향한 제사를 지내는 곳으로 유명하다.

🚐 **이곳도 추천해요!**

01 임진각 평화누리공원

2005년에 생긴 평화누리공원은 무려 3만평 규모의 드넓은 잔디 언덕에 조성된 복합테마공간이다. 차가운 분단의 현실을 보여주는 임진각을 화해와 평화, 통일을 지향하는 마음으로 만든 장소이다. 이곳에서는 연중 통일과 관련된 행사 및 공연, 전시 등의 다양한 프로그램이 열린다. 임진각 평화누리공원 내에는 실향민들이 주로 찾는 망배단과 함께 통일연못, 평화의 종, 자유의 다리 등이 있으며 넓은 야외 잔디밭에서도 각종 공연을 진행한다. 일상의 각박함에서 벗어나 시원스러운 공간에서 통일의 꿈과 밝은 미래상을 설계하는 시간을 가져보자.

02 연천전곡리유적지

한탄강변에 있는 전기구석기 유적지이다. 이 지역은 현무암이 넓게 퍼져 있는 지형으로, 현무암과 그 아래 퇴적물 속에서 석기가 다량 발견되었다. 발견된 석기만 해도 무려 4천 여점 이상. 가장 주목해야 할 특징적인 석기로 아슐리안형의 주먹도끼류가 있다. 이것은 동아시아 지역에서 최초로 발견된 석기로, 이전까지는 유럽이나 아프리카에서만 발견되었던 아슐리안형 석기가 동양에서도 발견되었다는 데 의의가 있다. 과거 동양과 서양의 석기 문물교류가 있었음을 추측할 수 있는 증거물이다. 야외유적지와 함께 박물관도 둘러보는 게 좋겠다.

전곡리유적지 야외 전시 모형

아슐리안 주먹도끼

03 경순왕릉과 마의태자 영단비

연천 장남면 고랑포리에는 호로고루와 고랑포구 북쪽 산자락에 신라의 마지막 왕인 경순왕의 능이 있다. 신라의 왕릉 중 유일하게 경주를 벗어나 있는 왕릉이다. 경순왕은 후삼국과 고려 초기 어수선한 정국 와중에 견훤에 의해 피살된 경애왕의 뒤를 이은 신라의 마지막 왕이었다. 그는 백성들의 무고한 희생을 피하기 위해 평화적인 정권 교체를 택했고 고려 왕건에게 신라를 맡기며 항복했다. 살아서는 고려 태자보다 높은 직책을 부여 받았으며, 죽은 후에는 왕의 시신은 개경 밖 100리를 벗어날 수 없다는 명분으로 고향 경주로 가지 못하고 고랑포구 근처에 묻힌 것이다. 신라 경순왕의 능이라 새겨진 비석이 예사롭지 않다. 비석 표면에 총탄 자국이 선명하다. 왕릉 주변엔 지뢰와 철책이 둘러싸고 위로는 비무장지대 남방한계선이 지난다. 경순왕릉은 DMZ 남쪽에 인접한 오지에서 천년여의 모진 풍파를 견디며 쓸쓸하게 자리하고 있다.

경순왕릉으로 가는 길목에 마의태자 영단비가 있다. 마의태자의 후손들이 경순왕릉 근처에 마의태자의 넋을 기리는 영단을 마련했다. 경순왕의 맏아들인 마의태자는 아버지의 고려 귀순 결정에 반발했고 은거의 길을 떠난다. 아버지가 백성을 위해 평화를 택했다면, 아들은 신라 천년 사직을 지키기 위해 명분을 선택했다. 기구한 운명이다.

경순왕릉

마의태자 영단비

04 헤이리 예술마을

통일동산, 오두산 통일전망대, 영어마을파주캠프가 인근에 있는 파주 탄현 헤이리예술마을. 예술인들이 조성한 각종 예술 문화공간이 한데 모여 있는 마을로, 다양한 문화예술 정신이 살아 숨쉬는 곳이다. 개성있는 건축물과 조형물 등은 헤이리만의 볼거리이기도 하다. 1997년에 지금의 모습을 갖추기 시작하였으며, '헤이리'라는 이름은 파주 전래 농요인 '헤이리 소리'에서 가지고 왔다고 한다.

입장료와 주차비도 없는 대신 박물관, 전시관 하나하나가 개인이 운영하고 있어 무료, 유료, 패키지 관람 등 다양한 방법이 있으니 안내지도를 참고하여 알차게 관광하는 게 좋다. 예술문화의 감흥에 젖어 여유있는 사색과 힐링을 즐기려면 한적한 주중을 이용하는 것도 좋다. 걸어서 다니면 시간이 꽤 걸리므로 전기차를 타는 방법도 있다.

헤이리예술마을의 한 가게

헤이리의 시공사 북 아웃렛

05 DMZ해마루촌

경기도 파주시 해마루촌은 실향민 1세대를 위한 주거지로 만든 수복마을이다. 다소 불리우기 어색했던 동파리라는 지명에서 동쪽에서 드는 '해'에 고개를 의미하는 '마루'를 붙여 해마루라고 지었다는 설명이다. 농촌 특화 마을인 녹색농촌체험마을, 팜스테이 마을로 지정되어 가족단위 등으로 DMZ 및 농촌체험을 할 수 있다. 사전에 민통선통과를 위한 허가가 필요하다. 해마루촌은 지난 50여년이 넘도록 사람의 손길이 뜸해 말 그대로 무공해 자연 그대로의 산림과 동식물들이 잘 보존되어 있다. 인근의 역사, 안보, 문화 등의 관광자원과 연계한 자연체험의 학습장으로도 적격이다. 인근에 JSA부대 훈련장, 허준선생의 묘와 사당, 덕진산성 등 다양한 역사·문화 관광자원이 갖춰져 있으며, 임진각, 제3땅굴, 도라전망대 등 대표적 안보 관광지가 멀지 않다.

★ 엄마, 아빠 필독 ★
아이가 알아야 할 역사 포인트
아이가 질문할 경우 이렇게 대답하세요

Q DMZ가 무엇인가요?

A DMZ는 '비무장지대'를 뜻해. 'demilitarized zone'의 약자란다. 우리나라의 비무장지대는 한국전쟁 휴전 협정이 이루어지던 당시 남과 북 양측의 접촉 지점을 선으로 명확히 구분 짓고는 나누었어. 이 선을 군사분계선(휴전선)이라 불러. 선으로부터 남북으로 각각 2km씩, 총 4km의 거리를 둔 비무장지역을 말한단다.

Q 38선과 군사분계선(휴전선)은 어떻게 다른가요?

A 38선은 제2차 세계대전 이후 미국과 소련 양국이 38도선을 중심으로 한반도를 남과 북으로 나누어 점령하며 만든 선이란다. 연천 전곡리유적지 바로 못 미쳐서 한탄대교를 건너기 전 한탄대교 사거리에 연천38선돌파기념비가 있어.
군사분계선은 전쟁 상태에 있는 각 나라 사이에 구획된 군사 활동의 경계선을 말해. 일종의 약속인 협정을 하고는 싸우지 말라고 나눈 선이란 말이지. 우리나라의 경우에는 1953년 유엔군과 공산군 측이 합의한 정전 협정에 의해 그어진 선, 휴전선을 의미해.

Q 호로고루는 무슨 뜻인가요?

A '호로'는 옛 문헌의 '표하', '호로하', '칠중하' 등과 함께 쓰인 임진강의 구간 이름이야. '고루'는 국경선을 지켰던 요새인 옛 보루를 뜻해. 결국 호로고루는 호로라는 지역의 성을 말하는 것이지. 이곳은 삼국시대 영토 전쟁 중 주로 고구려의 성지로 쓰였다고 해. 또, '고을'의 뜻을 가진 '홀, 호로'와 성이라는 뜻을 가진 '고루'가 합쳐져 호로고루가 되었다는 설도 유력하지.

Q 휴전선 지역에서 발견된 남침용 땅굴은 몇 개나 되나요?

A 땅굴은 총 4개가 있어. 땅굴을 이용한 침투는 현대전에서 가장 원시적이면서도 위협적인 공격 전술이야. 북한은 땅굴을 이용해 정규군이 단시간에 적진으로 대량 침투할 수 있었고 전후방을 교란하는 전술을 펼쳤어. 제1땅굴(연천 고랑포), 제2땅굴(강원 철원), 제3땅굴(판문점), 제4땅굴(강원 양구)이 1974년 11월부터 1990년 3월까지 네 차례에 걸쳐 발견되었단다. 현재 우리 군은 추가 땅굴이 있을 것이란 판단 하에 계속 탐지 및 굴착 중이야.

숙박

연천지역은 숙박시설이 많지 않다. 연천지역에서만 일정을 계획한다면 연천허브빌리지가 좋겠다. 인근에 폐교를 리모델링하여 운영하고 있는 연천 유스호스텔이 있으나 가족단위 숙박으로는 불편하다. 단 캠핑형태의 단체 여행일 경우는 이용할 수 있겠다. 파주지역은 게스트하우스를 이용하는 것을 추천한다. 선택의 폭이 넓다. 기호에 맞는 숙소를 선택할 수 있다.

◎ 헤이리예술마을 게스트하우스 모티프원

가끔 혼자 어디론가 떠나고 싶을 때 가는 곳. 자신을 뒤돌아 보는 곳. 추억을 소중히 간직하는 곳. 여유로운 힐링이 딱 어울리는 곳이라고 할까? 이곳은 다양한 느낌들이 공존한다. 그만큼 오는 사람들도 각양각색이다. 예술인, 외국인, 작가 등. 쉬는 곳은 스튜디오 화이트, 블루, 우드, 미러, 블랙과 라이브러리로 구성. 주방과 서재, 거실 등은 공동으로 사용하고 화장실은 각방마다 따로 있다. 스튜디오 블랙 220,000원, 나머지는 120,000원. 라이브러리는 13만권 책이 소장되어 있으며 공동으로 사용한다.

주소 : 파주시 탄현면 헤이리마을길 38-26 / 전화 : 031-949-0901 / 홈페이지 : www.motif1.co.kr / 요금 : 주중 120,000원, 주말 140,000원

◎ 모리

주소 : 파주시 탄현면 헤이리마을길 59-136 / 전화 : 031-3683-7259 / 홈페이지 : moripension.altheway.kr / 요금 : 게스트룸(4인 기준) 50,000원~100,000원

◎ 기타 추천 숙박

연천허브빌리지
주소 : 연천군 왕장면 복삼로 20번길 37
전화 : 031-833-5100

맛집

◎ 우렁이랑쌈사랑

포천허브아일랜드에서 10분거리. 우렁쌈장에 제육볶음과 된장찌개, 계란찜이 조화롭고 먹음직스럽다. 우렁쌈장 2~3인분에 제육볶음 1인분을 같이 시키면 충분하다. 계란찜만으로도 아이들은 밥을 거뜬히 먹지만 우렁이나 제육을 같이 올려주면 새로운 맛으로 기억하지 않을까? 신북온천이 가까이에 있다. 우렁쌈밥 1인분 10,000원. 제육볶음 1인분 5,000원

★ 추천 메뉴 : 우렁쌈밥
주소 : 연천군 청산면 청신로 335 / 전화 : 031-835-3434

◎ 따뜻한 집밥

집밥 메뉴가 단출한 것 같으면서도 의외로 푸짐하다. 찌개류와 찜, 제육볶음, 삽겹살까지.. 그럼에도 이 식당의 메인은 매운갈비찜이다. 중자로 하면 온가족이 푸짐하게 먹을 수 있다. 별미 닭개장을 곁들이면 대만족이다. 시골 고향 할머니 손맛이 들어있는 딱 그맛이다. 매운갈비찜 중자 25,000원, 별미닭개장 1인분 6,000원

★ 추천 메뉴 : 한식, 매운갈비찜, 닭개장
주소 : 파주시 문산읍 방촌로 1366-12 / 전화 : 031-953-0990

◎ 기타 추천 맛집

구석기대박숯불갈비
주메뉴 : 숯불갈비, 돼지 생갈비
주소 : 연천군 전곡읍 양연로 1597
전화 : 031-832-6006

소배짱 쌈밥 숯불구이
주메뉴 : 숯불구이쌈밥, 한우불고기정식
주소 : 파주시 목동동 69-5
전화 : 031-949-6757